本书获得 2013 年国家社会科学基金青年项目
"中国新移民在南非的跨文化适应研究"（13CSH066）的资助

中国新移民在南非的跨文化适应

Cross Cultural Adaptation of
New Chinese Immigrants in South Africa

陈凤兰　著

社会科学文献出版社
SOCIAL SCIENCES ACADEMIC PRESS (CHINA)

前　言

　　南非是非洲最有影响力的政治经济大国，从 20 世纪 90 年代初至今，约有 30 万中国新移民在南非进行跨国商贸活动。本书以在南非经商的中国新移民为研究对象，通过调研了解中国新移民迁移南非的动机、在南非的经济活动、社会适应，以及与南非各族群的互动等情况。研究关注该群体在南非追求个体的目标时，如何在南非的政治、经济、文化环境下进行调适，从多个角度分析该群体在南非的跨文化适应策略，预测该群体在南非的发展前景。

一　考察中国新移民迁移南非的动机与主客观条件

　　20 世纪 90 年代以来，中南之间外交关系友好、南非移民政策松动，以及中国进一步改革开放，为中国新移民迁移南非提供了比较宽松的外部社会环境。同时，南非市场上的日用消费品比较匮乏，而中国具有制造业优势，这种消费市场与生产制造的互补性使跨国贸易具有较高的利润，也因此吸引了中国新移民源源不断地进入南非从事商贸活动。南非的中国新移民群体来自中国各地，按照他们进入南非的主要时间段划分，20 世纪 90 年代初期主要来自上海、广东、浙江、江苏等地；20 世纪 90 年代中期至 2010 年，主要来自福建、辽宁、黑龙江、吉林、山东等地；2010年至今，主要来自福建省，但来自其他省份的新移民数量也逐渐增加。从总体数量来看，来自福建省的新移民大约占 1/3。中国新移民群体在南非主要从事批发、零售贸易活动，销售中国制造的各种轻工业商品。

二 分析中国新移民商人对南非商业环境的适应及经济活动特点

20 世纪 90 年代进入南非从事商业活动的中国新移民商人经历了一个"暴利"的商业销售阶段。当时中国制造的商品在南非供不应求，中国新移民进入南非经历了马路边摆摊、市区租店，到南非各乡镇开零售店、建批发商城等阶段，将中国商品销售到南非各地以及周边国家。中国新移民将中国商品的优势以及南非社会对轻工业产品的需求相结合，其经营模式概括起来就是"中国制造＋南非销售"。从经济融入层面来看，中国新移民在过去 30 年成功地嵌入当地经济结构，成为南非批发零售业的主导者，并在经济方面获得巨大效益。

三 探讨中国新移民与南非不同族群的交往与互动状况

中国新移民群体在社交方面与当地社会仍然有较大隔阂，这与中国新移民群体的语言能力、居住特点、社交习惯、文化观念等因素有关。由于主要从事中低端产品的销售，中国新移民与南非富裕白人阶层的社会接触相对较少；与南非本地黑人接触较多，双方既有比较正面的互动与评价，也有矛盾与冲突；南非还有数百万来自周边国家的非法移民，这个群体是南非社会治安不稳定的因素之一。中国新移民商人在经商过程中，存在雇用外来非法移民的现象，也因此带来了诸多安全隐患。此外，在南非德班经商的中国新移民与南非印度裔的互动较多，二者关系总体比较友好。

四 剖析中国新移民在南非的社会适应状况及其区隔性特点

在移民群体的社会适应方面，中国新移民在南非通过组建各种类型的社团，来满足群体互助、社会交往、休闲娱乐等需求。南非华人警民合作中心社团的模式创新，成为中国公民海外安全保护的一个重要示范。南非华人警民合作中心社团整合南非侨界的所有新移民社团，主要配合南非警方和中国警方，打击针对华人的犯罪，是民间保侨护侨方式的一个创新。

在居住、通婚等方面，中国新移民与同胞关系比较密切，与南非主流社会区隔明显。

五 预测中国新移民群体在南非的发展前景及其面临的社会风险

从 20 世纪 90 年代至今，中国新移民在南非尚未遭受直接的社会排斥，但由于南非社会治安不佳，各种局部游行、社会暴动不断，中国新移民广泛分布在南非各乡镇，在"南非排外"的社会运动中面临的风险越来越大。

中国新移民群体在南非持"过客"心态，大部分人的长远规划仍然是回到中国，这与南非经济增速放缓、族群矛盾严重、社会治安不稳定等因素有关；与此同时，中国经济增速较快、社会稳定，对海外中国新移民群体的回归有较大的吸引力。

未来中国与南非在宏观经济层面上仍有互补性，"一带一路"倡议也将继续推动两国的贸易合作关系。中国新移民在南非的商贸经营应该转变观念，在品牌与质量方面提升档次，进军南非高端消费市场；在族群交往方面，应该学习与尊重南非当地文化，拓展与南非当地人的社会交往，并在经营活动中杜绝使用南非外来非法劳工，与当地人建立良好的族群关系，树立中国新移民和中国商品的良好形象。

目 录
Contents

第一章　绪论

第一节　研究背景及意义

20 世纪 90 年代以来，随着中国成为"世界工厂"，国际贸易结构发生了深刻变化，跨国创业的机遇不断涌现，与此相应的是出现了一个跨国移民群体，他们与传统的跨国移民不同，他们的迁移不是为了定居，而是为了跨国商贸活动。移民的跨国行动既是社会结构的产物，也是个人发挥主观能动性的结果。跨国移民群体是全球化背景下所形成的特殊群体，他们在不同的经济体之间跨国流动，是全球化贸易过程中的微观实践者，他们的跨国迁移与跨文化适应策略具有新的时代特点，是传统国际移民研究中较少涉及的类型。

现代社会的人口迁移日益频繁，带来不同地区人口的互动与改变，对人口移出地、移入地以及迁移者均有不同的影响。对人口移出地来说，人口外迁意味着本地文化的向外传播，从国家的层面来看，则是国民形象和文化特色的输出；对移入地来说，外来人口进入本地意味着人力资源的补充，也意味着迁移者所携带的外来文化可能会对本地原有的政治、经济、文化形成挑战，也可能激发移居地社会文化的活跃；对迁移者来说，如果迁移是自愿的，则意味着个体通过迁移可能实现个人追求的如财富、名誉、机遇等目标，可能改善家庭经济状况，对家乡也有贡献。从宏观层面看，如果迁移者能够顺利适应移居地的社会文化，对移出国和移居国的国

1

家间关系有正面贡献；如果迁移者在移居国无法顺利适应当地社会文化，则有可能给国家间关系带来负面影响。因此，迁移者的跨文化适应是一个重要的议题，对该议题的研究有助于对个体、群体乃至国家间的发展合作前景作出判断。

因此，在中国海外移民的研究中，应该关注中国移民群体在海外的跨文化适应状况。进入 20 世纪以来，国际人口的迁移流向发生了一些变化，在全球化的背景下，人口迁移的规模、流向都比 20 世纪以前更加复杂化、多元化，突破了从殖民宗主国迁移到殖民地、半殖民地国家的模式，转向从殖民地、半殖民地等不发达国家迁移到发达国家，因此，有学者形容 20 世纪是"奔向西方"的时代。① 在这样的移民背景下，移民研究形成了诸多理论，用于解释移民的迁移动因、过程、结果等。但是，与已有的移民流向不同的是，中国在过去数十年的人口海外迁移过程中，出现了一些独特的现象，如中国新移民向非洲国家的迁移。以南非为例，由于地理相隔遥远，中国与南非的历史联系相对较少，无论是中国人前往南非还是南非人迁移到中国，从人口数量到社会影响力都比较有限。但 1990 年以来，中国新移民在南非的人数快速增加，在将近 30 年的时间里增加到 30 万人左右，成为一个在南非社会有一定影响力的外来移民群体。然而，与东南亚、欧洲、北美等国家相比较，中国人对南非及南非文化的了解还相当有限，对此应进行深入的研究与探讨。

南非（正式国名南非共和国，The Republic of South Africa）地处非洲大陆的最南端，濒临大西洋和印度洋。15 世纪地理大发现之前，受航海技术的限制和海流的影响，古代的人很难从海上到达南非。来自欧洲的白人移民从 17 世纪中叶起移居南非地区，先由荷兰人占据支配地位，19 世纪初被英国人取而代之，1902 年英国人击败布尔人（即阿非利卡人——荷裔南非人），将整个南非地区变成英国殖民地。在此期间，白人殖民者先后用武力征服了当地土著人和班图人的各部族和部落。1910 年南非联邦成立，成为大英帝国之内拥有自治权的自治领。1961 年，南非改为共和制，建立南非共和国。②

---

① 王春光、Jean Philippe Beja：《温州人在巴黎：一种独特的社会融入模式》，《中国社会科学》1999 年第 6 期。

② 潘兴明、李忠：《南非——在黑白文化的撞击中》，四川人民出版社，2000，第 1 页。

南非全国共划为 9 个省，分别是豪登省、夸祖鲁 – 纳塔尔省、自由州省、林波波省、东开普省、西开普省、姆普马兰加省、西北省和北开普省。设有 278 个地方政府，包括 8 个大都市、44 个地区委员会和 226 个地方委员会。南非政府、议会和最高上诉法院分处 3 个城市，故有 3 个首都。南非是世界上唯一拥有 3 个首都的国家。

从跨国贸易的角度来看，可对南非做以下归纳。

第一，南非是南部非洲地区实力最强、最有影响力的经济体。南非位于非洲大陆最南端，与纳米比亚、博茨瓦纳、津巴布韦、莫桑比克和斯威士兰五个国家接壤，还有一个位于南非内部的"国中国"莱索托。南非是"金砖五国"成员国，也是南部非洲关税同盟（SACU）成员之一，经济发展影响力辐射南部非洲地区。从经济实力来看，南非是非洲第二大经济体，属中等收入发展中国家，总人口 5962 万[①]，2018 年人均 GDP 6377 美元。[②] 从自然资源来看，南非资源丰富，是世界上第四大矿产国，其黄金、铂族金属、铬、钒、锰、硅铝酸盐的储量均居世界第一位，钻石储量居世界第二位。南非拥有非洲最发达和最完善的基础设施，沿海的开普敦、德班、伊丽莎白港和东伦敦等港口可与世界各大洲通航。[③] 南非有发达的重工业体系和比较好的科教力量。它不仅有雄厚的采矿工业，而且钢铁工业、煤化工业、军事工业都有良好的基础，电信工业也在发展之中。作为南部非洲国家的"领头羊"，南非是重要的新兴经济体，具有较大的经济发展潜力。

第二，出于历史的原因，南非重工业发达而轻工业落后，中国和南非之间的贸易具有互补性。在中国新移民进入南非以前，南非中下阶层的日常消费品价格昂贵而匮乏，无法满足当地大部分消费者的需求。南非人喜欢消费，没有积蓄的习惯。中国商品物美而价廉，在南非有较大的销售空间。

第三，1994 年南非"种族隔离"制度瓦解后，实行民主制度，对中国

---

① 《南非人口两年内增长近 200 万》，中华人民共和国驻南非共和国大使馆经济商务处网，http：//za. mofcom. gov. cn/article/jmxw/202007/20200702981506. shtml。

② 国际货币基金组织：《IMF2018 年世界人均 GDP 排名》，《世界经济展望》2019 年第 4 期。

③ 艾周昌、舒运国、沐涛、张忠祥：《南非现代化研究》，华东师范大学出版社，2000，第275 页。

人比较友好。作为外来移民群体，中国新移民较为勤奋、努力，在南非各地经营的批发、零售商店为南非消费者提供了新的消费选择，因此，南非人对中国新移民群体比较宽容，在过去30年中总体关系比较友好。

综上，20世纪90年代至今，约有30万名中国新移民在南非工作、生活，占在非洲的中国新移民总数的60%左右。无论是从该群体在中国海外华侨华人的比例来看，还是从南非外来人口的数量来看，南非中国新移民群体都不算是一个庞大的群体。但由于南非的中国新移民群体快速增加，特别是来自福建省的新移民人数增速很快且分布广泛，南非社会和南非、中国学术界对此颇为关注。南非的中国新移民群体的迁移与适应既具有普遍性特点，又因为在南非的独特经历而在适应策略方面具有特殊性。本研究聚焦的是迁移到南非的中国新移民群体，研究该群体迁移到南非的动因、过程、经济适应、社交特点、族群交往等内容，多角度地呈现这个群体在南非的经济、社会适应状况，对学术界和相关部门加强对南非中国新移民的了解、对认识中国新移民在南非的跨文化适应具有重要意义。

本研究主要探讨的问题是：20世纪90年代以来，中国新移民为何迁移到南非？中国新移民如何在南非寻找商贸机会？如何与南非不同肤色的族群相处？他们的跨文化适应模式与迁移到其他国家的新移民群体相比，有什么特点？他们在社会适应方面具有哪些特点，引发了哪些问题？在"一带一路"合作背景下，中国新移民在南非未来的发展机会如何？

第二节　研究思路与特色

以经商人员为主的中国新移民从20世纪90年代初期陆续抵达南非。在过去30年间，南非中国新移民群体快速增加。从该群体在国内的户籍身份来看，在这30年中，南非的中国新移民群体在迁出地区方面经历了一些变化。20世纪90年代初，南非中国新移民群体主要来自上海、浙江、江苏；2000年前后，来自福建省的新移民人数快速增加；2010年以来，来自黑龙江、吉林、辽宁、山东等北方省份的新移民人数也大幅增长，但来自福建省的新移民人数仍然最多。

笔者实地调研资料显示，南非的中国新移民群体以年轻人和男性为主。中国新移民在南非入籍的动机并不强烈，更多的是希望能获得合法工作签证或者永久居留权。因此，他们在南非的适应策略具有灵活性、多层次性。

在海外华侨华人研究成果中，对南非的中国新移民群体的探讨与东南亚华侨华人研究、北美华侨华人研究、欧洲华侨华人研究等相比还比较薄弱，尤其缺少对南非华侨华人的实地调查和追踪研究。伴随着中国新移民迁移到南非以及逐步在经济、社会、族群等方面适应当地社会，南非的中国新移民已成为非洲一个有较大影响力的华侨华人群体，其迁移方式、经商模式、族群适应方式也成为一个重要的研究议题。

一　研究思路

本研究建立在笔者 2010 年 8 月 ~ 2020 年 8 月对南非的中国新移民群体追踪调研的基础上，在这 10 年中，笔者在中国新移民的重要输出地如福建、广东、浙江、江苏，以及重要迁入地如约翰内斯堡、德班、开普敦等地进行实地调研，采用问卷调查与实地访谈相结合的方法，对这一群体进行实地研究。大部分中国新移民在 20 世纪 90 年代以后进入南非，从身上背着小商品在马路边贩卖到成立专业的贸易公司，在约翰内斯堡、德班、开普敦等城市兴建中国批发商贸城，中国新移民群体在南非已经逐渐稳定下来，逐渐融入南非的社会经济结构，在跨文化适应方面形成了鲜明的特点。

第一，中国新移民在南非主要从事跨国商贸活动。南非是南部非洲国家的经济中心，约翰内斯堡是南部非洲的经济中心城市，约有一半的中国新移民聚集在此地。随着贸易规模的扩大，中国新移民从 20 世纪 90 年代末期开始在约翰内斯堡兴建批发商贸城，主要销售中国制造的商品。在跨国商贸中获得成功的中国新移民以南非为根据地，向南部非洲其他国家如安哥拉、莫桑比克等进行商业辐射。现在，中国新移民在南部非洲已建立起覆盖面广、辐射力强的批发商贸市场网络。在迁移到南非以前，大部分中国新移民对南非市场及文化并不太熟悉，然而，迁移到南非之后他们在批发零售行业获得了较大的成功。

第二，中国新移民在南非面临复杂的族群关系。南非号称"彩虹之国"，族群关系复杂。2018 年南非人口总数约 5962 万，其中黑人占 80.8%，有色人占 8.8%，白人占 7.8%，亚裔占 2.6%。[①] 中国新移民来到南非，不仅要面临不同的社会环境与社会文化的冲击，还得与当地不同族群接触。中国新移民在南非面临以下多种关系的处理：与白人的关系、与黑人的关系、与来自其他国家的非法移民的关系等。这些复杂族群关系的处理对外来移民并不容易，对中国新移民在南非的商贸活动、长远发展有重要影响，必须予以重视。

第三，中国新移民在南非的流动性比较强。从 20 世纪 90 年代初至今，中国新移民在这 30 年经历了南非社会的转型，经历了南非种族隔离制度瓦解、中国南非建交等重大历史事件，其中还伴随着中国制造业的快速发展与成本上升等问题，中国、南非之间跨国贸易的环境不断变化。加上南非在近 20 年来社会治安动荡以及汇率不稳定，使中国新移民在南非的流动性较大，有些迁移到南部非洲其他国家，有些迁移到欧美发达国家，有些则返回中国，还有一些频繁往返于中、南两国之间进行跨国贸易活动。对大部分中国新移民群体而言，他们在南非持"过客"心态，来南非只是为了"拼一把"，最终还是要选择返回中国或迁移到其他国家。

在研究中，笔者根据不同维度，将中国新移民在南非的跨文化适应分为经济适应、社会适应、族群适应；根据南非的不同族群，将中国新移民的跨族群文化适应划分为对南非白人的适应、对南非黑人的适应、对南非印度裔的适应、对南非其他国家非法移民的适应。这样的划分是基于中国新移民在南非面临的实际情况而做出的，既衡量了中国新移民对南非社会环境的不同适应策略，又考察了中国新移民群体与南非不同族群的社会交往情况，有助于全面了解中国新移民在南非的跨文化适应状况。

第四，中国新移民在适应南非的同时还保持着与中国的紧密联系，从个人婚姻的选择到经商投资的跨国运作，该群体借助中国社会网络资源而进行跨文化适应。南非的中国新移民社团成立时间短，历史积淀不深，但中国新移民群体在独特的社会环境中进行了探索，并在联合社团力量维护海外中国公民权益方面获得了成功，南非华人警民合作中心就是典型的例子。

---

① 《南非国家概况》（最近更新时间：2021 年 8 月），中国外交部网站，https://www.fmprc. gov.cn/web/gjhdq_676201/gj_676203/fz_677316/1206_678284/1206x0_678286/。

二　研究特色

从中国新移民在南非从事的主要行业及经济适应状况来看，这是一个以从事跨国商贸为主的经商者群体，他们进入南非的经济活动，其实就是把中国产品带到南非，积极开拓南非市场的过程。与经济层面积极主动的态度相比较，该群体在南非的社会交往方面相对封闭、保守。

基于以上分析的南非的中国新移民群体的特点，与已有的南非华侨华人研究相比，本书具有四个特色。

第一，多维视角。在已有的南非华侨华人研究中，从研究成果的数量来看，2010 年以前，大部分中国学者重视南非华工研究，忽视南非中国新移民研究。外国学者借地理之便，对南非的中国新移民群体进行了深入的实地考察、调研，并发表了数量可观的论文。目前，南非本土的学者对中国新移民群体的研究有不少成果。外国学者研究中国新移民群体，多有一种"局外人"的冷静，但一些学者带有一些主观的歧视与偏见。如著名学者 Tu T. Huynh、Yoon Junk Park、Anna Ying Chen 长期对南非的中国新移民群体进行调查与研究，对中国人在南非的现状有比较全面的了解，在学术界颇有影响力。他们将南非华侨华人分为三类：富裕的台湾企业家，从北京和上海来的中级管理阶层，从福建来的"贫穷劳工"和第三、四代华人。[①] 对此，笔者认为，南非学者将来自福建省福清市农村地区的移民视为"贫穷劳工"并不太准确，因为福清地区经济发达，是福建省县域经济GDP 总量最高的地区之一，从 2000 年开始，一直位列中国经济百强县，如 2018 年福清市在中国经济百强县排名第 19 位，[②] 属于中国经济最发达的县级市之一。来自这一地区的移民虽然出身农民，但并不属于"贫困"群体。福清人移民南非，并非因家乡贫困，而是因为他们认为南非可能有更好的发展机会，愿意去闯荡。因此，这一说法不准确，也反映了国外学者在研究中国新移民群体时，虽然在南非进行了实地调查，但对移民移出

① Tu T. Huynh, Yoon Jung Park, Anna Ying Chen, "Faces of China: New Chinese Migrants in South Africa, 1980s to Present," *African and Asian Studies* 9（2010）: 286 – 306.

② 《2018 年中国中小城市科学发展指数研究成果发布》（二），新华网，http://cx.xinhuanet.com/2018 – 10/09/c_137520244.htm。

地的了解还比较有限，并且带有一定的偏见。因此，本研究不仅有对南非的实地调研，也有对中国国内输出地的调研，兼顾移民输出地与输入地的调查有助于为研究提供更加全面的信息。此外，本研究将针对已有研究的不足，细化中国新移民群体在南非对不同族群的适应策略，多角度分析中国新移民群体，以便更加全面地呈现中国新移民群体的状况。这是本研究的一个特色。

第二，动态研究视角。本研究从 2010 年 8 月启动，截至 2020 年 8 月，对南非的中国新移民群体的追踪调研历时 10 年。在这 10 年的发展过程中，南非、中国以及全球的经济、政治环境都发生了改变，中国新移民群体呈现了动态变化的过程。因此，本研究将动态地审视研究资料，从发展的视角来进行研究。

第三，历史视角。本研究主要以旅居南非的中国新移民群体为研究对象，但在研究中，笔者也追溯了南非华人历史，族群关系分析中涉及"种族隔离"时代对华人的影响及刻板印象。因此，笔者将华侨华人迁移到南非的历史渊源做了一个整体的回顾，从历史的角度探究南非华人地位，并在此基础上，分析南非不同族群、不同阶层对中国新移民的态度与评价。

第四，比较研究视角。1978 年改革开放以来，中国新移民群体迁移到世界各地，如美国、澳大利亚、欧洲等发达国家和地区是中国新移民群体的主要迁移目的地。本书主要研究南非的中国新移民群体，但在研究过程中，将结合已有的对在欧洲、美国等国家的中国新移民研究，进行横向的比较分析。通过比较，结合南非的中国新移民群体的迁移动机、迁移渠道、职业特点、社交特点、子女抚养等问题，探讨该群体与迁移到其他国家的新移民群体的共性与特性。

从 20 世纪 90 年代初中国新移民进入南非至今，南非的社会经济环境在不断变化，中国新移民群体的规模、数量、结构也在不断变化。本书关注在全球化背景下，随着跨国商贸活动的日益频繁，不同文化背景的族群相互接触而激发的适应策略与模式。以往的移民研究更关注外来移民在移居地的"落地生根"，或者探究他们"落叶归根"的故乡情结。而在经济全球化的背景下，南非中国新移民群体呈现"商贸优先"的流动性适应策略。

三　本书的构架

本书的中心问题是：20 世纪 90 年代以来，中国经济处于快速发展阶段，中国新移民为什么会选择去南非？在这一中心问题的主导下，笔者又进一步细化了研究的问题。南非对中国新移民群体有何吸引力？抵达陌生的南非后，中国新移民群体如何在当地寻找商贸机会？如何与南非不同肤色的族群相处？他们的跨文化适应模式与迁移到其他国家的中国新移民群体相比，有什么特点？他们在社会适应方面具有哪些特点，引发了哪些问题？在"一带一路"合作背景下，中国新移民在南非未来的发展机会如何？为了保护访谈对象的真实身份信息，笔者在书中使用的访谈对象名字（除少数人外）为化名。

本书第一章是绪论部分，主要介绍本书的研究背景与意义，以及研究思路与研究特色，回顾研究者的实地调查和资料收集情况。将对南非的中国新移民群体的研究置于过去 30 年全球化背景下，分析中国、南非之间的政治交往、经济合作对中国新移民在南非发展产生的重大影响。

第二章对相关的研究进行回顾，主要包括国内外学者对中国新移民的研究、国际移民理论研究、跨文化适应理论研究。在已有的研究基础上提出本研究主要关注的问题，并与已有的理论对话。

第三章回顾华人迁移至南非的历史以及中国新移民迁移至南非的动因、方式及该群体的特点，从纵向角度展示华侨华人迁移至南非的过程。

第四章探究中国新移民对南非经济环境的适应，从 20 世纪 90 年代初期中国新移民进入南非至今，该群体经历了南非社会经济环境的诸多变化，对此，他们在经济层面采取灵活的应对措施，并获得了成功。当然，由于该群体商业素养的局限性和南非商业环境的影响，中国新移民在南非的经济活动面临着一定的挑战。

第五章分析中国新移民与南非白人、南非黑人、南非印度裔、南非非法移民群体的互动和交往策略，探究中国新移民在南非面临的复杂族群关系及其灵活的族群适应策略、未来可能面临的潜在社会风险。

第六章探究中国新移民对南非社会环境的适应，以华人社团、新移民个体通婚对象的选择为例，分析中国新移民在南非社交生活的封闭与区隔问题。无论是群体为了应对复杂的社会治安环境而采取的警民合作中心模式，还是个体为了防范家庭层面的种种风险而选择与家乡的人通婚，都反映了该群体在社会层面与南非的隔阂。

第七章介绍南非的中国新移民群体最近 10 年来经商模式和经商内容的变化，分析该群体面临的挑战与机会。中国新移民在南非已经经营 30 年了，新移民子女已经成长起来。本章通过具体案例讨论新一代中国新移民群体对南非社会的适应与学习，呈现他们对南非商业文化的吸收与改进。

最后一部分内容是结语，对本书的内容做一总结，并对中国新移民在南非的发展前景作出预测。由于中国与南非的合作不断加深，两国的贸易仍将持续拓展，中国新移民尽管存在"流动性"特点，但仍然以"贸易优先"。只要在南非还有发展机会，中国新移民群体将继续在此经营、发展。

第三节　研究方法与资料来源

自 2010 年起，笔者开始研究迁移南非的中国新移民和那些从南非回国的新移民。本研究所用的数据、访谈内容均来源于问卷调查、深度访谈，以及访谈对象提供的资料。参与观察和访谈这种定性方法是理解跨国迁移群体社会生活的主要方法。一方面，这是由移民群体的流动性决定的。另一方面，本研究的重点在于移民的讲述和移民关于他们自己在南非的跨文化适应状况，他们的日常生活、跨国体验、跨文化调适等日常实践，只有通过定性研究，才能了解其具体经历。

本研究的资料收集过程，按时间段划分，可以大致分为三个调研阶段。第一阶段是探索阶段，2010 年 8 月从福建省福清市开始，笔者对从南非回国的新移民以及他们的家属、朋友进行探索性的调研。第二阶段是 2010 年 12 月～2011 年 1 月，这一阶段的调研时间虽然不长，但笔者远赴南非实地调研，收集了大量一手调研资料，并认识了 100 多个在南非的中国新移民。他们为笔者在南非以及回国后的追踪调研提供了大量的帮助。第三阶段是 2011 年 2 月～2020 年 8 月，笔者主要在国内调研，在福建、广东、浙江、江苏等省进行实地调研，其中包括对在南非结识的访谈对象的追踪访谈。

综上，本研究所使用的访谈资料来自 2010 年至 2020 年的访谈，时间跨度长达 10 年。

一　研究方法

在研究方法上，社会学学科有两种范式：一种是自然科学的研究范式，即在统计调查和实验法中所体现的数量化方法，它强调客观、精确的分析；另一种是人文学科的研究范式，其特点是注重直观和切身体验，强调对人和社会的主观理解和阐释。

在本研究正式开始之前，笔者原计划采用社会学定量研究与定性研究相结合的方法进行研究资料的收集与分析。然而，在实际调研中，问卷调查遇到了诸多困难，如 2010 年 12 月 ~ 2011 年 1 月在南非的调查，就遭遇到了抽样困难、调查对象太分散、无法集中发放问卷等问题；中国新移民在南非主要从事商贸活动，对问卷填答比较敏感，配合度不高，问卷调查的计划实施不太顺利。因此，2011 年以后笔者主要采用个案访谈、集体座谈、侨乡参与观察等方式收集研究资料。事实证明，只要个案愿意接受访谈，在访谈过程中通常都能比较深入地探讨相关问题，并且与笔者保持长期友好关系，便于长期追踪调查。考虑到跨国移民是一个动态的过程且本书专注于移民群体的跨国适应策略的研究，深入的访谈与细致的观察显然比统计式的、旨在把握事物宏观面向的定量研究方法更具说服力，更能细致地把握移民群体在跨境迁移过程和日常生活中微妙的思想活动。学术界对这种解剖麻雀式的微观研究是否具有代表性的争论一直未断，南非的中国新移民群体虽然不是中国新移民群体中的典型，但从其迁移背景与跨文化适应策略来看，也不失为部分中国海外新移民的"共有类型"。因此，本书将研究的个案研究提升到类型分析的层面，即通过对南非中国新移民的个案研究，向世人展现其所属群体在南非的生存、适应与发展状况。

在参与观察方面，对中国新移民在南非的日常生活和工作场所，以及该群体回国活动相对集中地方的参与观察也尤为重要。通过对中国新移民活动较为集中的地方的考察和了解，对认识中国新移民在南非社会的生活和活动特征有着重要的参考价值。从他们回国的社交活动，参与政府部门如侨办、侨联的活动，以及各种村庄建设、慈善捐赠活动中，笔者可以了解他们回国后的社会影响等。

通过对中国新移民的个案研究，在理论总结和概括方面，主要根据南非中国新移民群体的经验事实，与以往移民研究中的同化理论、跨文化适应理论、认同理论和族群理论进行对话，对南非的中国新移民的经济活动嵌入性、身份认同和跨国贸易活动等问题进行系统阐述和总结。

本研究围绕南非的中国新移民群体这个研究对象，不断扩展研究的范围，对南非和中国的移民政策、南非的经济结构特点、南非的外来移民等问题均作研究，跳出中国新移民群体来考察这个群体在南非的社会经济活动。作为典型的定性研究，笔者的研究多数在实地调查过程中展开。2010年，当笔者开始从事南非中国新移民群体的研究时，有关南非华侨华人群体的可用信息还比较少。那时，笔者重点描述中国新移民群体迁移南非的过程，访谈内容比较开放。最近几年，笔者将研究重点放在中国新移民在经济活动领域的变化与挑战上，并追踪南非华人警民合作中心的发展。

二 资料来源

（一）课题总体调研情况

本研究的第一个访谈始于 2010 年 8 月 6 日，从那时开始直到 2020 年 8 月 31 日，笔者陆陆续续对 100 多个访谈对象进行了访谈。其间，笔者于 2010 年 12 月~2011 年 2 月前往南非的约翰内斯堡、开普敦、德班 3 个城市进行田野调查。在约翰内斯堡期间，笔者居住在中国新移民曾贤先生、林女士家里，走访了约翰内斯堡的唐人街（Cyrilldene）和 8 个大型的华人批发零售市场——中国城（China City）、非洲商贸（China Mall）、东方商城（Orient City）、香港城（Dragon City）、百家（China Mart）、红马商城（Ormonde China Mall）、中国商贸城（China Shopping Center）、中非商贸城（Afrifocus Center）。在德班，笔者现场观摩了"全非洲中国和平统一促进会夸祖鲁纳塔尔分会第三届理监事会成员就职典礼"，并参加了一场祖籍是福清市江镇礁村①的新移民的婚礼；在开普敦，笔者主要观察中国新移

① 江镇礁村为匿名。本书涉及的访谈对象所在的镇、村为匿名。

民在当地小镇所经营的中餐馆和超市。这一实地调研为本研究奠定了前期的基础，是本研究得以立项的重要支撑。这一时期积累的社会关系网络为之后 10 年的个案追踪访谈提供了基础。

在国内，笔者主要在福建省福州（包括福清、连江、长乐）、厦门、泉州、莆田、三明、宁德，江苏（南通）、广东（深圳）、浙江（义乌）等地，对从南非返回国内的新移民进行访谈，在福建省福州市、泉州市、莆田市举办了三次集体座谈会，对多个城市进行实地调研，并通过网络（新闻报道、QQ 聊天群、微信聊天群等）对南非侨界的动态进行追踪调查。

关于访谈对象的选择主要有以下几个方式。第一，个案访谈的对象是根据典型特征而选择的，通过滚雪球方式进行扩展，访谈对象超过 100 人，主要包括前往南非的中国新移民及其家属（其中涉及不同阶层和职业的新移民），新移民社团组织的领导、侨务部门干部等。第二，通过参加福建省侨务、侨联部门的活动，笔者对南非侨界的侨领们进行集体访谈，通过他们了解南非侨界的总体状况。侨务、侨联部门的工作人员也是笔者访谈的重要对象，他们因为工作关系，长期关注海外移民群体，与新移民有较多的互动，对他们在国外的情况和南非华人社团的发展比较了解。第三，多次走访福建省多个地市以及通过滚雪球关系结识的广东、浙江、江苏的南非中国新移民，他们既有在节假日返乡的人，也有结束南非生活返回中国的人；既有在南非获得巨大经济收益的成功者，也有在南非投资失败而返的"失落者"；既有因年龄大而返乡养老的老年人，也有返乡相亲的青年人。但他们都是有南非生活经历的新移民，从被访者对自己生活经历和感受的叙述中，可以了解新移民在南非的生活方式、经济活动、行动特征的基本状况。在对定性资料的使用和分析方面，笔者侧重于结构分析而不是一般民族志的描述，即根据访谈对象的叙述内容，分析和揭示他们的迁移、经济活动、生活方式、群体行动的结构特征，以及这些结构特征形成的原因。

（二）田野调查过程

由于对南非中国新移民群体的研究比较缺乏，本书应属探索型研究，主要采用定性研究的方法。遵循"最大差异化"原则选取了 100 多人进行了面对面的多次深入访谈。

1. 国内的探索性调查

2010 年 8 月，笔者在福清市的江镇、山镇开始了对南非中国新移民的调查。在朋友的介绍下，笔者在江镇认识了经营机票销售的严先生。严先生有在非洲务工的经历，曾在莫桑比克开店几年后返回江镇，他的店铺主要经营国际航线的机票销售，顾客不仅包括江镇人，还有慕名而来的其他县市（如莆田、长乐、连江等地）的顾客。严先生对各种国际航线非常了解，因为职业关系，他也非常清楚江镇人的出国方式、路线，以及在国外的情况。笔者的访谈就从他开始。在他的介绍下，笔者认识了 4 个回国的南非中国新移民，研究由此逐步开展。

在福清市山镇，笔者首先访谈了该镇的一名副镇长谢先生。山镇也有不少人在南非谋生，谢先生的姐姐、姐夫也在南非经营加油站。他的姐夫是南部非洲中华福建同乡总会西北省分会的一个副会长。在谢先生的热心帮助下，笔者与南非的两个中国新移民建立起了联系。

虽然访谈对象对笔者的研究并不十分了解，但是由于有熟人的介绍，这些访谈对象对笔者的访谈十分配合。无论是面对面的访谈，还是电话访谈，他们几乎都"知无不言"，为笔者提供了十分生动而丰富的研究资料。

2. 南非的田野调查

笔者于 2010 年 12 月 1 日和同学陈肖英前往南非进行了为期两个多月的田野调查。此次调查是因为南非斯泰伦布什大学（Stellenbosh University）地理系的研究课题内容涉及南非的中国移民，在斯泰伦布什大学中国研究中心与博士生导师李明欢教授的推动下，笔者和陈肖英到南非帮助该大学的地理系完成 500 份关于南非的中国移民的调查问卷。问卷由斯泰伦布什大学地理系的教授设计，调查地点由他们指定在中国移民最为集中的约翰内斯堡，但笔者的行程是从开普敦开始的。在南非的两个多月，笔者在开普敦郊区斯泰伦布什小镇停留了 10 天左右，在约翰内斯堡停留了 40 多天，在德班停留了 3 天。在斯泰伦布什小镇，笔者居住在斯泰伦布什大学中国研究中心安排的旅馆里。斯泰伦布什小镇规模不大，商业区有一家福清籍移民经营的中餐馆，和一家由来自福州连江的移民经营的日用品超市。在这里，笔者主要采用深度访谈、参与式观察的方法，对他们的经济活动进行调查。

2010 年 12 月 ~ 2011 年 1 月。在南非约翰内斯堡调查期间，笔者居住在中国新移民曾贤家，曾贤家的房子是一座占地 1000 平方米的别墅，坐落于约翰内斯堡东部伊登维尔（Edenvale）的白人中产阶级社区。曾贤家除了出租一个房间给笔者及同学居住，还将多余的房间分别出租给曾在津巴布韦经营矿产的四川籍新移民魏先生一家和某华文报社的记者梁先生。那段时间，由于曾贤正在院子里加盖储藏间，他还雇用了两个黑人工人。每日与这些中国新移民朝夕相处，笔者能够直接观察和体验中国新移民在南非的日常生活，从中观察他们的社会交往、娱乐活动，以及与南非黑人的相处状况。南非调研结束后，笔者多次与回国的曾贤、林女士联系，到他们在福州市经营南非红酒的公司参观，了解他们的进出口贸易公司经营状况。

笔者在调查过程中得到了很多人的支持与帮助。曾在高校担任教师却在 20 世纪 80 年代末辞职远赴南非的吴女士听说笔者要做关于南非中国新移民群体的研究，不仅热心地与笔者分享她与丈夫过去 20 多年的奋斗经历，还带笔者参与约翰内斯堡排球协会活动，观察他们的业余生活。还有南部非洲中华福建同乡总会的李会长①、陈秘书长，他们多年以来一直关注着本课题的研究，为本研究提供了丰富的社团研究资料、社团档案，并在回国的时候积极参与集体座谈会，为本研究提供最新的信息。曾贤的侄女小曾女士赴南非时恰逢笔者居住在曾贤家，因此我们做了一个月的邻居，笔者对她和她家人的追踪调研也从那时开始。小曾女士和其丈夫至今仍然在南非德班经商，其间经历了生育二胎、送孩子回国读书等事情。至今，小曾女士仍然定时与笔者交流她和她的家人、朋友在南非的经商与生活状况。小曾女士是个虔诚的佛教徒，在南非积极参加佛光山的宗教活动，经常跟笔者分享南非当地人参与佛光山宗教活动的视频。此外，由于德班的印度裔众多，小曾女士在经商、生活中与南非印度裔有较多接触，在研究中也给了笔者诸多关于族群关系的启发。

2011 年以后，笔者继续保持与南非的中国新移民的联系，并在福州、厦门等地，陆续对回国的新移民进行追踪调查。笔者还加入了数个中国新移民 QQ 群、微信群，对他们的日常生活进行实时关注。

在观察访谈中，被访者事先都知道笔者研究的目的。访谈内容以录

---

① 李会长后来担任南非华人警民合作中心主任。笔者口头上一直称他为李会长，本书中的叙述也如此。

音、现场笔记为主。为尊重访谈对象的隐私，除个别人（如南部非洲中华福建同乡总会李会长、陈秘书长，南非华人警民合作中心常务副主任庄先生同意笔者用他们的真实姓名），书中提到的访谈对象的姓名一般匿名处理。

3. 2011～2020 年在中国国内的调查

从社会学研究的角度来看，田野点的选择是一个复杂的过程，既要考虑个案的意义和代表性，又要兼顾调查的可行性。南非的中国新移民群体大约有 1/3 来自福建省，从迁出地来看，还算比较集中。在国内田野地点的选择方面，对笔者来说，并没有太多的困难。研究对象确立后，笔者就先在福建省福清市和连江县进行调研。但在实地调研过程中还是出现了一些困难。首先，福清、连江等中国新移民的主要迁出地是传统侨乡，该地区的青壮年几乎都在国外，虽然留守家中的老人、孩子对南非均有一些了解，但深度不够，对具体经济活动也不是很清楚，只知道"南非是一个比较好赚钱的地方"。其次，返乡者的时间不确定，在南非的中国新移民主要从事商贸活动，他们出国的首要目的就是赚钱，返乡的频率不高，即使每年春节前后回来的人也不算多。

笔者选择的第一批调查地点是福清市江镇、山镇，后来又增加了都镇。这三个乡镇有数万人在南非谋生，每年来来往往的人也不少，因此在这三个乡镇尤其是江镇进行访谈调研，能够了解中国新移民在南非的相关信息。然而，由于笔者不懂福清方言，虽然用普通话也能与当地民众沟通，但毕竟有一些困难。为了克服语言上的障碍，在调研过程中，笔者邀请福州籍的大学生、研究生参与实地访谈工作，以便更全面地收集访谈、座谈资料。

理想主义的质性研究者认为，研究者应该将自己掏空和完全悬置，因为研究者在调查前查阅文献资料的同时，会不自觉地把它们奉为教条，将自我限定在前人所炮制的路径中，从而陷入仅仅在调查现场寻找前人研究结论的正、反例证的误区。完全而真正的调查应该不带任何的假设和理论，在田野中发展出一种扎根理论。实际上这只是一种理论上的状态。笔者的观点是，在进入现场时尽量保持开放的心态，不要让现成的框架把自己束缚住。在调查的时候，访谈提纲常会发生变动，甚至因某一意外发现而改变初衷。一个行之有效的解决方法是，尽量搜集所有能搜集的材料，记下所有观察到的、访谈到的信息，因为一些当时被认为无所谓的信息，反而成为日后研究的重点。如笔者在调查期间，直接切入主题打听新移民的迁移经历会比较唐突，一般是从聊南非黑人、白人的趣事开始的。久而久之，笔者发现，通过这个话题可以了解他们与南非当地人的互动情况，从中分析中国新移民在南非的族群交往情况。

为了调查顺利进行，在实际调研过程中必须讲求一定的变通技巧。笔者认为，在实地调查中无法对每一位被访者都详细地讲明调查目的。调查目的的介绍，针对不同访谈对象而采取不同的策略。如，在南部非洲中华福建同乡总会做调查时，笔者详细告知了李会长自己的身份、研究目的、研究内容，获得了李会长的大力支持，在他的帮助下笔者收集了关于南非社团的大量资料。

2013 年以后，本研究获得国家社会科学基金立项，课题组组织福州大学社会学系研究生、本科生前往各地，并与各地市侨联展开合作调研，召开座谈会、集体访谈、个案访谈，调研效果非常好。

对从南非返回中国的新移民进行调研，围绕以下主题展开。提出的问题主要包括 10 个方面：①个人基本情况（年龄、性别、籍贯、受教育程度、婚姻状况、职业、收入）；②家庭背景（家庭迁移情况、是否有家族成员在南非或其他国家？）；③迁移经历（迁移动机、迁移方式、除了南非是否有迁移其他国家的经历？）；④赴南非的目的（经商、务工、留学、体验）；⑤在南非的职业经历；⑥在南非的活动（居住区域、社会交往对象、休闲娱乐及其他）；⑦与国内的联系（亲友联系、经济活动联系、政治活动联系、相亲活动等）；⑧族群关系（与南非白人、黑人、印度裔、南非老侨、其他国家的非法移民的关系；雇佣关系、店员数量等）。⑨对在南非经历的变化的满意程度（经济收入增加或减少、发展机会增多或减少、个人发展前景等）；⑩未来的计划（定居南非，还是回国，或者继续迁移他国）。

在调研期间，笔者积极参与福建省侨办、侨联举办的各种联谊活动，利用这些大型活动的机会与回国的南非侨领们进行交流。笔者的调研活动得到了福建省侨办、侨联的支持，通过官方渠道的介绍，笔者与从南非归国的社团侨领进行联系，在深入访谈方面收获颇丰，获得了大量重要的访谈资料。

本书所用的资料主要来源于访谈，且大部分为半结构式访谈。首先，在访谈中，笔者鼓励被访者自由地讲述他们的迁移史和目前的生活状态。以这种方式获得信息出于两点考虑：第一，了解被访者的经历和思路，让被访者根据自己的迁移经历和南非生活记忆，讲述自己迁移南非的原因、过程和现状。第二，在访谈中，有些被访者回忆到多年前的经历时，对一些事件的记忆特别深刻，针对被访者认为重要的经历，笔者在访谈时会进行追问。因此，半结构式访谈有助于笔者把握被访者的价值取向，尽可能避免把自己的研究预设强加给被访者，同时又可避免谈话的主题太过于分散。其次，笔者很注意对调查对象生活化的观察。如在福建侨乡的调研过程中，笔者会观察村庄中有出国者与没有出国者家庭居住条件的差别，以及通过观察家庭成员的生活水平来判断新移民在南非的收入状况。在社会调查中，关于经济收入等问题较为敏感，在调研过程中不便详细提及，因此，可以通过观察等方式来进行弥补。此外，大部分中国新移民从事小商品贸易行业，一些访谈对象的文化程度并不高。鉴于这样的情况，笔者尽量把问题生活化、口语化，这种将严肃的学术访谈转变为生活化的聊天的方法，更能促进笔者与访谈对象之间的交流。

笔者在南非中国新移民的家乡调研，有些移民的家属并没有出国的经历，在描述家人或朋友在国外的生活时，难免会有夸大发展机会、社会治安恶化等方面的言论。对这种情况，在访谈、记录的过程中对访谈对象表示尊重，在对访谈资料进行分析时则要仔细甄别再采纳。

4. 问卷数据收集

问卷调查主要来自笔者 2010～2011 年在南非收集的 500 份问卷。调研地点主要是约翰内斯堡的唐人街（Cyrilldene）以及 8 个大型华人批发零售市场——中国城（China City）、非洲商贸（China Mall）、东方商城（Orient City）、香港城（Dragon City）、百家（China Mart）、红马商城（Ormonde China Mall）、中国商贸城（China Shopping Center）、中非商贸城（Afrifocus Center）。

（三）文献资料收集

由于中国新移民是在最近 30 多年才大量进入南非，而且中国新移民进入南非的渠道多样，南非的人口统计年鉴并无确切数据可参考，无法反映真实情况。因此，笔者仔细查阅了相关历史资料和其他文献记录。

1. 报纸和社团档案材料

从报纸中，可以找到有关南非中国新移民的历史资料，以及有关侨界各方面资料的线索和来源。诸如，追踪各种传闻轶事，查明各事件的准确日期和知情人姓名，侨界引人注目的大事，等等。笔者主要查阅的是南非当地的三份中文报纸——《非洲时报》《华侨新闻报》《南非华人报》。此外，还参考了国内外相关的网站，如中国侨网、中国新闻网、南非华人网、南非华人警民合作中心网，以及微信公众号等有关南非新闻的报道。

2. 南非唐人街管委会、南非华人警民合作中心的档案以及社团的记录等

南非新移民社团在最近30年来迅速发展，并出现了一些影响力较大的社团。虽然这些社团成立的时间不长，但已经积累了一些档案资料。中国新移民社团的内部记录、社团章程等资料，以及南非唐人街管委会、南非华人警民合作中心等组织提供的报告，为笔者了解南非侨界提供了大量的信息。其中，南部非洲中华福建同乡总会、南非华人警民合作中心是笔者研究南非华人社团的主要个案。这两个社团的档案材料比较齐全，在南非也最有影响力，便于研究。

第二章 移民理论

中国新移民是全球化背景下国际移民的一部分。本章将首先回顾国际移民理论，然后梳理学术界对"中国新移民"概念的界定，再回顾跨文化适应理论的研究成果，在此基础上与已有研究进行理论对话，以对中国新移民在南非的跨文化适应进行深入的探讨。

第一节 国际移民理论回顾

19 世纪中期以来，全球人口迁移十分活跃，学术界对人口的跨国流动积累了大量研究，研究内容涉及迁移的方向、规模、距离、目的地、动因、影响等方面，并形成了诸多移民研究理论。本研究将国际移民理论分为迁移动因、迁移过程和迁移结果三大研究领域。

一 迁移动因的理论

在迁移动因研究方面，学者关注的是人为什么要迁移？移民对迁移目的地的选择是否具有理性？其中，还涉及对移民者外在环境的分析。移民动因研究领域的主要理论包括推拉理论、移民的经济学理论、世界体系理论、劳动力市场分层理论。

（一）推拉理论

推拉理论是研究人口迁移最常用的理论工具，这一理论提出的时间是19世纪末，当时社会学家莱文斯坦（E. G. Ravenstein）试图对移民的迁移规律进行总结。[1] 推拉理论的核心观点是，人口迁移行为的发生是迁出地的"推力"与迁入地的"拉力"共同起作用的结果。具体而言，"推力"指的是推动移民离开某地的因素，如迁出地的自然灾害、经济发展不足、就业机会有限、政治环境紧张等因素；"拉力"指的是吸引移民流入的因素，与"推力"相对应，"拉力"的具体表现是更好的生活环境、更好的经济机会、更多的职业发展机会、更好的政治氛围等因素。莱文斯坦认为，人口迁移不是完全盲目无序的流动，而是遵循"推拉"的规律。这一理论的假设基础有两个：一是迁移者是"理性"的，迁移行为是一种"理性选择"行为；二是迁移者对移出地、移入地有充分的了解，并据此作出迁移决定。

然而，在具体的研究中，推拉理论的解释力受到了质疑，如它无法解释同一社会背景下，为何有人选择迁移，而有人选择留在原地。如福建省福清市自2000年起一直是中国经济百强县之一，且排名一直在全国第20名左右，但仍有数十万的福清人在过去几十年往世界各地迁移。而其他比福清经济不发达的地区，却没有这么多的海外移民。因此，该理论对具体个案缺乏解释力。

1966年，埃弗雷特·李（Everett Lee）提出了"中间障碍"（intervening obstacles）[2] 的概念，对推拉理论的缺陷进行了补充。他认为，人口迁移包括三方面因素：目的地、移出地和二者之间一系列的中间障碍。这些中间障碍可以归纳成四类因素：一是与迁移者移出地有关的因素；二是与迁移目的地有关的因素；三是介于出发地与目的地之间的障碍因素；四是迁移者个体因素。[3] 如果迁移者能够获得迁入地的信息，克服迁移过程中的障碍，则迁移行动更有可能实现。

---

[1] E. G. Ravenstein, "The Laws of Migration, Part I," *Journal of the Statistical Society of London*, 48, 2 (1885): 167-235.

[2] Everett Lee, "A Theory of Migraion," *Demography*, 3 (1966): 47-57.

[3] 佟新：《人口社会学》，北京大学出版社，2011，第109页。

（二）移民的经济学理论

移民的经济学理论可以分为古典经济学理论和新经济学理论两种视角。经济学家认为，人们作出迁移决定的根本因素是对经济效益最大化的追求。

1. 古典经济学理论

古典经济学理论大多用于解释发展进程中劳动力市场的供求关系问题，在移民研究中，古典经济学理论以拉里·萨斯塔（Larry A. Sjaastad）、迈克尔·托达洛（Michael Todaro）等学者为主要代表，侧重从经济学的角度分析移民行为产生的原因。[①] 该理论认为跨国移民取决于当事人对付出与回报的估算，移民作出迁移决定是他们认为迁移可以带来更好的经济回报。因此，高收入地区会更吸引移民。如果移出地的经济收入与移入地的收入差距减小，移民就会减少或停止。[②] 与这种人口迁移现象相伴随的是，在移民迁入国，由于劳动力供给充沛，当地的工资水平会越来越低；而在移民迁出国则正好相反，由于人口外流、劳动力减少，本地的工资水平会越来越高。当两国的工资差距不断缩小乃至正好等于迁移成本时，人口的国际净迁移会停止。

2. 新经济学理论

新经济学理论认为移民决策不是由孤立的个人因素决定的，而是以家庭为单位的集体决策。移民的新经济学理论的主要代表是奥迪·斯塔克（Oded Stark）、爱德华·泰勒（J. Edward Taylor）等学者。他们认为，发展中国家的许多贫困家庭经常利用迁移流动来配置家庭劳动力的分布，以便实现家庭的总体福利。任何个人和家庭的迁移都发生在特定的社会环境中，迁移时间、地点的选择可以被视为家庭改善生活质量的一种策略。移民对于家庭而言，是一种降低风险、广开财路的选择。新经济学理论强调家庭环境对移民者的推动作用，强调移民汇款对地区的社会影响，关注移民者在移民文化与氛围下的压力和移民路径依赖。但移民的新经济学理论主要关注移民输出国一方造成移民的原因，忽略了移民目的地

---

① Larry A. Sjaastad, "The Costs and Returns of Human Migration," *Journal of Political Economy*, 70S（1962）：80 – 93.
② 钟涨宝、杜云素：《移民研究述评》，《世界民族》2009 年第 1 期。

的影响。

（三） 世界体系理论

世界体系理论从国家的层面分析移民动因。这一理论认为国际人口迁移是经济全球化的衍生物。在全球化条件下，市场的进入、资本的扩张改变了发展中地区的经济结构和人们的生活方式，为发展中国家的民众迁移提供了信息与机会。这一理论用于解释国际移民的"南北迁移"具有较大的解释力，如从原来的殖民地国家迁移到原来的宗主国。但是，随着全球化时代移民形态的多样化，世界体系理论的适应性也受到了挑战，因为当前日渐增多的是从发展中国家向发展中国家的移民，即"南南迁移"，其路线并不是当时资本主义发达国家开辟的那条道路。在本研究中，我们可以看到，全球化浪潮将中国乡村卷入其中。在全球化条件下，市场的进入和资本扩充打破了边陲地区已有的社会经济模式，改变了人民传统的生活方式，推动人们的生活做出改变，从而形成一些具有冒险精神的跨国迁移群体，他们为了提高收入向世界各地迁移。如福清市江镇，在历史上，它的海外移民并不多。然而，20世纪90年代以来，这个镇的民众积极迁移到各个新兴发展中国家，如俄罗斯、匈牙利、阿根廷和南非。这一路线具有鲜明的全球化商贸活动的特点，而与传统的发展中国家与发达国家之间的移民路径不同。

国际移民的原因并不是某国发展不足，而是发展本身导致了国际人口迁移。国际经济贸易结构的内在要求会推动人们加入国际迁移行列，中国制造业大国的地位为中国新移民向外迁移提供了便利，使新移民可以嵌入移居地的社会经济结构之中。

（四） 劳动力市场分层理论

这个理论也被称为"双重劳动力市场理论"，其主要观点是在经济发达地区存在双重劳动力市场。处于第一重的是高级劳动力市场，对劳动者的受教育程度、专业技能要求较高，因此工资待遇、工作环境、员工福利也较好；处于第二重的是次级劳动力市场，对劳动者的受教育程度、专业技能要求不高，工资待遇较低而不稳定，工作环境也不理想，劳动者缺乏发展前景。一般而言，本地优势劳动力占据着高级劳动力市场，次级劳动力市场则以外来人口为主。这一理论对本研究的启发是，中国新移民在南非从事的批发零售市场，恰恰也是一个经济结构的空白点。南非贫富分化严重，富裕阶层占据着高端商城及高档消费市场，中下层的消费市场比较缺乏，这为中国新移民的经济嵌入提供了机会。

在"双重劳动力市场理论"的基础上，艾勒占德罗·波特斯（Alejandro Portes）和罗伯特·巴赫（Robert Bach）进一步提出了"三重市场需求理论"，即再加上一个"族群聚集区"。① 他们认为，这一在移民族群自身发展基础上形成的经济圈对原居地人群有特殊的吸引力；一方面，该经济圈的运作需要引进新的低廉劳动力以增强其产品的市场竞争力；另一方面，由于族群经济圈的形成，移民企业家的地位更加突出，原居地人群往往从这些成功者身上汲取移民的动力。②

二 迁移过程的理论

迁移过程的理论包括移民网络理论、连锁因果说、移民文化理论。

（一）移民网络理论

已有的研究表明，迁移者并不仅仅是年轻人或高素质人口，而是与迁入地人口有某些联系的人，他们与迁入地已有的移民的联系构成的社会资本，起着提供迁移信息、降低迁移成本、增加收益以及减少风险的作用。③ 移民网络是指移民通过血缘、地缘等关系，将迁移者、迁出地、迁入地等群体连接起来的人际关系组合。移民网络有助于迁移者获得信息，帮助迁移者在移居地寻找工作。移民网络一旦形成，就具有累积性，会不断扩展，从而推动移民不断增加。例如，在浙江温州、福建福州侨乡地区，移民迁出地非常集中，这是因为它们形成了广泛的移民网络，推动人口不断向外迁移。

---

① A. Portes, R. L. Bach, "Latin Journey: Cuban and Mexican Immigrants in the United States," *International Migration Review*, 21（2），1985.

② 李明欢：《20 世纪西方国际移民理论》，《厦门大学学报（哲学社会科学版）》2000 年第 4 期。

③ A. Portes（ed.），*The Economics, Sociology, and Immigration: Essays on Networks, Ethnicity, and Enrepreneurship*, New York: Russell Sage Found, 1995.

（二）连锁因果说

移民的连锁因果说[1]，也称惯习说。该理论指出，每一次的移民行动都为后来的移民决策提供根据，进一步扩大移民的社会范围、改善移民方式、提高移民效率。该理论基于以下假设：首先，移民会受到社交圈子的影响。当某人所处的圈子中移民的人越多，此人移民的倾向就越大；有过一次移民经历的人，再度移民的可能性相对更大，并可能带动其亲朋好友移民，移民具有乘数效应，每个新移民背后都可能存在一个潜在的移民群体。其次，移民汇回家乡的钱款，将冲击原居地的收入水平，从而使那些没有移民汇款收入的家庭增强"相对失落感"，进而刺激新的移民产生。因此，移民行为有其内在的延续性，有移民传统的侨乡地区移民的人数更多。

移民的连锁因果说认为移民行为具有内在的连续性。从个人角度看，迁移者在每一次迁移中都会不断调整自己的动机和预期，从而决定下一次迁移；从家庭和迁出地社区的角度看，迁移带来的收入水平改变又会影响另一些成员或家庭的迁移决策；从迁入地的角度看，移民不断进入某职业意味着这一职业可能被"标签化"，从而引发迁入地对此种移民源源不断的需求。

（三）移民文化理论

社会和文化规范对迁移者有重要的影响。移民文化理论的基本观点是在某些地区、某些群体中，随着人口的对外迁移并在经济上获得成功，一种新的地区文化会在移出地逐渐产生，这种文化推崇"出国等于成功"的价值观念。[2] 在这种文化的影响下，该地区的年轻人早早就树立了"出国"的目标，一代又一代地追随前辈们的步伐，走上跨国迁移的道路，这是当地共享的价值观。这样的移民文化在跨国移民人数众多的区域较为常见。

---

[1] Douglas S. Massey, "Social Structure, Household Strategies, and the Cumulative Causation of Migration," *Population Index*, Vol. 56, No. 1, Spring 1990.

[2] Graeme J. Hugo, "Village‐community Ties, Village Norms, and Ethnic and Social Networks: A Review of Evidence from the Third World," in Gordon F. DeJong and Robert W. Gardner (eds.), *Migration Decision Making: Multidisciplinary Approaches to Microlevel Studies in Developed and Developing Countries*, New York: Pergamon Press, 1981.

三 迁移结果的理论

个体实现迁移后，可能产生多种结果，对移民者、移出地、移入地均有影响。对于个体来说，迁移有助于个体增加与外界接触和交流的机会，获得新的发展机会，改善个体的职业发展机会和人生发展前景；也有可能因为迁移，个体对新环境产生了不适应，导致消极因素的产生。对于移入地来说，外来移民的迁入为本地区的发展带来了新的劳动力，同时也带来了不同的文化与行为模式，这可能招致本地居民的反感，产生社会冲突等后果。

国际移民学术界对移民与移居地的关系进行了研究，产生了移民的同化理论，最有影响力的理论包括古典同化论、多元文化论、分层同化论、文化生成论等。"同化"（Assimilation），指用各种方式使来自异国的群体和个人接受移居国的社会价值观和文化模式，并逐步放弃母国的文化认同，完全融入接纳国。乔治·伊顿·辛普森在《民族同化》一文中对同化概念的阐述是："所谓同化，是指具有不同种族和民族背景的人，在一个更大的社区生活中，摆脱原有民族背景和文化的束缚而相互交往的过程。"[①]

（一）古典同化论

该理论认为，随着移民在移居地居住时间的延长、语言和文化的适应、社会经济地位的改善，移民最终将会融入移居国的主流社会。[②] 这种融入与居住时间成正比，并且移居国的文化占优势，强调移民的改变与融入移居地社会。

（二）多元文化论

该理论强调，不同族裔身份和不同文化背景的移民是难以完全被同化的，移民群体会按照各自独特的文化方式逐渐适应移居国的社会文化。该

---

① 乔治·伊顿·辛普森：《民族同化》，载马戎编《西方民族社会学的理论与方法》，天津人民出版社，1997，第416页。

② Robert E. Park, "Human Migration and the Marginal Man," *American Journal of Sociology* 33 (1928): 881–893.

理论认为，虽然随着时间的推移，各文化之间不断发生相互作用，但这些文化仍保持它们自己的特征。因此该理论强调，在社会中，每一个文化族群始终保持着对本文化族群的认同，同时移居地社会也为各种文化的和睦共处提供了条件。这是一种理想的社会融合模式，各个群体既保留自身文化传统，又能与其他族群和平共处。

（三）分层同化论

该理论指出，当代移民的社会适应和社会融合的结果是多向而不是单向的，其中包括摒弃本族裔文化而融入移居地主流社会的中、上层，摒弃本族裔文化而融入移居地边缘社会的底层，有选择性地同化并利用本族裔资源和文化优势向移居的主流社会融入等三种不同的模式。该理论考虑到不同少数族裔的移民在移居地所处社会经济背景的差异和在移居国社会分层制度中所处的地位的差异，并强调在特定的条件下，移民的少数族裔文化有助于移民融入主流社会。① 这一理论将外来移民进行社会分层，认为随着在移居地生活时间的增加，外来移民群体本身会产生分化，不同层次的群体将融入移居地不同的社会阶层。

（四）文化生成论

文化生成论通过对熔炉理论和文化多元论的梳理和扬弃，将熔炉理论中的"融合"修正为"生成"；将文化多元论中的"多元"修正为"生成文化过程中的多元"，从而兼顾和解释了新移民群体和个人在美国社会中的"双重认同"态势和"双重同化"的文化架构。在这个时代里，新文化的不断加入并对合成文化形成撞击，使新合成文化不断生成。② 这一理论强调外来移民带来的文化的影响力，强调移民群体不仅会被移居地社会影响，他们也可能带来新的文化元素，改变移居地社会。

文化生成论在糅合熔炉理论和文化多元论的基础上提出，美国各移民

---

① Alejandro Portes and Min Zhou, "The New Second Generation: Segmented Assimilation and Its Variants among Post - 1965 Immigrant Youth," *The Annals of the American Academy of Political and Social Sciences*, Vol. 530, (1993): 74 - 96.

② 钱皓：《美国西裔移民研究——古巴、墨西哥移民历程及双重认同》，中国社会科学出版社，2002，第294页。

团体的同化并不是一个单向的过程。移民在美国的文化适应和同化历程中发生了变化，美国社会和文化在与移民文化的碰撞中也发生了变化。移民发生的变化使之更适应美国社会的生存环境，美国社会的变化则为移民的变化和适应提供了良好的外部环境。该理论的突破在于承认文化的互动性和生成性，以其中立、客观、科学的态度解释了美国新时期的文化态势和社会架构，回答了美国新时期的移民同化和认同问题。

已有的国际移民理论探讨的类别非常多元，涵盖了移民迁移的各种类别、形式、动机，以及移出地、移入地的不同社会文化背景，对本书分析中国新移民迁移南非的动机及其影响具有启发意义。然而，如前所述，中国与南非在历史上的互动并不多，两国的距离也比较遥远。但过去30年还是有数十万中国新移民迁移到南非，其中既有南非社会蕴含的机遇，如南非社会的消费需求、中国小商品的畅销、中南两国合作大背景的影响，还有来自新移民个体的行为选择，如对经商机会的向往、对高收入的期待等。因此，在具体的分析中，不能简单套用已有的国际移民理论，而是应该根据南非中国新移民群体的迁移特点，进行分析、比较、探讨。这意味着我们在研究中将更加关注全球化背景下新的移民特点，从实际出发，对已有移民理论的解释力进行丰富与提升。

随着国际大环境的变化，经济全球化使包括华人移民在内的世界上绝大多数移民进入国际移民体系，并随着世界经济的发展而变动。经济全球化对移民产生了影响，使移民潮流不断呈现新的特点，国际人口迁移的流向发生了很大的变化。传统的国际人口迁徙方向是，从宗主国向殖民地和附属地迁移，如英国向美国、印度、澳大利亚等地迁移人口；从较发达地区向不发达地区及新开发地区移民，如欧洲向拉丁美洲各国迁移人口；从旧大陆向新大陆迁移人口，即欧、亚、非三洲人口向北美、拉美、大洋洲迁移。新型的人口迁移的主要方向是发展中国家向发达国家移居，如亚非拉发展中地区向欧美、大洋洲等发达地区迁移人口。而本研究所关注的中国大陆新移民向南非的迁移，则是全球化背景下的一种新的迁徙方向与模式，对该群体的迁移动因、特点进行研究与探讨，有助于丰富已有的国际移民理论。

第二节　中国新移民群体研究

中国人向海外迁移，已有数百年的历史。本研究关注的是 1978 年改革开放以后迁移到南非的中国新移民群体。

一　"中国新移民"概念

在美国移民研究中，新移民一般是指美国 1965 年实行新《移民法》后，迁移到美国的移民群体。而在中国学术界，新移民概念一般结合我国的社会历史背景来进行界定。所谓"中国新移民"，一般是指"改革开放（1978年）后移居国外的中国大陆公民"[①]。迄今为止，无论是学术界还是国内侨务部门，对"新移民"这一提法仍有争议。但还是约定俗成地用"中国新移民"这一概念指代"改革开放后从中国大陆迁移到其他国家的移民"。

当前对"中国新移民"这一提法的争议主要有几个方面。第一，就时间界限而言，有人主张应界定为"二战以后"或"新中国成立以后"，也有人主张采用"20 世纪 70 年代以来"作为时间的界定；第二，就地域范围而言，有人主张，"中国新移民"不仅包括中国大陆的移民，还应包括港澳台的移民及东南亚等地的华人再移民。在本研究中，"中国新移民"不包括港澳台移民，虽然港澳台移民与中国大陆移民具有文化的共性，但移民的背景、动机有较大差异，本研究所讨论的是中国大陆新移民群体。第三，就身份构成而言，有人主张"中国新移民"不应包括以留学名义出国、学成后留居当地的原留学人员，特别是公派留学人员。因为他们是以求学为目的而不是以移民为目的出国。尤其是公派留学人员承担着报效祖国的责任和义务，承认其移民身份，不利于鼓励他们学成回国服务。虽然有种种争议，但大多数人认为，用"中国新移民"这一概念指代"改革开放后移居国外的中国大陆公民"还是较为科学的。[②]

---

① 李安山：《中国新移民再议：以非洲为例》，《亚非研究》2018 年第 1 期。

② 张秀明：《国际移民体系中的中国大陆移民——也谈新移民问题》，《华侨华人历史研究》2001 年第 1 期。

本研究主张用"中国新移民",理由是"移民"不是法律概念,其含义十分广泛,是国际通用的概念。而之所以说他们"新",是因为:第一,他们能够出国,受惠于中国改革开放的新政策,改革开放是他们得以实现跨国迁移的先决条件;第二,这一群体移民的动机、途径、在当地的处境等都有不同于老一代移民的特点。

作为改革开放的一个组成部分,中国的出入境政策放宽,特别是1985年11月《中华人民共和国公民出境入境管理法》的颁布及随后有关细则的制定,简化了出国手续,为中国公民出国提供了法律保障和制度保障,极大地方便了中国公民的移居活动。此外,封闭已久,国门洞开,人们迫切地希望了解外面的世界,于是纷纷寻找机会出国。中国出现了一轮又一轮的"出国热",从而形成了目前颇具规模和影响的"中国新移民"群体。因此,可以说,中国新移民在某种意义上讲是中国改革开放的产物。世界经济发展不平衡一直是移民活动发生的原动力。谋求经济地位的改善,追求更好的生活一直是移民最主要的动因。中国的新移民基本上为经济性移民。

国际移民组织(International Organization for Migration, IOM)对"国际移民"进行了专门定义:"国际移民系离开本人之祖籍国或此前的常住国,跨越国家边界,为了定居性目的而永久性地或在一定时期内生活于另一国家的人。"

由于跨国迁移的目的、原因等在新形势下发生了诸多新的变化,当今国际移民也就具有多种不同类型。①

如果以迁移的数量为准,可区分为:个别迁移、小群体迁移、大规模迁移。

如果以迁移的距离为准,可区分为:短程迁移、长途迁移,或跨洋迁移、洲际迁移。

如果以迁移的动机为准,可区分为:生存性迁移、发展性迁移,或自愿迁移、被动迁移。

如果以法律角度衡量,可区分为:合法迁移、非法迁移,或正规迁

---

① 李明欢:《国际移民的定义与类别——兼论中国移民问题》,《华侨华人历史研究》2009年第2期。

移、非正规迁移。

如果以移民在移居国居住时间为序，可区分为：短期迁移、长期迁移，或临时迁移、永久迁移。

如果以迁移者的身份为准，可区分为：独立迁移、依附迁移，或工作迁移、家庭团聚迁移、避难迁移、学习迁移。

在对中国海外移民的研究领域中，已有研究对华侨华人的相关称谓甚多，如"华侨""华人""华侨华人""海外侨胞""跨国移民""新移民""海外移民""侨民""新侨""归国华侨"等，也有更明确的"华裔"和"华族"。

在本研究中，"南非中国新移民"是最主要的概念。鉴于目前学术界对"中国新移民"概念尚无权威的界定，笔者将对此进行阐释。

本书中"中国新移民"系指改革开放以来移居国外的中国大陆公民。中国新移民大规模进入非洲始于 20 世纪 90 年代末。[①]

在南非的中国新移民群体中，上海人是最早达到南非的群体之一，由于中国与南非在 1998 年才建立正式的外交关系，而很多上海人在 20 世纪 90 年代初就通过各种方式进入南非，包括偷渡与逾期滞留。陈秘书长告诉笔者："上海人和福建人大多是持合法签证、非法滞留南非的。现在中国的南非大使馆签证不授予的地区就只有两个——福建和上海。这是根据以往进入南非、没返回中国、没有领取签证押金的人数来定的。像广西、云南等地方没有这些不良记录，他们要申请南非签证就很容易。上海和福建的人申请南非签证比较难。"[②]

近 30 年来，在南非人数急剧增加的福建人是非正规迁移的主要群体，他们主要通过跨国移民网络的帮助进行迁移，增长速度很快。福建省是中国著名侨乡，素来有海外移民的传统。与老一代移民主要分布在东南亚各国不同的是，改革开放后出国的福建新移民在海外的侨居地则比较分散，早期福建新移民迁移到日本、美国、英国，后来则迁移到法国、西班牙、匈牙利、阿根廷、俄罗斯，以及非洲的南非和莱索托等国家。在南非的福建人中，大部分来自福州地区的福清、连江、长乐等县市。而福清人中又

---

① 李鹏涛：《中非关系的发展与非洲中国新移民》，《华侨华人历史研究》2010 年第 4 期。

② 陈秘书长（南部非洲中华福建同乡总会、南非华人警民合作中心秘书长，2003 年到南非），2011 年 1 月 17 日，约翰内斯堡福建同乡会馆。

以江镇人为最多，有 1 万多人。福建人广泛分布在南非 9 个省，约有 1/3 集中在约翰内斯堡。南部非洲福建同乡总会秘书长陈先生估计，2010 年南非的福建籍新移民有将近 10 万人，占南非的中国新移民群体的 30% 以上。

由于中南两国经贸合作关系日益深入，在南非有很多中国企业外派员工，如中国银行、中国工商银行、华为集团、中信集团、三一重工等都有外派员工在南非。他们在南非的工作时间短则 3 个月，长的达 1 年、2 年或更长。借鉴以往的研究，再结合本书的研究主题，笔者并未将该群体纳入研究对象之中。

此外，还有一个重要概念，即"南非老侨"。在已有的研究中，南非的华侨华人被分成三类：一是"南非老侨"，也称"南非华人"，指的是 1994 年以前入籍南非的华人，该群体规模为 1 万 ~1.2 万人；二是"南非台湾人"，指的是从中国台湾迁移到南非的人，该群体规模为 0.8 万 ~1 万人；三是"中国新移民"，也称"大陆新移民"，指的是 1978 年以后迁移到南非的中国大陆公民，该群体规模约 30 万人。[①] 需要补充说明的是，虽然"中国新移民"概念是从 1978 年算起，但事实上大部分南非中国新移民是在 1990 年后才迁移到南非的。1992 年就来到南非的李会长说："我 1992 年到南非的时候，整个约翰内斯堡就 50 多个大陆来的新移民。大约 1998 年以后，南非的中国新移民才快速增加。"

二 中国新移民群体研究回顾

改革开放以来，从中国迁移到世界各地的中国新移民群体约有 1000 万人。[②] 关于中国新移民群体的研究，国内外学术界在过去数十年有较多的积累，有诸多学者在中国新移民研究领域作出了贡献。从研究的内容来看，有的学者关注中国新移民的概念、构成、特点，如黄润龙、赵红英、张秀明、李安山等学者的研究；[③] 有的学者关注新移民来源地，福建、浙

---

① 〔美〕朴尹正：《荣誉至上：南非华人身份认同研究》，吕云芳译，广东人民出版社，2014，第 166 页。

② 庄国土、张晶盈：《中国新移民的类型和分布》，《社会科学》2012 年第 12 期。

③ 黄润龙：《我国海外华人的分布及发展》，《人口学刊》1997 年第 1 期；赵红英：《近一二十年来中国大陆新移民若干问题思考》，《华侨华人历史研究》2000 年第 4 期；张秀明：《国际移民体系中的中国大陆新移民——也谈新移民问题》，《华侨华人历史研究》2001 年第 1 期；李安山：《中国新移民再议：以非洲为例》，《亚非研究》2018 年第 1 期。

江是改革开放以来中国新移民最活跃的地区，学者朱美荣、吴潮、庄国土、郭玉聪、王付兵等学者进行了研究；① 有的学者关注中国新移民迁移后产生的影响，如王春光、曾少聪、郭玉聪、闫海燕等学者的研究；② 还有学者关注新移民中的非法移民群体，如叶文振、黄润龙、林胜等学者的研究。③

此外，还有学者分区域、分国别对中国新移民群体进行研究，如陆益龙、吴前进、沈燕清、庄国土、代帆、任娜等学者关注东南亚地区的中国新移民群体；④ 王春光、李明欢、傅义强、宋全成、文峰等学者关注欧洲地区的中国新移民群体；⑤ 李其荣、吴开军、庄国土、曾少聪、宗力、黎

① 朱美荣：《福建省新移民问题剖析及相关政策初探》，《人口研究》2001 年第 5 期；吴潮、周望森：《浙江籍海外新移民研究初论》，《华侨华人历史研究》2001 年第 3 期；庄国土：《对近 20 年来华人国际移民活动的几点思考》，《华侨华人历史研究》1997 年第 2 期；庄国土：《近 30 年来的中国海外移民：以福州移民为例》，《世界民族》2006 年第 3 期；庄国土：《经贸与移民互动：东南亚与中国关系的新发展——兼论近 20 年中国人移民东南亚的原因》，《当代亚太》2008 年第 2 期；郭玉聪、庄国土：《福州赴日新移民的增长态势及其主要原因——以福清市为例》，《南洋问题研究》2008 年第 2 期；王付兵：《福州沿海地区新移民问题初探》，《闽江学院学报》2016 年第 3 期。

② 王春光、Jean Philippe Beja：《温州人在巴黎：一种独特的社会融入模式》，《中国社会科学》1999 年第 6 期；曾少聪：《全球化与中国海外移民》，《民族研究》2003 年第 1 期；郭玉聪：《经济全球化浪潮下的中国新移民》，《当代亚太》2004 年第 9 期；闫海燕：《中国"新一轮移民潮"的原因及对策探究》，《社科纵横》2011 年第 2 期。

③ 叶文振：《福建沿海非法移民潮的原因分析》，《华侨华人历史研究》1995 年第 1 期；黄润龙：《中国的非法移民问题》，《人口与经济》2001 年第 1 期；林胜：《福建省非正常移民的变化及其原因》，《八桂侨刊》2010 年第 3 期。

④ 陆益龙：《嵌入性适应模式——韩国华侨文化与生活方式的变迁》，中国社会科学出版社，2006；吴前进：《1990 年以来中国 - 新加坡民间关系的发展——以中国新移民与当地华人社会的互动为例》，《社会科学》2006 年第 10 期；沈燕清：《新加坡中国大陆新移民现状浅析》，《世界民族》2007 年第 4 期；庄国土：《经贸与移民互动：东南亚与中国关系的新发展——兼论近 20 年中国人移民东南亚的原因》，《当代亚太》2008 年第 2 期；代帆：《菲律宾中国新移民研究——马尼拉中国城田野调查》，《太平洋学报》2009 年第 10 期；代帆：《东南亚的中国新移民及其影响》，《东南亚研究》2011 年第 2 期；任娜、刘宏：《本土化与跨国性——新加坡华人新移民企业家的双重嵌入》，《世界民族》2016 年第 2 期。

⑤ 王春光：《巴黎的温州人：一个移民群体的跨社会建构行动》，江西人民出版社，2000；李明欢：《欧盟国家国际移民政策与中国新移民》，《厦门大学学报（哲学社会科学版）》2001 年第 4 期；李明欢：《东欧社会转型与东欧新华商群体的形成》，《世界民族》2003 年第 2 期；李明欢：《罗马尼亚中国新移民研究：新华商与新市场》，《华侨华人历史研究》2013 年第 4 期；傅义强：《欧洲的中国大陆新移民研究述评》，《八桂侨刊》2006 年第 1 期；宋全成：《欧洲的中国新移民：规模及特征的社会学分析》，《山东大学学报（哲学社会科学版）》2011 年第 2 期；文峰：《欧洲排外主义回潮对华侨华人的影响及其应对与反思》，《世界民族》2019 年第 3 期。

相宜、蔡鹏飞等学者关注北美地区的中国新移民群体;[①] 高伟浓、张秋生、李海蓉、颜廷、李泽莹等学者关注澳大利亚、新西兰的中国新移民;[②] 何敏波、李鹏涛、周海金、林胜、甘振军等学者关注非洲地区的中国新移民。[③] 此外,还有诸多对不同国家中国新移民的研究,在此不一一提及。这些学术成果推动了中国新移民群体的研究,加深了国内外对中国新移民群体的认识,也为本研究提供了重要的参考。

对海外华商进行研究的学者有:林勇、戴一峰、龙登高、庄国土、廖小健、纪东东、毛华配、张一力、邓江年、莫光木、陈肖英、张荣苏、文峰等。[④]

以下是研究南非社会问题的学位论文。

---

① 李其荣:《华人新移民与后工业美国社会——兼论"模范少数族裔理论"》,《世界民族》2001年第3期;吴开军:《浅析美国的中国大陆新移民》,《八桂侨刊》2002年第3期;庄国土:《从跳船者到东百老汇大街的"主人"——近20年来福州人移民美国研究》,《华侨华人历史研究》2003年第3期;庄国土:《近30年来的中国海外移民:以福州移民为例》,《世界民族》2006年第3期;曾少聪:《美国华人新移民与华人社会》,《世界民族》2005年第6期;宗力:《多元文化社会的民族关系与新种族主义:中国大陆移民在加拿大面临的社会障碍》,《西安交通大学学报(社会科学版)》2010年第6期;黎相宜:《跨国集体维权与"回飞镖"效应——基于美国福州移民的个案研究》,《中山大学学报(社会科学版)》2015年第4期;黎相宜、周敏:《跨国空间下消费的社会价值兑现——基于美国福州移民两栖消费的个案研究》,《社会学研究》2014年第2期;蔡鹏飞:《人力资本与社会资本的增值转换——加拿大华人新移民的社会融入》,《中南民族大学学报(人文社会科学版)》2020年第2期。

② 高伟浓:《华人新移民在澳大利亚、新西兰的生存适应分析》,《华侨华人历史研究》2003年第2期;张秋生、张荣苏:《当代澳大利亚华人新移民基本社会特征分析》,《历史教学问题》2011年第5期;李海蓉:《新西兰中国大陆新移民初探》,《华侨华人历史研究》2011年第1期;颜廷、张秋生:《澳大利亚华人新移民回流:历史、现状与趋势》,《华侨华人历史研究》2015年第4期;李泽莹:《澳大利亚中国新移民的社会融合问题研究》,《八桂侨刊》2019年第3期。

③ 何敏波:《非洲中国新移民浅析》,《八桂侨刊》2009年第3期;李鹏涛:《中非关系的发展与非洲中国新移民》,《华侨华人历史研究》2010年第4期;周海金:《非洲华侨华人生存状况及其与当地族群关系》,《东南亚研究》2014年第1期;林胜、梁在、朱宇:《非洲中国新移民跨国经营及其形成机制——以阿尔及利亚的福清移民为个案》,《世界民族》2017年第4期;甘振军:《浅论当代非洲华商的现状、特点和机遇》,《八桂侨刊》2019年第2期。

④ 林勇:《中华传统文化与海外华商精神》,《八桂侨史》1997年第2期;戴一峰:《旅日华商"泰益号"经营网络结构剖析》,《中国社会经济史研究》1997年第4期;龙登高:《海外华商经营模式的社会学剖析》,《社会学研究》1998年第2期;庄国土:《论早期海外华商经贸网络的形成——海外华商网络系列研究之一》,《厦门大学学报(哲学社会科学版)》1999年第3期;庄国土:《21世纪前期海外华商经济实力评估》,（转下页注）

吴奕：《新南非排外事件研究》，硕士学位论文，苏州科技大学，2017。

以下是研究南非双边贸易的学位论文。

李瀛：《中国与南非双边贸易竞争性与互补性分析》，硕士学位论文，东北财经大学，2013。

马剑锋：《中国与南非双边货物贸易特点及发展前景分析》，硕士学位论文，东北财经大学，2013。

陈慧青：《中国与南非货物贸易互补性研究》，硕士学位论文，中南大学，2013。

刘莎：《中国—南非建立 FTA 的经济效应研究》，硕士学位论文，中国海洋大学，2013。

珠思文：《南非与东北亚贸易合作的现状、问题及前景分析》，硕士学位论文，东北大学，2013。

张华云：《中国与南非经贸关系研究》，硕士学位论文，吉林大学，2014。

熊超：《中国与南非双边贸易商品结构优化研究》，硕士学位论文，山西财经大学，2014。

王越：《中国与南非双边贸易研究》，硕士学位论文，河北大学，2014。

彭雨：《非洲投资环境评价研究——以南非与安哥拉为例》，硕士学位论文，暨南大学，2015。

衣秀秀：《中国对南非直接投资与贸易的关系研究》，硕士学位论文，东北财经大学，2015。

陈沙：《中国与南非贸易现状、影响因素及对策分析》，硕士学位论文，天津商业大学，2020。

（接上页注④）《南洋问题研究》2020 年第 3 期；廖小健：《利用海外华商网络 拓展海外经贸市场》，《国际经贸探索》2000 年第 5 期；纪东东：《共生与发展——关于华商网络与中国"走出去"战略的探讨》，《世界民族》2006 年第 4 期；毛华配、徐华炳：《影响海外华商投资风险认知的因素分析——以温州籍华商样本为例》，《华侨华人历史研究》2013 年第 2 期；张一力、张敏：《海外移民创业如何持续——来自意大利温州移民的案例研究》，《社会学研究》2015 年第 4 期；邓江年：《海外华侨华人经济与"一带一路"战略的互动机制》，《华南师范大学学报（社会科学版）》2016 年第 3 期；莫光木：《海外华商安全形势及保护机制探析——基于智利华商的研究》，《暨南学报（哲学社会科学版）》2017 年第 12 期；陈肖英：《信任与海外华商族群网络研究——来自田野的调查与思考》，《华侨华人历史研究》2017 年第 2 期；张荣苏、张秋生：《改革开放以来中国学界海外华商研究述评》，《华侨华人历史研究》2018 年第 4 期；文峰、赵健：《欧洲华商与中欧经济关系发展：角色、挑战与应对》，《亚太经济》2018 年第 4 期。

尹元：《中国对南非直接投资风险的识别、计量及管理》，硕士学位论文，首都经济贸易大学，2019。

以下是研究南非法律、媒体环境的学位论文。

张梦婷：《我国对南非投资的环保法律风险及其应对》，硕士学位论文，湘潭大学，2019。

袁文亿：《中国－南非关系的媒介镜像：自我认知与他者认知》，硕士学位论文，外交学院，2019。

陈虹娇：《南非中文专业大学生汉语学习动机与文化认同研究——以南非罗德斯大学孔子学院为例》，硕士学位论文，暨南大学，2018。

陈佳忻：《非洲媒体 2017 年涉华报道框架研究——以肯尼亚〈民族日报〉、尼日利亚〈先锋报〉、南非〈邮政卫报〉为例》，硕士学位论文，中央民族大学，2018。

张凤：《南非警察汉语教材编写设计与实践应用》，硕士学位论文，暨南大学，2017。

杨颖南：《中国企业在南部非洲投资的劳动法律风险防范——以南非、赞比亚、津巴布韦的劳工标准为视角》，硕士学位论文，北京外国语大学，2017。

Xolani Preference Ntombela：《中国与南非的高等教育合作》，硕士学位论文，厦门大学，2019。

三　南非中国新移民研究

北京大学李安山教授是非洲研究专家，他的研究成果大量涉及南非，为本研究提供了多角度的参考。他的专著《非洲华侨华人史》《非洲华侨华人社会经济史》以及一系列关于非洲（涉及南非部分）研究的论文，如《丝绸之路与华侨华人：以非洲为例》（《中央社会主义学院学报》2019 年第 4 期）、《中国国际移民的安全保护：责任的提升与外延》（《公安学研究》2018 年第 5 期）、《中国新移民再议：以非洲为例》（《亚非研究》2018 年第 1 期）、《二战后非洲华人社会生活的嬗变》（《西亚非洲》2017 年第 5 期）、《浅析战后非洲华侨华人文化生活的演变》（《八桂侨刊》2017 年第 3 期）、《试析二战以后非洲华人宗教意识的变迁与融合》（《华侨华人历史研究》2017 年第 3 期）、《国际政治话语中的中国移民：以非洲为例》

（《西亚非洲》2016 年第 1 期）这些论文是本研究的重要参考文献。杨立华研究中国与南非的建交过程；罗俊翀、周聿峨研究南非华人传媒对华人社会的影响；徐薇探讨了华侨华人在非洲的困境与前景展望。①

关于南非的中国大陆新移民群体，近年来也有不少学者进行了理论与实证的研究，如万晓宏，他介绍了南非华人的基本情况以及该群体在安全问题上所面临的严峻挑战；付亮介绍了南非华人的人口规模、经济特点、政治状况等。② 这两位学者的研究资料主要是利用二手文献资料进行分析，对南非华侨华人社会的认识还有待进一步加深。陈凤兰和陈肖英在南非实地调查的基础上，对中国新移民群体的跨国适应策略和族群经济特点、面临的困境等进行了分析；徐薇、姚橄榄回顾了南非华人的发展和现状。③

陈肖英在实证调查的基础上，梳理了南非中国新移民面临的经济和社会问题，并在此基础上探讨了形成这种困境的内外部原因。④ 她认为中国新移民在南非社会中建构起了具有"桥与墙"双重功能的民族聚集区经济，这一方面促使中国新移民出于工具性目的去主动了解移居国的相关状况；另一方面也强化了中国新移民自身的族群认同，使他们普遍缺乏主动融入当地社会的明确动机。⑤ 陈凤兰介绍了 20 世纪 90 年代以来南非中国新移民群体的概况，阐释了中国新移民在南非遭遇的文化冲突和他们的适应策略。同质性强的中国新移民身处介于同质与异质之间的社会空间，对

---

① 杨立华：《中国与南非建交的战略选择（上）》，《西亚非洲》2007 年第 9 期；罗俊翀、周聿峨：《南非华文传媒现状及其对华人社会的影响》，《西亚非洲》2008 年第 2 期；徐薇：《华侨华人在非洲的困境与前景展望》，《东南亚研究》2014 年第 1 期。

② 万晓宏：《机遇与挑战并存：世纪之交的南非华人》，《南洋问题研究》2007 年第 2 期；付亮：《今日南非华人社会》，《八桂侨刊》2009 年第 1 期。

③ 陈凤兰：《文化冲突与跨国迁移群体的适应策略——以南非中国新移民群体为例》，《华侨华人历史研究》2011 年第 3 期；陈凤兰：《南非中国新移民与当地黑人的族群关系研究》，《世界民族》2012 年第 4 期；陈凤兰：《共同体精神与海外华人社团的整合——以南非华人警民合作中心为例》，《华侨华人历史研究》2018 年第 2 期；陈肖英：《民族聚集区经济与跨国移民社会适应的差异性——南非的中国新移民研究》，《开放时代》2011 年第 5 期；陈肖英：《南非中国新移民面临的困境及其原因探析》，《华侨华人历史研究》2012 年第 2 期；徐薇、姚橄榄：《南非华人的历史、现状与文化适应》，《广西民族大学学报（哲学社会科学版）》2018 年第 3 期。

④ 陈肖英：《南非中国新移民面临的困境及其原因探析》，《华侨华人历史研究》2012 年第 2 期。

⑤ 陈肖英：《民族聚集区经济与跨国移民社会适应的差异性——南非的中国新移民研究》，《开放时代》2011 年第 5 期。

南非文化仍有明显的隔阂。① 徐薇、姚橄榄认为，南非华人一直在白人与黑人之间的夹缝中谋求生存与发展，受到政治与国际关系的影响，随着1998 年中国与南非正式建交，两国高层互访不断，关系全面发展，南非华人对祖国的认同感在逐渐加深，并通过教育、传媒、信仰等多种方式来不断强化和深化对祖国的认同。②

学位论文如下。

研究南非华侨华人：李清全《国际关系变动中的南非华侨华人：一种历史的分析》，硕士学位论文，暨南大学，2008；付亮《南非的中国新移民：以福清新移民为例》，硕士学位论文，厦门大学，2009；陈凤兰《南非中国新移民研究》，博士学位论文，厦门大学，2013；卜一村《社会网络分析视角下的南非华人家庭移民网络》，硕士学位论文，暨南大学，2015。

研究南非华工：赵红《晚清南非契约华工研究》，硕士学位论文，山东大学，2014。

研究南非华人：谭志林《南非华人社会地位变迁——以南非华人协会胜诉 BEE 为例》，硕士学位论文，暨南大学，2015。

南非及其他国家学者对南非华侨华人的研究如下。

朴尹正（Yoon Junk Park）是一个南非华人研究专家，对南非华侨华人群体著述颇多，影响力较大。她的研究不仅关注南非老侨，也对1990 年后抵达南非的中国新移民群体进行实地调研，并发表了一系列文章。③ 她还与其他南非学者合作，如 Tu T. Huynh，Anna Ying Chen 等，主要运用实证研究的方法，研究中国新移民在南非的经济活动、族群生活特点。南非的华侨华人群体主要由三个部分组成：南非华人、南非台湾人、大陆新移民。大陆新移民在 20 世纪 90 年代中后期进入南非，至今有 20 万～35 万人。2000 年后，来自福建农村地区的小商贩迅速增加，福建省的农民、小商人主要在南非郊区开店，占据了南非大部分零售市场。南非的中国新移民来自不同的省份，类型不一，个人技能、语言能力不一样，该群体来到

---

① 陈凤兰：《文化冲突与跨国迁移群体的适应策略——以南非中国新移民群体为例》，《华侨华人历史研究》2011 年第 3 期。

② 徐薇、姚橄榄：《南非华人的历史、现状与文化适应》，《广西民族大学学报（哲学社会科学版）》2018 年第 3 期。

③ Yoon Jung Park，"Chinese Migration in Africa," *South African Inotisure of International Affairs*，No. 24，January 2009.

南非受到全球移民大环境的影响，是一种个人抉择而非国家意志。①

朴尹正的专著《荣誉至上：南非华人身份认同研究》由广东人民出版社出版，吕云芳翻译。此书以作者的博士学位论文为基础，立足于在南非的田野调查和第一手资料，以认同为主线，考察南非华人的社会认同——种族、族群、文化和国家认同问题，并借此追溯新一代华人移民的认同轨迹。在种族差异和分裂的南非，微小族裔群体的认同建构充满了挑战，使得华裔南非人的认同建构复杂化。此书试图揭示华人如何应对认同建构带来的挑战，探究他们如何与主体族群黑人和手握权力的白人共处等问题。②

南非学者 Edwin Lin 提出了"池塘理论"③。2001 年以后，中国移民南非的人数稳步增长，Edwin Lin 认为中国人采用了一种他称之为"小池塘移民"的策略，即利用流动性最大化其社会、经济和人力资本。他认为，中国人移居南非是因为他们希望走出中国，实现自己当老板的理想，到南非以后，这些中国人选择留下来是因为舒适的气候和较慢的生活节奏，尽管约翰内斯堡及其他地区犯罪率很高，他们因此失去随意外出的自由。这一研究反映了南非学者对中国新移民的观察和理解。

《"每天都有一家新商店出现"——南非的"新"华人侨民和农村城镇的变化》这篇文章注意到中国新移民的增加，以及由此对南非社区生活的影响，因为中国新移民开的店越来越多，特别是在农村地区。19 世纪、20 世纪和 21 世纪的华人移民在世界各地产生了一系列复杂的华人社区。虽然学术界对美国、英国、加拿大、澳大利亚等地的华人侨民，以及亚洲的侨民群体有相当多的了解，但非洲华人群体仍然是这一较大华人群体中一个被广泛忽视的部分。目前中国是非洲最大的贸易伙伴和投资国之一。该文估计南非华侨华人总数在 10 万 ~ 40 万。④

Lodene Willemse 则关注经济因素和关系网络在南非约翰内斯堡华人店

---

① Tu T. Huynh, Yoon Jung Park, Anna Ying Chen, "Faces of China: New Chinese Migrants in South Africa, 1980s to Present," *African and Asian Studies*, 9 (2010): 286 – 306.

② 〔美〕朴尹正：《荣誉至上：南非华人身份认同研究》，吕云芳译，广东人民出版社，2014.

③ Edwin Lin, "'Big Fish in a Small Pond': Chinese Migrant Shopkeepers in South Africa," *International Migration Review*, Volume 48, Number 1 (Spring 2014): 181 – 215.

④ Ana Deumert and Nkululeko Mabandla, "'Every Day a New Shop Pops Up' – South Africa's 'New' Chinese Diaspora and the Multilingual Transformation of Rural Towns," *English Today*, Volume 29, Issue 1 (March 2013): 44 – 52.

铺经营中的作用。作者认为，中国的发展对中国人移居到其他国家产生了重大影响，而南非也证明了这一点。在南非，很少有专门针对中国商店日常经营的研究。因此，Lodene Willemse 旨在通过概述约翰内斯堡中国商店的运营以及企业家对南非商业环境的看法，来填补研究上的空白。该研究借助资料勾勒出中国侨民在南非的经济活动，研究结果显示，经济因素和"关系网"（亲密的家庭和朋友网络）是影响和塑造中国新移民总体商业形象的最重要因素。尽管处境艰难，中国新移民利用经济资源和关系网，快速适应当地环境并在约翰内斯堡谋生。此外，Lodene Willemse 的研究还强调了改善约翰内斯堡华人社区和企业的生活和经营环境对当地政府规划的重要意义。[①]

总体而言，从当前研究的学术成果来看，对南非华侨华人的研究已有初步的积累，研究关注的重点包括华人迁移南非的历史、历史上的南非华工，以及近 30 年来中国新移民在南非的经济活动、生活状态等。

通过对已有研究文献的认真阅读与分析，笔者认为自己的研究不能简单重复以往的主题，而是应该在已有的基础上更进一步，推动对南非中国新移民乃至中国海外新移民的研究发展。在本研究中，笔者对南非中国新移民群体进行了进一步的细化，主要聚焦新移民商人。本研究重点关注新移民商人，因为大部分中国新移民前往南非主要从事经济活动，应对他们的跨国经济活动进一步追踪研究，以反映其最新特点；在实证研究中，笔者发现中国新移民迁移至南非已有 30 年的历史，第二代、第三代移民逐渐成长起来，并在南非接受教育，留在南非的中资企业从事白领职业或经商。在已有的研究中，尚未涉及对该群体的探究。在族群交往方面，应该细化中国新移民群体与南非不同族群的交往和评价；在社会适应方面，应该通过华人社团探讨该群体在南非的互助情况和对南非社会环境作出的回应；应该探讨中国新移民在南非的通婚对象选择，这可以深度反映该群体在南非的跨文化适应状况；应该关注中国新移民群体在南非的宗教活动。此外，本研究还探讨了中国新移民在南非的跨文化适应，从适应的结果来看，有些移民可以克服各种困难留在南非生活，还有一部分新移民可能因

---

① Lodene Willemse, "The Role of Economic Factors and Guanxi Networks in the Success of Chinese Shops in Johannesburg," *South Africa*, *Urban Forum* 25 (2014): 105 – 123.

为主客观因素选择告别南非，回到国内。因此，本研究也增加了对从南非返回中国的新移民的研究。这既可以对已有的研究进行丰富与提升，也使本研究更具参考价值与学术价值。

第三节　跨文化适应理论回顾

移民的跨国迁移不仅改变了地理生活空间，而且还是一种文化交流方式，承载着不同文化的交流与互动的功能，也是地域文化和民族文化输出和传播的重要方式。新移民的跨文化适应状况，不仅关系到个人在异域的发展，也关系到其所在国的国民形象和文化吸引力。跨国移民在异域生存，文化冲突是他们必须要面对的问题，如何跨越不同文化之间的冲突，直接影响到他们与迁入国族群之间的适应与融合。由于"文化"的内涵十分丰富，本研究将主要围绕跨文化交流与适应的相关理论进行梳理与分析。

一　跨文化适应概念及含义

在国际移民的迁移过程中，外来移民进入移居地，或多或少需要与在移居地生活的其他族群进行接触与交往，在这一过程中，不同文化背景的族群成员之间将进行各种不同文化的碰撞。不同文化群体间的相互接触所导致的群体及其成员的心理上和文化上的变化被称为"文化适应"（acculturation），[1] 国际移民在移居地的心理和文化适应称为"跨文化适应"。跨文化适应是指外来移民以融入的方式进入移居地社会。跨文化适应的模式通常是改变自我，如改变职业以适应当地劳动力市场的需求、改变生活方式以适应当地生活特点、参与各种社交活动等。

关于社会适应的定义有很多，但总的来看，社会适应的内涵集中在个体与社会环境之间的关系状态。如有人认为社会适应是个体在社会环境中，主动地顺应环境、调控自我或改变环境，最终达到与社会环境保持和

---

① 　张劲梅、张庆林：《多维文化适应模型与国外族群研究》，《广西民族研究》2008 年第 4 期。

谐与平衡的动态过程，也是个体心理 - 社会生存状态的综合反映。也有人认为社会适应是在个体与社会环境之间相互作用的过程中，个体不断地学习或修正各种行为和生活方式，最终达到与社会环境保持和谐与平衡的状态。社会适应有三个组成部分：一是个体；二是环境，包括自然环境、社会环境和心理环境；三是个体与环境相互作用，即改变。改变是社会适应的中心环节，它不仅包括个体改变自己以适应环境，还包括个体改变环境使之适合自己的需要。①

二 跨文化适应的内容及过程

（一）跨文化适应的内容

跨文化适应有两个要点：第一，文化适应产生的条件是各文化间持续和直接的接触或相互交流；第二，文化适应的结果是接触的人产生了文化或心理现象的某些改变。文化适应包括两个层面：群体层面的文化适应和个体层面的文化适应。群体层面的文化适应包括社会结构、经济基础、政治组织和文化习俗的改变，而个体层面的文化适应包括认同、价值观、态度和行为能力的改变，即个体所经历的心理变化和对新环境的最终适应。②社会学领域对国际移民跨文化适应的研究，既考察群体层面的跨文化适应，也关注个体层面的跨文化适应。

社会文化适应包含移民群体和主流群体之间的相互适应策略，需要强调移民群体的能动性：移民既可以对祖籍国文化有原生情感，也可以根据不同社会文化选择不同的适应方式。同时，主流群体也具有能动性，可以采取不同策略和态度应对移民群体。③

第一，从研究对象来看，根据在国外居住时间的长短，跨文化适应的研究对象可以分为两种类型：一种是长期居留在某个社会文化中的非本文化群体中的个体，如移民和难民，他们将在当地长期居住。另一种是短期

---

① 陈国明、于彤：《跨文化适应理论构建》，《学术研究》2010 年第 1 期。

② 张劲梅、张庆林：《多维文化适应模型与国外族群研究》，《广西民族研究》2008 年第 4 期。

③ Richard Y. Bourhis et al. , "Towards an Interactive Acculturation Model: A Social Psychological Approach," *International Journal of Psychology*, 3, 26 (1997): 369 – 386.

居留在某一个社会文化中的非本文化群体中的个体，被称为"迁移者"（sojourner）。迁移者包括商业人士、留学生、传教士、外交人员和旅行者。① 根据外来移民居住时间的长短，他们选择的跨文化适应方式也不同，对移居地社会产生的影响也不同。

第二，从研究层面来看，跨文化适应的研究分为个体层面和群体层面。个体层面的研究关注迁移者在新的或陌生文化中的心理调整。通过观察个体在陌生环境中的自我反应和人际交往过程，就可以解释和理解那些新来者，包括移民、难民和不同民族的成员的再社会化及应对过程。② 群体层面的研究关注迁移群体在新的社会结构中的调适，观察群体的生活方式与社交特点。

第三，从跨文化适应的维度来划分，跨文化适应可以分为两个维度：心理适应和社会文化适应。心理适应以情感反应为基础，是指在跨文化接触中迁移者的心理健康和生活满意度。在跨文化适应的过程中，如果没有或较少产生焦虑、孤独、想家等负面情绪，就算达到心理适应。社会文化适应是指适应当地社会文化环境的能力，能否与当地人进行有效的互动，能否适应当地的社会生活方式。跨文化适应主要涉及进行跨文化接触的人的行为和心理的变化。

（二）跨文化适应的过程

外来移民与本地人的交往，实质上是移民适应过程的重要部分，跨文化交流的目的是适应。人类学家奥伯格（Kalvero Oberg）于1960年首次提出"文化冲击"（culture shock）概念，此后跨文化适应研究一直使用这个概念对外国人的文化适应问题进行追踪调查。"文化冲击"指的是"由于失去了自己熟悉的社会交往信号和符号，对于对方的社会符号不熟悉，而在心理上产生的深度焦虑症"③。在跨文化交流中，文化冲击的强弱程度往往与家乡文化和移入国文化的差异大小成正比。当移出地与移入地文化差

① 张文新：《近十年来美国人口迁移研究》，《人口研究》2002年第4期。
② 周阳、李志刚：《区隔中融入：广州"中非伴侣"的社会文化适应》，《中央民族大学学报（哲学社会科学版）》2016年第1期。
③ K. Oberg, "Culture Shock: Adjustment to New Cultural Environment," *Practical Anthropology*, 7 (1960): 177-182.

异较大时，外来移民受的文化冲击比较明显；当移出地与移入地差异较小时，外来移民受的文化冲击较小。如英语为母语的移民，当他们迁移到其他英语国家时，受的文化冲击较小；如果语言完全不同，文化冲击就非常明显。就本书的研究对象来说，从中国迁移到南非的新移民，文化、语言的差异都比较大。

还有研究者认为文化冲击的表现与移民在移居地的居住时间有关系。他们在研究中将文化冲击划分为四个阶段：蜜月阶段、沮丧阶段、调整阶段和适应阶段。这四个阶段的变化过程一般呈"U"形曲线，与移民在移居地居住的时间长短有关。随着居住时间的变化，移民的适应呈现不同的特点。蜜月阶段指的是刚迁移到新地方的那段时间，持续1~2个月，在这段时间里，初来乍到的外国移民往往表现出对周围事物有强烈的新奇感，对于新环境比较满意。接着便进入沮丧阶段，这个时期有3~4个月，在这一时期，初来乍到的新奇感逐渐消失了，不同文化之间的差异逐渐显现，移民开始感到异文化对自己日常生活造成的种种不适，觉得自己与移入国的一切都格格不入，强烈思念家乡和原有的文化。在调整阶段，他们开始对自己的精神和行为进行调整，逐渐走出情绪的低谷，逐渐适应移居地社会的生活方式。在适应阶段，他们已经基本适应异国的生活，又开始对周围的事物感到新奇和产生兴趣。当然，这个"U"形曲线的具体表现形式因人而异，文化冲击的强弱程度与个体的语言能力、受教育程度、职业、家庭等因素有关。[1] 这一观点对移民的适应能力持乐观态度，认为移居时间长可以使移民适应新环境。

除了文化冲击理论以外，还有学者提出了一些其他的理论来对外国人的跨文化适应问题进行探讨。像文化冲击理论一样，Young Yun Kim 提出了"适应理论"（adaptation theory），从动态的角度对个体在异文化中的行为表现进行分析。Young Yun Kim 认为在跨文化交流中，一个文化中的个人或群体向另一个文化学习和调整的发展涵化（acculturation）过程是一个长期积累的过程，表现为压力—调整—前进这样一个动态的形式。[2] 个体适应的快慢

---

① 陈向明：《旅居者和"外国人"——留美中国学生跨文化人际交往研究》，教育科学出版社，2004，第16页。

② Molefi K. Asante, William B. Gudykunst (eds.), *Handbook of International and Intercultural Communication*, Beverly Hills, Calif.: Sage Publications, 1979.

程度取决于个体在异文化中人际交流的能力、交流密切程度，个体与本文化保持社会交流的程度、异文化对外来文化的容纳性，以及个体涵化异文化的态度、开放性和精神恢复能力。个体的态度变化与移居地社会的环境有关，也与个体的文化素养和职业状态有关。Young Yun Kim 的这一适应理论，既关注到外在环境对个体适应的影响，又没有忽略个体主观能动性的影响。

　　跨文化适应作为一个动态过程，旨在增强相互之间的理解，促进彼此的尊重，拓展互相接受的空间。"理解→尊重→接受"就是跨文化适应的发展方向。①

三　跨文化适应的影响因素

（一）影响跨文化适应的外部因素

　　移民对异域文化的适应，受到多重因素的影响，从外部因素来看，影响跨文化适应的因素主要有以下几个方面。

　　首先是生活变化。在跨文化接触中存在着一系列生活变化，如饮食习惯、生活节奏、气候等，这些变化会给人带来压力。当移居地的社会环境与家乡差别较大时，移居者会产生强烈的不适应。反之，则压力比较小。

　　其次是社会支持。社会支持有很多来源，包括家庭成员、朋友和熟人。在所有的社会支持来源中，最受关注的是婚姻关系。心理学家普遍认为婚姻是社会支持的基本来源。对于迁移国外的人来说，除了家庭之外，他们的社会支持资源可以分为同胞和当地人，由同胞提供的支持系统是很重要的。那些具有相同迁移经历的人可以提供给迁移者有用的信息，帮助他们应对新的环境。同胞还可以提供情感帮助，使其心理安全、自我尊重和归属感得到增强，减轻压力、焦虑、无助感。但是，这些社会支持也可能会阻碍迁移者对当地文化的学习。在对南非中国新移民群体的研究中发现，中国新移民的主要社会支持来源于同胞，个体较少与南非当地社会产生联系，包括婚姻也是如此，在结婚对象的选择上，更加依赖自己的社会关系网络。

　　那些与同胞联系比较密切、和同胞一起消磨很多时间的移民的适应水平

---

① 陈国明、于彤：《跨文化适应理论构建》，《学术研究》2010 年第 1 期。

比较差。同胞提供的社会支持可能是有害的，也可能是有帮助的。迁移者与其他群体成员的关系，特别是与当地文化成员的关系，也会影响他们的适应水平。有当地朋友的迁移者的适应问题比较少，包括学业和非学业方面的满意度与心理幸福感比较高。不能与当地人进行良好的交往有很多原因，其中一个重要的原因是语言能力、交往模式、交往态度和交往习俗不同。

再次是文化距离。Babiker、Cox 和 Miller 于 1980 年提出"文化距离"的概念，认为文化距离是迁移者体验到的压力与适应问题的调节变量。他们提出，在跨文化适应时，当生活变化给人带来压力时，母文化与当地文化的差异性会起到调节作用。他们开发了文化距离问卷（Cultural Distance Inventory），以测量迁移者自己的文化环境和他所移居的文化环境中社会和自然方面的差异。[①]

最后是歧视与偏见。种族歧视对心理与社会适应会产生很大的影响。很多研究发现，种族歧视与迁移者的心理幸福感之间有很强的负相关。如果迁移者感觉到在移居地被歧视，会对当地的社会融入产生排斥感；如果迁移者感受到被移居地社会接纳，他们也会更倾向于融入当地社会。

（二）影响跨文化适应的内部因素

评价和应对方式。在生活变化的认知评价方面，学者们研究比较多的是迁移者的期望和人格。首先是期望。期望是指迁移者在进行跨文化接触之前，对跨文化接触的想象。现实的、与实际体验匹配的期望，能促进迁移者良好的适应。如，迁移者期望在移居地获得更多的职业发展机会，获得更高的经济收入。如能实现这一期望，就可以降低他们对移居地社会的焦虑感。反之，则会增加焦虑感，缺乏信心。其次是人格。移民个体之间有较大差异，因此，从微观角度来看，个体性格的坚韧性、忍耐力、灵活性等特征，会影响个体对移居地社会的适应程度。再次是文化智力。如果迁移者具有较高的受教育程度，在语言方面能与当地社会进行有效的深度沟通，那么，迁移者学习相关的文化知识和技巧可以增强对新社会环境的心理适应，提升个体对新环境的适应水平。最后是人口统计学因素。包括

---

① I. Babiker, J. Cox, & P. Miller, "The Measurement of Culture Distance and Its Relationship to Medical Consultations, Symptomatology and Examination Performance of Overseas Students at Edinburgh University," *Social Psychiatry*, Vol. 15, 1980, pp. 109 – 116.

性别、年龄、收入和受教育水平等。一般来看，年轻且受教育程度高、收入水平高的个体更能适应新环境。

（三）跨文化适应的结果及其影响

一些学者以美国的中国城、韩国城、意大利社区、古巴人社区等不同移民聚集社区为例，分析移民聚集区对外来移民调整、适应与融入主流社会的促进或阻碍作用。有学者认为，族裔聚集区为外来移民提供了一个缓解文化冲击的空间，有利于外来群体融入主流社会。还有学者认为，族裔社区的存在，使外来移民对本族裔及社区产生依赖性，对主流社会的文化融入采取消极态度，这不利于外来移民群体的文化适应与融入。①

20世纪90年代中后期至21世纪，随着全球化进程加快与跨国主义思潮兴起，学者们开始重新思考传统移民研究的方向，并从跨文化、跨国以及关系网络角度研究跨文化交流，这一研究视角将跨文化交流研究带入现代的背景和语境中，同时提出一条横跨宏观与微观的中观思维之路。Smith提议将社会网络用于移民跨文化交流领域研究，通过研究跨文化关系网络大小、密度、强度、异质性等方面，考察移民跨文化适应过程。他提出，跨文化认同策略可在社会网络结构中加以辨别；文化观念会影响社会网络的形成；网络的文化多元性提高，移民跨文化适应的可能性也会提高，因为移民与当地社会联系越多，熟悉和适应当地社会文化的可能性越大；在移民融入当地社会过程中的不同阶段，跨文化网络结构不同，如移民初期原文化网络对移民融入起着积极的作用；网络结构会限制网络的大小，进而影响适应过程；网络密度低有助于跨文化关系的建立和发展，从而正面影响适应过程；移民与当地社会的联系一般为同事关系，而同事关系建立在利益而非情感基础上。Yum的研究认为，跨文化网络比文化内网络密度低，且层级性不强。Faist考察德国的土耳其移民时，提出移民通过将移出地关系网络跨境扩张，形成移入地和移出地相联结的移民社会空间。移民通过关系网络实现移民行为，在移入地的社会适应中，他们通过将移入地与移出地跨境联系，使移民网络跨国化，进而形成跨国社会空间，对移民

---

① 陈向明：《旅居者和"外国人"——留美中国学生跨文化人际交往研究》，教育科学出版社，2004，第14页。

在经济、文化、政治等各方面的适应产生影响。[①] 王春光对巴黎的温州人的研究也反映了相似的移民社会空间跨社会建构过程。温州人通过家乡的亲缘、地缘关系网出国，到达巴黎后，还借助该网络立足、生存、创业发展，并以此构筑自己的社群空间。[②] 在这些研究中，移入地的关系网络实质上是移出地网络的跨国化，并非移入地网络的异地重建。在跨国化的过程中，社会网络也可能会发生变化，亲戚网络的影响可能减弱，但其他关系网络的影响可能增强。

---

① 转引自张文新《近十年来美国人口迁移研究》，《人口研究》2002 年第 4 期。
② 王春光：《流动中的社会网络：温州人在巴黎和北京的行动方式》，《社会学研究》2000年第 3 期。

第三章 华人迁移南非的历史及主客观条件

本章结合中国、南非两国的宏观社会历史背景变迁、移民政策的变化，以及南非经济环境的变动、中国新移民迁出地的社会文化特点等外部环境，并结合新移民个体的迁移动机，从国家制度、地方文化、个人迁移动机三个维度进行分析，以全面了解中国新移民迁移南非的整体情况。

第一节 华人迁移南非的历史

从南非华侨华人人口演变的情况来看，可以将华侨华人迁移南非的历史大致分为三个阶段。第一阶段是19世纪末20世纪初，华侨华人作为"自由移民"与"契约华工"来到南非。第二阶段是20世纪70~90年代，中国台湾移民进入南非。第三阶段是20世纪90年代以来，中国大陆新移民进入南非。

一 "自由移民"与"契约华工"

华人抵达南非的最早时间，可以追溯到17世纪。据《南非华人史》所述，华人到南非始于1660年，至19世纪末，有几百个华人到达南非开普港、纳塔尔港、伊丽莎白港等地，其中多为广东、福建人。① 在1910年

---

① Melanie Yap and Dianne Leong Man, *Colour, Confusion and Concession: The History of the Chinese in South Africa*, Hong Kong University Press, 1996, p. 5.

前，约有 14.2 万契约劳工来到非洲大陆。在国内学术界存在一种看法，即认为今天的非洲华侨的前辈是来此做工的契约华工。虽然契约劳工在数量上占当时非洲华人的绝大多数，但他们当中很多或葬身苦工场所，或契约期满后返回中国。这样，真正构成非洲华侨社区主体的是那些自由移民。所谓"自由移民"，包括早期从巴达维亚（今雅加达）流放至开普的刑期已满的犯人、直接从亚洲迁移过来的华人和契约期满后仍然留下来的华人。最早来到非洲的华人很可能是被荷兰殖民当局从东南亚地区运来的囚犯。① 虽然"契约华工"在南非居住的时间并不长（1904～1910 年），但从历史角度来看，他们也是华人移居南非的一个特殊群体。而且，按照当前对人口迁移概念的界定，人口迁移指的是人口居住地（半年或一年以上）的改变，包括国际人口迁移和国内人口迁移。②

（一）南非的华人"自由移民"

早期非洲华人包括两部分人：自由移民和契约劳工。所谓"自由移民"，主要由三个群体组成。一是乘船从东南亚或中国来到非洲的华人，其中有因生活困苦而外移的农民，也有因为参与政治活动而被迫流亡的反清志士。二是 18 世纪荷兰人在印度尼西亚推行排华政策，从巴达维亚流放至开普的刑期已满的犯人，他们当中有些人因遭囚禁而不愿回国，有些人已经习惯当地生活，有些人因为未获批准回国而不得不待在非洲，还有些人则因缺少路费或其他因素未能搭上回国的船只。三是 20 世纪初劳动契约期满后仍然留下来的华人，这些人已经有了一定的财富积累，愿意在南非谋生。大致而言，南非早期华人的身份相对复杂一些，从祖籍地来看，主要来自广东和福建，这与这两个省悠久的海外迁移历史有关。到达南非后，这些人或务农，或经商，逐渐在南非落地生根。③

（二）南非的"契约华工"

1. 契约华工赴南非的背景

近代以来，中国大规模的国际人口迁移发生在 19 世纪初至 20 世纪初

---

① 李安山：《非洲华侨华人史》，中国华侨出版社，2000，第 127 页。
② 佟新：《人口社会学》，北京大学出版社，2010，第 103 页。
③ 李安山：《非洲华侨华人史》，中国华侨出版社，2000，第 83 页。

的 100 多年里，据估计，这一时期外迁的中国人口为 300 万~500 万。[①] 这一时期中国人口的迁移与资本主义国家的殖民地开发有直接的关系，其中，前往特兰斯瓦（南非）的"契约华工"是其中的一部分。

根据叶惠芬的研究，从 1849 年到 19 世纪末，契约华工先后出现在开普敦、纳塔尔等地。如 1849 年 1 月，一批中国工匠抵达伊丽莎白港；1857 年，一批华工抵达开普殖民地。1858 年南非一家蔗糖公司引进一批甘蔗种植园华工；1875 年 8 月，75 名中国劳工抵达南非，这批人是由纳塔尔殖民政府从毛里求斯引进的；1881 年 11 月，20 名中国劳工抵达南非；1882 年，152 名契约工从香港上船，其中 126 人安全抵达南非。[②] 从以上历史记载可以看出，19 世纪中后期，南非殖民者根据劳动力的需求，分批、少量引进华工。总体看来，虽然引进的批次不少，但华工总数量并不多。

1860 年前后，英国取代荷兰统治南非，这时掠夺中国劳动力的形式变成了"苦力贸易"（Coolie），实际是奴隶贸易的继续；19 世纪前 50 年南非采矿工业的发展，使中国移民的数目逐年增加，但契约华工以合法身份大批移入南非，则是在 20 世纪初期。[③] 这一阶段，随着欧洲资本主义国家经济的发展与海外殖民地的扩张，葡萄牙、荷兰、英国和其他欧洲列强都急于从商业和工业上开发它们的殖民地和领有地。列强把中国看成一个劳动力取之不尽的泉源。从此，中国移民开始迁移到不同的国家，并出现了一种新型的移民——契约华工。这些移民经常是根据条约的规定和签订劳动契约后出国的。他们在国外居留时间一般是有限度的，对他们的社会、经济地位也有详细的规定。比较典型的有去美国夏威夷的华工、去南非特兰斯瓦的华工、去法国的华工。[④]

1904 年，南非特兰斯瓦地区开发维特瓦特兰德（Witwaterand，以下简称兰德）的金矿，这个金矿的开发主要靠当地土著卡非尔人适当供应这种不熟练的劳动力。出于多种原因，特别在 1900 年以后，特兰斯瓦政府明显感到劳动力不足。特兰斯瓦劳工委员会的研究报告总结了当地劳动力短缺

---

① 佟新：《人口社会学》，北京大学出版社，2010，第 113 页。
② 转引自李安山《非洲华侨华人史》，中国华侨出版社，2000，第 120 页。
③ 桑艳东：《契约华工在南非（1904~1910）——兼论南非华、印侨工之比较》，《华侨华人历史研究》2001 年第 1 期。
④ 陈翰笙主编，卢文迪、陈泽宪、彭家礼编《华工出国史料 第四辑：关于华工出国的中外综合性著作》，中华书局，1981，第 3 页。

的程度和严重性。1903 年 7 月这个委员会的报告给出对劳动力的需求量，当地的农业、金矿、铁路及其他生产事业，尚缺劳动力 221399 人。由于迫切需要劳动力，特兰斯瓦政府成功劝说英国政府与中国签订《关于招雇华工去英国各殖民地和保护国的议定书》。1860 年中英《北京条约》的第五款涉及的主要内容就是"容许外国商人招聘汉人出洋工作，充当廉价劳工"，双方议定了详细章程，关于劳动条件，包括工资、膳食、住宿、医疗、承工年限和从出国口岸到目的地往返旅费由招工人员支付等具体规定。①

由于到海外去的中国人数逐年增加，移民公司很快就出现了。这些公司雇有经纪人和代理人，驻在重要的城市，负责招募劳工，给他们提供食宿和轮船船票，并把他们送到目的地。当某国需要劳动力时，按一般习惯，这个国家便派一名招工人员，代表其政府或某一大商行同中国经纪人签订契约，说明所需人数、雇工条件和劳动期限。经纪人便把劳动的条件在各劳工聚居的村落张贴。愿意接受这些条件的劳工便被送到装船口岸，进行疾病检查。有时这种检查是在劳工到达目的地时才进行的。在后一种情况下，经纪人对检查不合格的劳工，要负责遣送回国。从招募到雇主与劳工签立契约，经纪人要按不同的比例，收取一定的佣金。没有得到移民公司协助的人，则需要他们住在国外的亲戚、朋友的帮助才能迁移成功。由此可以看出，当时南非华人的移民网络已经初步形成，新迁移者通过与国外移民的联系，了解南非自然环境、社会环境、劳动需求，并据此作出迁移决定。南非特兰斯瓦的华工大多数是从人口大省山东、河北招募的，还有一小部分是从东北各省招募的。②

对南非特兰斯瓦华工的管理，采取的是在一定程度上由政府加以监督的契约劳工形式。在这种情况下，契约是由双方的政府代表签订的，规定承工年限和雇工条件。招募初期，特别是在向劳工宣布契约条款以及把劳工送往交装船口岸时，招工代理人在一定程度上要依赖移民经纪人。从这方面看，招工机构以及承工期间对劳工的管制属于招工国家，在招工期间，中国政府要进行一定程度的监督并负责遣散归国劳工。

---

① 陈翰笙主编，卢文迪、陈泽宪、彭家礼编《华工出国史料 第四辑：关于华工出国的中外综合性著作》，中华书局，1981，第 13 页。

② 李安山：《非洲华侨华人史》，中国华侨出版社，2000，第 83 页。

2. 契约华工赴南非的原因分析

英国殖民者为了开发南非特兰斯瓦金矿，计划从中国引进劳工。当时，殖民者特地派遣外交官斯金纳（H. R. Skinner）到中国各地考察招募华工情况。斯金纳主张以契约工人的形式引进中国工人，在合同期满后即送回中国。他建议从中国的山东省、河南省、山西省等地招募工人，因为这些地区有煤矿，工人有采矿技术，而且比较能适应南非特兰斯瓦的气候。①

20 世纪初，山东、河北、福建、广东 4 个省的海外移民比较多，这与这几个省的生存环境有直接关系。（1）人口压力。由于人口众多以及天气干旱、饥馑等，这几个省的民众比较有冒险精神，愿意到其他国家去寻找生存发展的机会。（2）地理便利。河北、山东、福建、广东都拥有出海海港，这为劳工出洋提供了更多的机会。（3）收入较高。海外务工虽苦，但经济收入高于国内劳动所得，因此，民众愿意冒险奔赴海外。此外，中国人传统的吃苦耐劳精神和对环境的适应能力，也使他们在国外的生存比较容易。②

3. 契约华工在南非的生活

华工在南非矿区的生活极为清苦，他们的活动范围受到劳工契约的限制，且要承受当地社会对华工的排斥。

华工在南非矿区的社会生活条件并不好。虽然签订契约时，雇用章程的第 33 条允许华工携带家眷，并在华工场院里大肆宣传，可是占总数 22% 的已婚华工很少享受这个权利。一个重要原因是他们要在兰德金矿劳动 3 年攒钱，这是他们到南非务工的初衷。此外，中国人对乡土有很深的感情，尤其是女性，当时的社会环境和家庭观念并不鼓励女性离开家乡到国外去。因此，至 1905 年底为止，到达特兰斯瓦的 47917 名华工中，陪同前往的只有 26 名儿童和 2 名妇女。到 1906 年 6 月 30 日又有 15108 名华工到达特兰斯瓦，其中妇女只有 3 人，儿童 5 人，同时有 1 名妇女和 2 名儿童返回中国。③

---

① 艾周昌：《近代华工在南非》，《历史研究》1981 年第 6 期。
② 陈达：《南洋华侨与闽粤社会》，商务印书馆，2011，第 20 页。
③ 陈翰笙主编，卢文迪、陈泽宪、彭家礼编《华工出国史料 第四辑：关于华工出国的中外综合性著作》，中华书局，1981，第 81 页。

矿区华工场院的生活与世隔绝，生活极其单调、枯燥。有些华工受到宗教的影响，工人中有罗马天主教徒、各派新教徒、佛教徒和伊斯兰教徒。在他们上船之前，各宗教团体给移民散发了宗教书籍，包括《圣经》在内。有时，特别是在星期日、耶稣受难日和圣诞节，在华工场院里举行宗教仪式。1905 年末，南非浸礼教会、救世军、内地会在外国劳工监督官的许可和合作下，开始经常举行祈祷会。大多数英籍看守人不会说汉语，因此在很多场合不能领会华工的观点，不能了解他们的需求，也不能令人满意地解决华工之间以及华工与其上级官员之间的纠纷。此外，华工在南非还面临着各种反对华工的运动，这一反对运动几乎是与华工进入特兰斯瓦同时产生的。

总结契约华工在南非的两个特点：契约华工的活动受到契约和法律的限制；契约华工受到特兰斯瓦政府及其劳工代理人的严格监督。

二 中国台湾移民进入南非

随着来自中国台湾、香港移民的增加，20 世纪 80 年代中期，南非的新法律废止了"限制亚洲人进入共和国某些区域的某些法律"，允许华人在自由邦居住。20 世纪 80 年代中期以后，随着美国、欧共体等对南非经济制裁的加剧，南非资金外流加速，出口困难。为了发展经济，南非将注意力转向亚洲新兴工业国家和地区。而中国台湾则利用南非政府提出的"工业分散化"政策①，向"黑人家园"投资，享受南非政府的财政补贴、减免税收和免税工资补贴等优惠政策。1984 年 9 月，南非宣布华人为"荣誉白人"②，在种族隔离的背景下，华人在南非可以享受"白人"的待遇，可以在自由邦居住。台湾地区与南非的经贸关系迅速发展，台湾地区在南非的投资达 16 亿美元左右。③

台湾移民敢于在南非冒险，勇于开拓，锐意进取。例如，1984 年，南非为了突破联合国的经济制裁，给黑人提供就业机会，实行优惠政策，鼓励台湾的劳动密集型产业迁往南非发展。很多台商抓住了这个机遇，当时台湾嘉

---

① 该政策把能制造大量就业机会的劳动密集型企业转移到边远地区和"黑人家园"。
② 温宪：《南非华人创业史》，《华声月报》1997 年 7 月号，第 252 页。
③ 杨立华：《中国与南非建交的战略选择（上）》，《西亚非洲》2007 年第 9 期。

义地区，甚至出现整个乡镇、同一行业，接二连三迁移到南非的盛况。很快，在南非布隆方丹就形成了一条"中国街"。1994 年，南非的台湾地区移民约 7000 人；① 到 1995 年，南非有台资工厂 270 多家，2 万～3 万台湾地区移民。南非的台湾地区移民有以下几个特点：第一，文化程度高，大部分移民接受过高等教育；第二，经济实力强；第三，年富力强，具有很强的适应能力、冒险精神和开拓精神。在南非，他们能很快入乡随俗，融入当地主流社会。②

总体而言，从 20 世纪 70 年代起，华人从中国香港、台湾、东南亚一带移民非洲的逐渐增多，并在 20 世纪 80 年代末和 90 年代初达到高潮。1976～1979 年，抵达南非的中国台湾移民只有 12 人，1980～1989 年，移民南非的台湾人达到 935 人。1990 年一年内，1422 名南非华人移民全部是从台湾去的。在 1994 年移民南非的 869 名华人中，从台湾去的有 596 人，从大陆去的有 252 人，从香港去的有 21 人。③ 20 世纪 90 年代初，南非的台湾地区移民有近 3 万人。许多台湾地区移民在获得南非永久居留资格满 5 年后会选择归化为南非公民，多达 90% 的南非台湾地区移民持有南非身份证件，成为南非公民。④

三　中国大陆新移民进入南非

20 世纪 80 年代后期，中国大陆的商人开始开发非洲市场，有相当一部分私营小企业前往非洲投资经商、办厂。中国新移民在非洲主要从事小商品贸易、餐饮等行业，也有人开诊所、办工厂，规模一般较小。经营贸易的多是小本经营，从香港和内地进口轻纺产品和日用品，或从事批发，或兼营零售。

20 世纪 90 年代以来，按照进入南非的时间，南非的中国新移民可以分为三批：（1）20 世纪 90 年代初期至中期，进入南非的中国新移民大多

---

① 李安山：《非洲华人社会经济史》，江苏人民出版社，2019，第 858 页。
② 郑瑞林：《台湾移民的特点和贡献》，《华侨华人历史研究》1995 年第 1 期。
③ 李安山：《非洲华侨华人史》，中国华侨出版社，2000，第 475 页。
④ 〔美〕朴尹正：《荣誉至上：南非华人身份认同研究》，吕云芳译，广东人民出版社，2014，第 167 页。

与中国台湾地区的工厂、贸易、农业有关，借助台资企业外派进入南非，并因南非发展机会多而留在当地。这些人现在大部分已经成为约翰内斯堡地区的大批发商。（2）20 世纪 90 年代中后期进入南非的中国新移民，这个群体已经建立起广泛的商业网络，并涉及矿业、制造业等领域以及南非周边国家的进出口贸易，大部分集中在约翰内斯堡。（3）2000 年后进入南非的中国新移民，这批移民的数量迅速增加，来自福建省的新移民群体尤为引人注目。他们主要来自福建省福州市周边农村地区，通过各种移民网络进入南非，人数约占南非中国新移民群体的 1/3。为了发展，后来进入南非的中国新移民逐步分散到南非各地乡镇去寻找开店的机会。

来南非的中国新移民经商范围广泛，大部分从事贸易业、零售业、纺织业、制造业，出售各种中国制造的电机产品、服装鞋帽、假发、化妆品等，有的在南非经营房地产、超市、批发、零售、加油站、酒吧等。近些年来，中国新移民中的工薪阶层开始增多，主要受雇于中国新移民创办的规模较大的公司。

南非中国新移民的特点主要是抢滩迅速（特别在批发、零售、餐馆等方面），增长很快，来源地多元，成分复杂等。中国新移民迁移到南非的目的多种多样，他们有的是凭着对商机的感悟，直接去南非投资；有的是希望到南非看看，结果被这一块富饶的大陆所吸引而定居下来；有的是在南非留学后定居下来；还有的是希望以南非为跳板移民到其他发达国家。

（一）中国新移民群体概况

本数据源于 2010 年 12 月初至 2011 年 1 月下旬对约翰内斯堡的八大华商贸易商城和唐人街的抽样问卷调查和深入访谈。① 调查共发放问卷 500 份，因采取一对一方式，回收率达到 100%。问卷在中国城（China City）、东方商城（Orient City）、非洲商贸（China Mall）、百家（China Mart）、香港城（Dragon City）、中国商贸城（China Shopping Center）、红马商城（Ormonde China Mall）、中非商贸城（Afrifocus Center）八大商场及唐人街（Cyrildene）发放，以受访者愿意接受访谈为原则，以南非的中国新移民

① 该数据在陈肖英《民族聚集区经济与跨国移民社会适应的差异性——南非的中国新移民研究》（《开放时代》2011 年第 5 期）一文中有提及。

商人为主要调查对象。

表 3 - 1　受访者基本信息

单位：%

类别		百分比
年龄	17 岁及以下	0.6
	18 ~ 30 岁	33.6
	31 ~ 50 岁	55.2
	51 岁及以上	10.6
性别	男	58.6
	女	41.4
携带家属数量	0 个	19.4
	1 个	25.8
	2 个	20.2
	3 个	10.8
	4 个或更多	23.8
受教育程度	文盲	0.6
	小学	9.6
	初中	32.2
	高中	35.8
	大学	21.8

资料来源：笔者和陈肖英于 2010 年 12 月 ~ 2011 年 1 月前往南非调研的数据。

本次问卷共调查 500 人，其中男性 293 人，占 58.6% ；女性 207 人，占 41.4% 。

从年龄段来看，18 ~ 30 岁占 33.6% ，31 ~ 50 岁占 55.2% 。按照人口学通行的标准，14 岁以下和 65 岁以上属于"被抚养人口"，15 ~ 64 岁属于"成年劳动型人口"。该数据反映了在南非创业、谋生的中国新移民绝大多数正处于青壮年时期，这是人的生命阶段中事业拓展的黄金时期。以青壮年为主的南非中国新移民是一个充满活力的年轻社群。

从携带家属数量来看，19.4% 的人是单身在南非谋生，25.8% 的人有1 名家属相伴，20.2% 的人有 2 名家属相伴，34.6% 的人有 3 名及以上的家属在南非。结合婚姻状况进行分析，单身者在南非主要是当雇员，而有家属在南非的人，则自己开店，家人多在店里帮忙。南非的中国新移民以家族移民为主要特征。南非中国新移民的这种家族式经营模式，是海外华商中具有普遍性的经商模式。

受访者的受教育程度情况是，0.6%没有接受过教育（即文盲）；9.6%接受过小学教育或小学只读过几年书；32.2%接受过初中教育，其中也包括少量没有读完初中的人；35.8%接受过高中教育；21.8%接受过高等教育。

从受访者的受教育程度来看，该群体的受教育程度并不低，总计有68%的人是中等受教育程度，21.8%的人是高等受教育程度。然而，该数据并不能真正反映南非中国新移民群体的受教育程度。首先，在笔者的田野调查过程中，一些受教育程度较低的人，因为不了解笔者真正的研究目的，对笔者的调查持戒备态度，拒访率较高。而学历较高的人，在问清楚笔者的研究目的以后，大多能以比较开放的态度接受问卷调查或访谈。其次，南非的批发零售行业进入门槛低，而且经济回报相对较高，一些在航运公司、华文媒体等单位的工作人员，还有一些留学生，也兼职从事批发或零售。因此，在批发商城或唐人街调查时，经常能遇到高学历的商店老板。最后，该数据也在一定程度上反映了近些年迁移到南非的中国新移民群体的受教育程度比较高。

有意思的是，受访者中谈到受教育程度与经商之间的关系时，大家看法不一。

如在批发商城开店的林霖是大学本科学历，但他说："大学学历对做生意并没有太多帮助，因为在南非赚了大钱的人很多只是小学文化程度。我在国内读完本科再出来，英语也不算很好，当然，毕竟有些基础，来南非以后的学习、适应会比较快一些。但也就只有这么一点优势了。在商城做批发生意的人学历层次普遍不高，来打货的零售商就更不用说了。当然，我不认为自己白读大学了，读大学对我而言还是很有意义的。"[1]

老林，林霖父亲的朋友，小学文化程度，到南非七八年，在百家商城卖盗版 DVD。他曾经在约翰内斯堡乡下开店，因为遇到抢劫（被劫匪用刀、枪挟持），他就把零售店卖掉，来百家商城摆摊。老林的妻子、孩子都在国内。老林的生意在商城比较一般，每个月摊位租金3000兰特，而他

---

[1] 林霖（小商品批发店老板，2009年到南非），2010年12月28日，约翰内斯堡百家商城。

的 DVD 一片才卖 20 兰特，他还得经常应付南非警察的检查，经常要贿赂警察（因为他卖的是盗版）。老林谈起林霖大学毕业，他说："读书有什么用？还不是一样要来做生意赚钱。他（林霖）因为读大学，到现在还没结婚，可是他哥哥、弟弟都结婚有小孩了。做生意能不能成功关键是靠嘴皮子，读大学有什么用？很多福建人赚了大钱，可是他们都是小学文化程度呀。"①

钱女士："我以前雇用过一个福建人给我打工，很年轻的一个人，才三十几岁，居然不识字不能读书看报。有的福建女性到南非来，连普通话都不会说，只会说她们家乡的方言。"②

问卷调查的数据结果与访谈内容的差别，反映了南非中国新移民群体在受教育方面的差异。同样的，Tu T. Huynh 等学者的研究中也提到中国新移民的层次差别很大。③

笔者将南非中国新移民与其他地区的中国新移民进行了比较。如周敏、刘宏在研究新加坡的中国新移民时，概括了新加坡中国新移民的特点是：大部分受过大学本科和研究生教育，拥有来自美国、英国、日本或其他西方发达国家的学位文凭，以及适应当地劳动力市场所需的工作经验和劳动技能，并主要从事专业技术行业的工作。移居美国的中国新移民的社会经济背景总体也比较多元化，既包括高学历、高技能移民，也包括从传统侨乡和其他省份农村跨国迁移的劳工，还包括非法移民。其中一些新移民的受教育程度高于美国人平均水平，带着家庭存款迁移美国。而另一些华人新移民一贫如洗，受教育水平和劳动技能都比较低下，一般只能在唐人街和华人企业里从事低收入的工作。高学历、高技能的华人移民中，有相当大一部分是在美国获得研究生学位的。④ 与新加坡、美国的中国新移民相比，经济条件好、劳动技能高、受教育程度高的南非中国新移民的比例相对较低，从事专业技术工作的人相对较少，大部分人集中在批发、零售领域。

---

① 老林（贩卖中文影碟片，2004 年到南非），2010 年 12 月 28 日，约翰内斯堡百家商城。

② 钱女士（经营中医保健药品，2005 年到南非），2010 年 12 月 13 日，约翰内斯堡香港城。

③ Tu T. Huynh, Yoon Jung Park, Anna Ying Chen, "Faces of China: New Chinese Migrants in South Africa, 1980s to Present," *African and Asian Studies* 9 (2010): 286 – 306.

④ 周敏、刘宏：《海外华人跨国主义实践的模式及其差异——基于美国与新加坡的比较分析》，《华侨华人历史研究》2013 年第 1 期。

（二）南非中国新移民来源地

南非中国新移民来源地非常广泛，他们主要来自中国 22 个省份。其中，来自福建的新移民最多，来自江苏、浙江、广东、辽宁的新移民也不少。

表 3 - 2 南非中国新移民来源地及所占比例

单位：%

来源地	占比	来源地	占比
福　建	26.2	吉　林	2.0
江　苏	14.1	四　川	1.6
浙　江	9.2	天　津	1.1
广　东	6.9	北　京	1.1
辽　宁	4.1	香　港	0.1
山　东	3.6	陕　西	0.1
上　海	3.3	云　南	0.1
黑龙江	3.1	河　南	0.1
广　西	2.2	贵　州	0.1
湖　北	2.2	陕　西	0.1
台　湾	2.2	安　徽	0.1

资料来源：笔者与陈肖英于 2010 年 12 月～2011 年 1 月前往南非调研数据。

2011 年的调研数据显示，当时南非中国新移民的来源地以福建省为主，福建籍新移民在南非新移民中占 26.2%。如果考虑到该调研主要在约翰内斯堡调查，没有涉及南非其他省市的调研，而福建籍新移民又广泛分布在南非其他省市，结合访谈内容可知，福建籍中国新移民的比例可能会更高，保守估计，其占南非中国新移民群体的 1/3。

福建省是仅次于广东省的重要传统侨乡，然而，如果就改革开放后的新移民而言，则福建籍新移民无疑独占鳌头。福建人从 20 世纪 70 年代后期开始往中国香港、菲律宾、日本、美国等地迁移，到 80 年代后期往东欧、西欧乃至非洲、拉美地区迁移，遍布世界各地。[①] 南非乃至整个非洲，都是福建籍新移民迁移的目的地。同一时期出国的中国新移民群体具有一些共性。李明欢教授对法国、西班牙华人群体的研究发现其中的福建人数

---

① 李明欢：《西班牙华人社会剖析》，《华侨华人历史研究》2016 年第 2 期。

量也很多。

南非中国新移民来源地构成中需要提及的第三个要点是"东北人"。在移民研究中，一般将来自辽宁、吉林、黑龙江等北方地区的移民统称为"东北人"。① 东北人的跨境迁移，与 20 世纪 90 年代中期大型国企改革引发的下岗潮密切相关。移民中介进入东北，"动员"下岗人员将"内退金"或"买断工龄"的钱款用作"移民"费用，前往世界各地。南非的经商与发展机会，同样也吸引了东北人。由于"东北人"在南非既不像广东人、浙江人有亲缘纽带，也不像福建人有长期的迁移传统，因此，他们进入南非初期的生存相对更为困难。但近些年来，东北籍新移民在南非商界的影响力越来越大，他们创办的企业在南非的影响力也越来越大。如中非商贸城、飞鸿清关公司等，都是东北籍新移民在南非创立的大型公司。

（三）南非中国新移民的职业构成

受访者中，"老板"所占比例高达 75.4%，雇员所占比例为 24.6%。南非中国新移民职业构成最突出的特点是当"老板"的人比例相当高。参考李明欢教授对西班牙华人群体的分析，笔者发现其原因具有一些相似之处。

第一，南非中国新移民群体中老板所占比例如此之高与华人的移民动机相关。中国改革开放以来，国内经济迅速发展，但与此相对应的是国内的竞争也日趋激烈，尤其对那些学历不占优势的群体而言。因此，不少人历尽艰辛远渡重洋的目的就是希望有朝一日衣锦还乡。在大部分出国者看来，能否当上老板是他们衡量自己在异国他乡是否成功的标志。然而，需要指出的是，虽然不少中国新移民的确在较短时期内就实现了开店当老板的"成功梦"，但是，在这一表象的背后，是他们超时、超量工作的"自我剥削"，是借债开店、赊贷进货的实情。绝大多数的老板只是小店主，在国外经营小商品零售、加油站、酒吧，资产规模不大，资金有限，仅拥有自己的店铺，雇用少量员工。

第二，南非中国新移民中老板所占比例高与南非的经济环境相关。华人在南非的从业领域主要是批发业、零售业、酒吧，这些行业的共同特点

---

① 李明欢：《西班牙华人社会剖析》，《华侨华人历史研究》2016 年第 2 期。

是开业所需起步资金较少，适合家庭式经营，因此中国新移民通过信息互通、资金互助找到了大量创业当老板的机会。分述如下。一是酒吧。大多数南非人有泡酒吧的习惯，但对于酒吧经营者而言，酒吧从早开到晚，营业时间长，日夜颠倒，且安全系数较低。年轻一代南非人愿意经营酒吧的相对较少。如此，具有商业意识、想要自己当老板、手中略有积蓄的中国新移民纷纷进入南非黑人社区经营酒吧，在南非开酒吧的主要是福建福清人。二是零售业。中国新移民在南非的零售店大多数始建于20世纪90年代中后期，此类小店主要面向约翰内斯堡及周边矿区的普通居民，店面不大，但各类服装、电器、杂货琳琅满目。中国新移民的零售店因其品种丰富、物美价廉而受到南非中下层民众的欢迎。三是批发业。由于20世纪90年代南非实行相对宽松的进出口政策，大量货物通过南非进口转到非洲其他国家。进入21世纪之后，中国商品对南非出口直线上升，中国商务部数据显示，2018年中国出口到南非的货物总额达到1875.5亿美元。从中国进口的货物，不少由南非华商经手批发。在约翰内斯堡、德班、开普敦等地相继形成了规模不等的华人批发商城，新移民批发店总计超过2000家。因此，可以说，南非自身经济环境的基本特性是南非新移民商人老板大量涌现的客观基础。

第三，中国本土强大的制造业是中国新移民在南非实现"老板梦"的基础。20世纪90年代以来，中国迅速成为"世界工厂"，廉价的中国制造商品发往世界各地，尤其受到各国中下层消费者的欢迎。如前所述，南非中国新移民多来自浙江、江苏、广东、福建等沿海省份，那里既是中国民营经济最发达的地区，又有广州、义乌、石狮等服装和小商品批发市场，可以说，南非华商兼具经营进出口商品的地缘和亲缘优势，他们有可能掌握低价进货渠道，通过个人信用赊货，快捷地拿到紧俏商品；还有人在国内有工厂，远赴南非开发销售终端等。这一切都有效地降低了他们的经营成本，使南非华商批发业得以高速增长。

（四）中国新移民在南非的地域分布

南非中国新移民群体的职业构成，使他们在南非的地域分布上呈现集中地突出、分布地广泛的基本格局。南非全国共分为9个省，其中，以豪登省、西开普省、纳塔尔省的经济地位最为重要，位于这3个省的约翰内斯堡、开普敦和德班是南非最著名的城市，也是南非的政治、经济、文化中心。南非华人的 3 个集中地正好对应以上 3 个城市。而在这 3 个城市，华人又主要集中于当地的大型华人商城，以及城内华人餐馆、店铺相对集中的约翰内斯堡。

　　受中国新移民从业格局的影响，无论是零售店、超市、酒吧还是加油站，都以南非本地居民为主要顾客群，需要一定的客流量，因此，数万个中国新移民小商家分散在南非不同城镇。这与大城市约翰内斯堡、德班、开普敦的商业饱和有关，也与新移民想要实现当老板的梦想有关。因此，越来越多的华人小店向南非小城镇扩散，现已遍布全南非 9 个省及下辖数百个市镇。新移民华商经营不断分散的上升趋势，也从特定角度反映出南非中国新移民经济正全面融入南非的整体经济之中。

第二节　中国新移民迁移南非的主客观条件

　　跨国迁移受到国家制度、地方社会脉络与"跨国要素"的影响，因此，要深刻理解跨国迁移的群体，任何时候都不能忽略宏观的国家制度要素以及中国的地方社会文化脉络。[①] 南非在国家发展的不同时期，对外来移民持不同的态度。而在历史上，中国不同朝代的统治者对民众的海外迁移也持不同的态度。如在明清时期，中国曾经实行"海禁"政策，限制中国民众向海外迁移。1949 年新中国成立后至 1978 年改革开放前，中国民众的海外迁移也受到较为严格的控制，海外移民人数不多。改革开放后，国家放松了对民众出国、移民的诸多限制，迁移海外的人口规模日益扩大。[②]

一　南非移民政策的开放

　　在国际移民政策的制定过程中，市场导向与经济理性选择是一个非常

---

①　陈海忠：《地域社会的跨国叙事：近代以来广东潮阳陈四合批局与陈氏跨国家族的建构》，《华侨华人历史研究》2016 年第 2 期。
②　曾少聪：《全球化与中国海外移民》，《民族研究》2003 年第 1 期。

重要的考量因素。① 中国新移民向南非迁移，首先要考虑南非的移民政策。当南非国内实行种族隔离政策时，南非政府对外来移民持种族歧视态度，具体来说，就是欢迎白人移民进入，不欢迎其他种族移民进入南非。南非移民政策的变迁，与政府主导的各种政策密切相关。根据南非种族隔离政策的历史分野，南非的移民政策大致可以分成两大阶段：第一阶段是 1994 年以前，这一时期的南非实行种族隔离政策，移民政策带有强烈的种族歧视色彩，着重吸引来自欧洲以及其他国家的白人，严格控制黑人以及其他有色人种的迁移；第二阶段是 1994 年至今，南非逐渐改变原来带有强烈种族主义色彩的移民政策，转向更加务实的方向，移民政策主要围绕南非的社会发展和国家利益而制定，引入技术移民的条件，改变对种族肤色的歧视态度。

在移民政策的导向下，20 世纪初，华人作为华工来到南非，由于当时的南非政府不允许华工在南非永久居留，合约期满后，大部分华工返回中国。1910 年后，一些广东移民陆续来到南非。然而，在南非实行种族隔离制度期间，华人的居住、出行、受教育、就业等基本权益受到限制。20 世纪 70 年代后，一些港台移民陆续迁移到南非，凭借经贸合作关系，向南非政府争取到"荣誉白人"的待遇。1998 年后，南非与中华人民共和国建立正式外交关系，中南经贸合作不断升级，南非的中国新移民群体也不断壮大。2000 年以后，由于南非外来移民不断增加，国内失业率居高不下，南非多次修改移民政策，提高外国移民进入南非的门槛。

（一）1994 年以前的南非移民政策

在欧洲移民到达南非以前，南非的土著居民主要有桑人（San）、科伊人（Khoi）和班图人（Bantu）。从 15 世纪到 20 世纪初，南非的外来移民主要是欧洲的殖民者，包括葡萄牙人、荷兰人、英国人等。1488 年，葡萄牙航海家巴托洛梅乌·迪亚士率领船队在南非的莫塞尔湾登陆，从此欧洲人开始进入南非。17 世纪，荷兰移民、英国移民也先后来到南非，欧洲白人成为南非种族结构中的一部分，并对南非社会发展产生了深远的影响。②

---

① 李明欢：《当代西方国际移民理论再探讨》，《厦门大学学报（哲学社会科学版）》2010 年第 2 期。

② 马慧丽：《评析南非〈移民法〉》，《法制与社会》2007 年第 12 期。

这一时期南非的人口迁移主要由欧洲的白人殖民者主导，他们凭借其在政治、经济、军事方面的优势，取得了对南非的统治权，进而制定各种种族歧视和种族隔离政策，大多数移民政策是招募受过良好教育、具有专业技能的"理想的"白人，除了欧洲白人移民，还包括来自亚洲和印度的白人移民。此外，他们根据开发殖民地的劳动力需求引进印度劳工、中国劳工等。因此，在殖民地和种族隔离制度下的正式移民被认为只对白人开放，其他族裔进入南非只是为了满足殖民者开发南非的劳工需求，只是发展南非经济的一种手段。

为了开采南非的金矿，英国在 1904 年与中国签订《中英会订保工章程》，从中国招募了 6.4 万名华工前往南非采矿。此外，英国还从殖民地印度招募了 15.2 万名印度侨工。由此，南非的族群中增加了亚洲人及其后裔。然而，为了保障白人在南非的经济与政治利益，南非政府对迅速增加的亚裔移民进行限制。1913 年的《移民管理法》是南非第一个全国性的移民立法，其主要目的是排除那些在 1860 年以后进入甘蔗种植园工作的印度人。这一时期，日益增长的印度人口被认为是对白色至上意识形态的主要威胁，《移民管理法》对印度人在南非的居住、活动范围作出限制。

第一次世界大战结束后，南非对欧洲移民（通常来自东欧）的吸引力迅速增大，成为很多欧洲人移民的目的地。为了防止犹太人、天主教徒和穷人大规模进入南非，1930 年南非实行"移民配额法"，旨在排除这些"不必要的移民"，也确立了"不良移民"的概念。1937 年颁布的《外国人法》(*The Alien Act*) 为那些具有专业技能的"理想的"白人移民敞开了大门，欢迎来自其他国家包括南部非洲邻国的白人。这一法案对南非移民政策影响深远，如使用"外国人"一词来描述不是南非国民或英国公民的人。这一时期根据肤色区分"不良移民"与"理想移民"，南非的移民控制主要表现在维护边界安全和对非洲黑人的限制，以及禁止政治意见不同的人进入该国。

从 1913 年到 1986 年，外来黑人只能非法进入南非或作为合同工在南非务工，不能申请临时或永久居留许可。莫桑比克、斯威士兰、莱索托、博茨瓦纳和马拉维等南部非洲国家成为南非黑人劳工的主要供应国，黑人劳工大多数集中在南非采矿业。南非外来移民由非洲就业局（TEBA）招聘，它在非洲各国建立了广泛的招聘网络。在规定期限结束时，外来黑人劳工必须返回家园续订合同。与此同时，白人受到了南非政府的欢迎。

1960 年至 1980 年，许多来自赞比亚、肯尼亚和津巴布韦的技术和半技术白人移民获得公民身份，以提高当地南非本地白人的人口比例。

20 世纪 80 年代，由于南非白人人口增长率低于黑人，白人人口的数量只有黑人的 20% 左右。为了维护种族隔离手段，南非的移民政策规定，向南非移民必须是白种人，而且要受过良好教育，具有专业技能。① 为此，南非政府管理移民事务的机构在欧洲进行宣传，积极招揽白人移民到南非。1989 年，南非德克勒克总统上台后，对移民政策进行了一些调整，主要表现在吸引移民不仅面向西欧、北美，也面向东欧。此外，除了吸引白人移民以外，移民政策也从吸引资金和专门人才的方面考虑，把目光转向东亚和东南亚地区。在这一政策的影响下，中国台湾、香港有一些移民迁移到南非。

总体来看，1994 年以前，南非的移民政策带有明显的种族主义色彩，对不同族群采取不同的政策，对白人持欢迎态度，对亚裔（包括中国人和印度人）采取限制态度，对黑人则采取歧视性的控制手段。这一歧视性移民政策的形成有多方面的原因。首先，南非这一时期的移民政策是典型的种族歧视政策，欧洲白人殖民者为了维持白人在南非的优势地位，积极招揽欧洲各国的白人迁移到南非，以便提升南非白人人口的比例，对其他肤色的移民采取严格的限制性政策。其次，虽然南非的金矿、农场等行业的发展需要从亚洲引进劳动力，然而，为了维护白人的经济利益和统治地位，此时的移民政策对印度人、中国人在南非的居住、活动范围作出严格限制，具有明显的排斥性。最后，这一时期的移民政策对黑人极其苛刻，外来黑人进入南非只能务工，不能申请临时或永久居留许可，带有明显的歧视性。总之，南非带有种族歧视色彩的移民政策的出发点是为了维护白人利益，其他有色人种均受到不同程度的排斥。

（二）1994 年后的南非国际移民政策

南非经济较为发达，对周边国家的移民具有较大的吸引力。在 1994 年以前的南非种族主义政权时期，南非周边国家如津巴布韦、莱索托、斯威士兰、莫桑比克的一些移民就以各种方式进入南非务工。1994 年种

① 魏苇:《南非大量吸引白人移民》,《世界知识》1990 年第 5 期。

族隔离制度瓦解后，南非民主政府努力扭转以往基于种族和剥削原则制定的法律，包括移民相关法律，并将南非纳入南部非洲共同体，积极融入非洲大陆和世界。南非的第一次移民政策改革于 1995 年进行，对 1991年制定的《外国人管制法》提出了一项法定修正案。之后南非还制定了一系列关于移民的政策和法规，包括 1997 年的《国际移民绿皮书》、1999 年的《国际移民白皮书》、2001 年的《移民法草案》，以及 2002 年的《移民法》等。

1997 年 5 月，南非发布了《国际移民绿皮书》，其中提到国际人口迁移是一股不可阻挡、无法减缓的大潮。《国际移民绿皮书》建议，应有条件地引进移民，为南非的经济增长和发展创造机会，将移民视为国家建设发展的潜在资源，而不是障碍。与 1994 年之前的移民政策不同的是，《国际移民绿皮书》对那些有技能和资金的移民"大开绿灯"，欢迎这些人成为南非的永久居留者和公民。其中的一项创新就是，那些在南非大学毕业的外国学生可以获得在南非永久居留的身份。与此同时，《国际移民绿皮书》还建议为那些具有熟练技能者及其家属只要通过一份申请就可以提供长期的工作签证，并且对潜在的优质移民采取积分制度。

2000 年，为了促进南非经济的进一步发展，南非政府着手修改《移民法》，放宽对外国投资和人才的限制，尤其是放宽对拥有技术、管理特长的人才的限制。修改后的南非《移民法》规定，外国投资者只要经过南非内政部审批合格后，就可以到南非进行投资。此外，南非移民局还鼓励南非本国公司雇用拥有信息技术、企业管理特长的外国人才。①

2002 年第 13 号《移民法》是在提交《国际移民白皮书》（1999 年）和《移民法草案》（2001 年）之后立法的。南非《移民法》共有 11 章 51条，分别对准入及离境、临时居住、永久居住、排除及豁免、强制执行及管理等方面进行规定。② 《移民法》的目标在于建立一个新的移民管理体系，对各类移民进行了详尽的规定。如在家庭团聚移民方面，南非《移民法》规定南非公民的外籍配偶在拥有南非永久居留权 2 年后可以申请南非国籍。如父母一方系南非公民或拥有南非永久居留权，则新生婴儿出生时

---

① 《南非修改移民法》，http://news.eastday.com/epublish/gb/paper2/20000717/class000200009/hwz113469.htm。

② 马慧丽：《评析南非〈移民法〉》，《法制与社会》2007 年第 12 期。

即可申请南非国籍。如子女在获得南非永久居留权或国籍之后，可为自己的父母申请探亲签证在南非长期居留。在技术移民方面，南非《移民法》设定的门槛并不高，申请者只要具有中专以上学历（南非及英联邦国家的学历标准）就可以申请永久居留，但必须是对口专业的招聘才能办理，比如说餐厅老板要招厨师，一定要有相应的厨师证书，以及出具餐厅的经营许可和卫生许可；美容院要招按摩师，也要具备相应医疗场所、必需的设备和资质。总之，这一时期修订的《移民法》要求外来移民必须具备相关的工作技能和英语能力，如有南非当地的教育背景，更易获得移民资格。当然，在具体的移民过程中，不满足这些条件的移民会通过各种政策漏洞等方式来满足移民条件。

新《移民法》规定，在南非生活满5年的外国人可以申请南非的永久居留权。然而，满足这一条件的申请者很多，在具体操作方面出现了很多新的要求。如对于申请者的要求并不是单一的满足居住年限即可，还需要保证对南非经济社会发展有贡献，并且确定以后对南非不会产生危害。具体而言，申请南非永久居留权的途径主要有以下几种：（1）婚姻：南非公民的外籍配偶可以先申请陪伴签证，5年后（即结婚第6年）可以申请南非永久居留权。（2）工作签证：在南非持有合法的工作签证和有资质的雇主，工作满5年，有正规的纳税记录，第6年可以申请永久居留权。然而，随着全球经济发展速度的放缓，南非失业率一直维持在25%左右，高企不下。2010年以后，南非逐渐收紧移民政策，对外来移民的选择更加严格。

2011年3月，南非总统祖马发表《国情咨文》报告，指出政府将着重解决就业问题。与此方针相配合，南非内政部对《移民法》进行了修改，进一步收紧外来移民进入南非的条件，外来移民进入南非的门槛进一步提高。①《移民法》的具体变化包括几个部分。（1）原《移民法》第46条规定，经过注册的律师有权代表他人处理移民相关事务。立法机构认为，原本的规定使任何人都能够帮助移民申请签证。因此，根据新修正案，以上代理权利被取消，申请难度加大。（2）从前，申请人可将材料邮寄到签证审批部门或由他人代理申请，本人不需露面。然而根据新的规定，今后，申请

---

① 何华：《南非移民法修正　申请南非签证将难上加难》，《非洲时报》2011年11月24日。

者本人要亲自前往南非内政部或南非驻海外使领馆申请办理签证。（3）根据新法案，南非内政部会对想要来南非进行商务考察的申请者的投资领域进行规定。以往的海外投资者和国外企业有自主选择投资范围的权利。新法案实施后，他们将失去自主选择投资范围的权利。（4）持旅游、探亲等访问签证进入南非的外国人不能在南非申请变更签证内容，如果要将访问签证换成工作签证等，需要回到本国申请。不过，持有学生签证或商务签证入境南非的人士除外，可以在南非当地申请，但需要达到更为严格的特定要求标准。（5）根据新法案，原有的特殊技术工作签证被稀缺技术工作签证所取代。然而，想要申请这种新签证会更为困难。不同于特殊技术持有者只需技术出众或者资质优异，稀缺技术将由人力资源及劳工事务方面的专家进行严格定义。此外，新《移民法》对公司内部调动或集团工作签证申请者的要求将更为严格。

从有关规定中不难看出，南非政府为了解决本国失业率高企不下的现实问题，希望通过修改《移民法》限制外国人入境，以便缓解南非国内的就业压力。与以前的移民政策相比，新修改的《移民法》使外来人口包括中国人进入南非越来越困难，尤其是那些文化程度较低、英语不好的中国人，他们要申请签证进入南非的难度将加大；但对于那些学历层次较高、拥有技术专长的人而言，则影响不大。

2014年6月，南非又对新《移民法》进行修改，具体包括以下几点。第一，新《移民法》的第9条规定，任何人在南非只要是签证过期就被视为"不受欢迎者"，面临着1～5年禁止入境的惩罚。签证过期也包括已经向内政部提出签证延期申请但还没有获得批准的人。由于南非政府行政效率低下，持商务签证的中国新移民在办理延签手续时常受到影响。第二，新《移民法》规定，外国人不得在南非申请新签证，必须返回其国办理新签证。而在南非新《移民法》颁布之前没来得及离开南非的外国人面临着成为"不受欢迎者"的窘境。第三，新《移民法》颁布后，即使是自己的子女，如果没有出生证明也不能出入境。新《移民法》颁布后出现了很多争议，导致很多中国新移民在办理签证时遭遇困难。南非新《移民法》的实施，本想缓解南非国内的就业压力，但是，新法对所有外国人"一刀切"，除去津巴布韦和莱索托公民可以拿到"赦免工作证"外，其他国籍的外国人包括中国人，基本上无法延期工作签证和自聘签证。这一变化充分显示了南非移民政策的选择性，其政策的核心主要是保护本国民众的就业机会。

此外，南非的难民保护制度也随着时代的发展而变化。1994 年以前，南非在《外国人管制法》中关于难民事务的规定不符合国际上规定的难民保护规范，将符合难民身份的人视为"非法的""不受欢迎的外国人"。1994 年，南非政府根据国际相关条约，承认难民的地位和特殊需求。1996 年 1 月 12 日，南非接受了联合国《关于难民地位的公约》（1951）、《关于难民地位的议定书》（1966）和《非洲统一组织关于非洲难民问题特定方面的公约》（1969）。① 1998 年，南非颁布《难民法案》，其中规定了每个难民享有的基本权利，在南非可以获得相应的法律保护，包括居住权和其他权利，如果难民在南非居住满 5 年，则有权申请移民许可。

虽然南非的移民政策从 1994 年至今，经历了多次修改，但与 1994 年之前的种族隔离时期的移民政策相比，整体上对外来移民持欢迎、接纳态度，尤其是具有雄厚经济资本、技术专长的移民。这样的移民政策不仅吸引了其他国家的移民，也吸引了中国的新移民。中国新移民或凭借自身经济实力，或通过难民政策的漏洞等方式，进入南非。

二 中国改革开放的影响

党的十一届三中全会之后，中国实行了改革开放。改革开放对出国者的影响体现在两个方面。

第一，中国实行改革开放，破除了以往吃"大锅饭"的平均主义思想，提高了民众发展经济的积极性。在此背景下，中国的乡镇企业蓬勃发展，尤其是制造轻工业产品的乡镇企业遍地开花，同时，国有企业改革、全民所有制小型企业发展，中国制造业迅速发展起来，为中国对外贸易提供了丰富的产品。

第二，改革开放为民众出国提供了机会。1978 年以后，中国政府执行比较宽松的公民出入境政策，对中国新移民大量外迁起了重要的作用。

---

① 陈翰笙主编，卢文迪、陈泽宪、彭家礼编《华工出国史料 第四辑：关于华工出国的中外综合性著作》，中华书局，1981，第 81 页。

1980 年以后，中国逐步减少民众出国的障碍。1985 年 11 月中国政府颁布《中华人民共和国公民出入境管理法》，并相继制定了有关细则，简化了出国手续，为中国公民出国提供了法律保障和制度保障，为中国公民的海外迁移提供了方便。不过这仍然是有选择的：唯有与国外保持密切联系的家庭并具备足够的出国文件的人，才有资格申请领取护照和出境许可证。1990 年以后，随着改革开放推进，中国对外贸易往来频繁，中国政府对公民的出入境管理政策越来越宽松。1996 年公安部出入境管理局颁发《公民因私事出国护照申请、审批管理工作规范》，方便了中国公民的出国活动，客观上为中国新移民奔赴海外提供了条件。

改革开放以后出现的"出国潮"，是中国走向世界的一个标志，也体现了中国新移民在全球化背景下的开拓进取精神。在此背景下，中国新移民在最近 30 多年来迁移到世界各地，成为当今国际移民潮中一个引人注目的组成部分，南非中国新移民群体是国际移民中的一部分。

三　南非消费市场的需求

南非移民政策的变革以及中国政府放松公民出国的管制，为中国新移民迁移南非创造了有利的外部条件。然而，迁移是迁移者个体微观层面具体的选择，从行动者的角度来看，他们的选择是理性的吗？这需要迁移者对自身的行动作出诠释。通过调研与分析，大多数中国新移民迁移南非是基于理性的思考，南非对他们最根本的吸引力是南非市场提供的各种积累财富的机会。

由于长期推行不人道的种族隔离制度，从 20 世纪 70 年代开始南非受到世界各国不同程度的经济制裁。1994 年新南非成立后，种族隔离制度瓦解，然而，南非白人与黑人之间的贫富悬殊并未得到根本解决。20 世纪 90 年代初的统计表明，约占南非人口总数 13% 的白人垄断着国家资源，他们拥有 80% 的国家财富和 54% 的国民收入；黑人仅拥有 20% 的国家财富和 36% 的国民收入，黑人人均收入只有白人的 10%，[①] 经济购买力较低。南非的消费市场因而分化，富裕的白人阶层可以消费高档的商品，

---

① 温宪：《闯荡南非》，当代世界出版社，2002，第 399 页。

而经济不富裕的中下层黑人消费者则因消费品价格过高而无法实现消费需求。

20 世纪 90 年代的中国，在轻工业制造方面已有一定的基础，大量中国企业生产的物美价廉的商品在国内产生了产品积压，尤其是轻工业品，需要寻找更大的销售市场。此外，中国人在市场经济改革中积累了贸易的经验，富有冒险精神的移民在跨国行动中积极实践。因此，南非市场需求与中国制造商品的供应，为中国新移民进入南非嵌入当地经济结构提供了绝佳的发展机会。由于南非市场监管较少，中国新移民得以在当地注册并经营不同类型的私营公司。中国新移民在南非的创业道路清晰地打上了中国社会发展与南非当地社会转型的烙印。

20 世纪 90 年代初期到南非的刘女士说："1995～1999 年是中国小商人在南非发展的黄金时代。"[1] 这一时期，南非新政府成立不久，社会管理方面的制度建设还不够完善；南非刚开放，对外来移民的管理较为松散，对于零售行业的从业人员没有太多限制；加上南非轻工业一直落后，南非传统的商场商品价格昂贵，中下层民众消费不起。与非洲本地制造的商品相比，中国产品价格低廉。因此，物美价廉的中国商品一进入南非市场，尤其是服装、箱包、鞋帽等日用品，超低的价格和丰富的产品就在低收入的黑人民众中引起了很大的反响，很受欢迎，从而带动了当地市场的消费。同时，中国商品的低廉价格也吸引了南非邻国商人，他们也进入南非到约翰内斯堡批发货物。中国商品在那时供不应求。

约翰内斯堡是非洲最大的贸易中心城市，从 20 世纪 90 年代至今，它一直是中国进口商在非洲的批发中心，中国商品批发商店的客人除了约翰内斯堡本地居民和来自南非其他省市的店主外，南非邻国如津巴布韦、莫桑比克、博茨瓦纳、马拉维、安哥拉、赞比亚、纳米比亚等地来的客人也不少。

"那些外国客人大部分是小贩，一开始时他们带着编织袋肩扛手提打货，几年后，随着双方合作时间的增加以及中国商品的畅销，中国批发商与黑人商贩实现了双赢。黑人商贩开始用货车打货，并雇用员工帮忙；中

---

① 刘女士（批发店老板，1994 年到南非），2010 年 12 月 23 日，约翰内斯堡西罗町。

国批发商的生意规模也越来越大，双方合作比较愉快。"①

　　20 世纪 90 年代初期至 2000 年，是中国新移民在南非的市场开拓、磨合阶段。这一时期的南非日用品比较短缺，消费者对商品的品质要求不高，政府对"假冒名牌"的打击力度也比较小。据说当时南非的中国批发商进货的第一原则是价格低廉，第二原则是外观漂亮新奇。这是因为南非中下层消费者的消费习惯与中国人有比较大的差异。南非人注重商品的时尚性，对商品的耐用性不太计较。因此，各种低价的中国制造商品在南非极为畅销。

　　"1995 年，南非市场的需求非常大，无论中国进口商进多少个货柜，一到约翰内斯堡就会被小商贩抢订一空。当时做生意，批发商掌握主动权，在货柜到达之前，可以向小商贩收定金，只有预交了定金的客户才能保证拿到货。有些小商贩刚从国内过来，缺乏南非市场的经验，对预付定金犹豫不决的，可能连货都拿不到。"②

　　回忆起当时的"盛况"，程女士感慨不已。早期到达南非的那些批发商，体验到了南非市场对中国商品的巨大需求，见证了中国小商人在约翰内斯堡的"黄金时代"。这批人创造了"南非暴富"的神话，吸引着一批又一批的后来者奔赴南非淘金。

　　1992 年就到南非的李会长回忆："当时我到约翰内斯堡时，这里的中国新移民人数不超过 50 人。我们遇上了最好的商业时机，当时在这里的新移民，不管是摆地摊还是开小店，利润都非常高。几乎每个中国新移民都在这里赚到钱。"③ 据他说，1997 年之前来南非的那些新移民，现在都是颇有成就的成功商人。这些先行移民的"暴富神话"激励了一批又一批的中国新移民到南非来实现发财致富的梦想。

　　南非市场的商机传到国内，一批又一批的新移民纷至沓来。笔者在调研中收集了一些个案，其中既有拥有大学学历、外资企业就业经历的高学历专业人才，也有来自福建省乡下的农民。他们来南非的共同原因就是这里拥有巨大的商机，对他们来说，南非比国内拥有更多的发展机会。

----

① 唐先生（经营商业房地产，1992 年到南非），2016 年 8 月 17 日，福建省福州市。
② 程女士（批发店老板，1992 年到南非），2014 年 12 月 19 日，浙江义乌批发商城。
③ 李会长（曾任南部非洲中华福建同乡总会会长，现为南非华人警民合作中心主任，1992 年到南非），2014 年 12 月 23 日，福州市华林路。

四 中国新移民的个体动机

在中国的传统文化中，安土重迁的观念深深地影响了一代又一代人，人们具有强烈的地域观念以及由此培养出来的家乡自豪感。大部分中国人离开家乡只为谋生，在人生发展方向的规划上，在南非的中国新移民一般只想临时侨居，较少计划定居。

中国新移民迁移南非涉及几个环节。首先是出发地，当地社会文化鼓励迁移，并且能为潜在移民提供相应的条件。笔者在福清市江镇调研时，发现当地镇上一个小小的飞机票代理处，就有提供前往非洲多个国家的飞行路线选择。店老板自豪地告诉我们，有些线路，连大城市的代理商都不一定懂得怎样走，但他们懂。由此可见当地民众出国的便利程度。这样的便利条件为当地民众迁移海外提供了帮助。其次是迁移者所处地区的社会网络，这个网络可以帮助迁移者降低出国成本，可以帮助他们在国外找到住处、安定下来工作的机会。这样的社会网络通常由家族或朋友提供，有时也以同乡会、商会的形式提供帮助。总而言之，个体迁移计划的产生，需要具备国外信息、渠道、就业机会等要素。

一般认为，贫穷、工资低、失业是民众离开家乡的主要"推力"，而经济繁荣和收入高的工作岗位是"拉力"。有的人说，移民是由于在经济方面的沮丧和走投无路。一方面，他们对自己在祖国是否能发达失去了信心；另一方面，他们把迁移国看作遍地黄金、发展机会很多的"天堂"。他们相信，只要肯吃苦耐劳，在国外总会成功。

然而，从已有的研究和笔者收集的调研资料来看，南非的中国新移民大多数来自上海、浙江、江苏、福建等地，与中国其他地区相比较，这些地区社会政策更为开放、经济更加繁荣，民众相对比较富裕。其中，有些人在去南非前在国内拥有稳定的工作，有些人在国内经商已小有积累，有些人甚至拥有名牌大学的学历。探究他们究竟为何而迁移，不能只强调经济层面的因素，因为过去30年的中国也有诸多发展机遇和就业机会。关于"为什么选择迁移南非"这个问题，每个迁移者都有自己具体的原因。笔者根据访谈内容，将中国新移民迁移南非的原因分成三种。

（一）迁移南非的费用便宜，手续方便

笔者根据调研对象出国前在国内的职业，将他们分为三种类型。一是外贸行业从业人员，这些人主要来自上海、江苏、浙江，在出国前曾经因为贸易关系而与非洲包括南非有商业贸易往来，在去南非之前对南非多少有些了解；二是来自中国大型国企的下岗职工、离岗职工，这些人原本在国企工作，因为国企改制、效益不佳等，到南非寻找发展机会，这些人主要来自辽宁、吉林、黑龙江；三是来自福建福清、长乐、连江等侨乡的农民，这些新移民来自侨乡地区，深受出国风气的影响，积极寻找出国的机会。

有一些新移民，他们的出国目标非常明确，希望能到国外去挣钱，但由于个人经济条件的限制和相关国家移民政策的影响，他们的移民目的地不确定。很多时候，迁移到南非对一些中国新移民来说是"偶然"，理由是去南非的费用比较便宜。

金先生说："我跟我爱人 2004 年是通过北京一家劳务输出公司来南非的。我们原本计划去澳大利亚，但是去澳大利亚的费用很高，两个人大概要 26 万元，这么多钱我们承担不起。当时我从《环球时报》看到'××公司'的劳务输出广告，就前去咨询了，该公司推荐我们来南非。我们来之前对南非了解不多，只知道这个国家还比较富裕，其他不太清楚。来这边看了一下，南非的基础建设、生活水平确实还是不错的。而且 2004 年那时候，南非的社会治安还不错，生意也比较好做，所以就留下来了。"[1]

福清籍的杨先生说："从福建去（偷渡）美国要花费四五十万元，而来南非只要花四五万元，还不需要等待，一周左右就可以过来了。我当时算了一下，与其花那么多钱去美国，还不如把这笔钱省下来到南非投资做生意。"[2] 在南非投资开店的成本较低，"出国费用"相对低廉。因此，像杨先生这样比较出国的成本、收益的人不少。而且，因为对要去的国家信息掌握比较多，选择南非更多的是看重在这里的发展机会。

严力说："去南非，所有的费用包括机票，大概花 2.5 万元就可以了。

---

[1]　金先生（服装零售店老板，2004 年到南非），2010 年 12 月 17 日，约翰内斯堡红马商城。

[2]　杨先生（饰品批发店老板，2003 年到南非），2016 年 12 月 8 日，福清市。

去美国至少要 50 万元。江镇的人现在对去美国、日本、英国不感兴趣了。这些国家要么经济不好，要么对非法移民抓得很紧，没什么挣钱机会。南非是发展中国家里机会比较多、条件比较好的国家。"①

　　总体而言，迁移到南非的费用低于迁移到其他国家和地区的费用，因此，对于经济实力有限的人而言，选择南非是一个比较务实的决定。毕竟，"出国"也是一种投资，迁移到目的国也得从自身的支付能力来进行选择。

（二）移民者追求更好的发展

　　生存与发展是人们的根本需求和目的。从行为者的角度来分析，个体的迁移选择一定是因为这一选择有利于自身的发展，与局外者的价值判断无关。

　　为什么那些在国内有较好经济基础的人愿意丢下已经拥有的一切，到陌生而又治安不好的南非去呢？从访谈者的情况来看，其主要原因不是贫穷，而是他们所期望的生活与他们所能实现的生活之间的差异。在中国，人们往往发现自己竞争压力很大，未能充分发挥自己的潜力。虽然很多新移民出国前可能不知道将来在异国的生活会怎么样，但是，有一点他们可以肯定，就是他们可以选择生活道路，且有现成的社会网络实现抱负，有机会实现自己的愿望。以下几位访谈者的观点就反映了这种看法。

　　李会长是福州侨乡连江人，他说："我出国前在国内做小生意。我们连江当时有很多人去美国，我在 1986 年的时候曾经也有个机会去美国。但我不喜欢去（美国），因为我当时想做生意，如果去美国，我只能去餐馆打工，也就是要做洗碗、炒菜的工作。一旦进入厨师这个行业，能开个餐馆就算发展得很好了。我不想开餐馆，我想做生意。当时我有个朋友，他三个兄弟都在这边（南非）。他当时问我要不要来南非，我当时的反应是去南非干什么？南非是黑人的地方，穷得连饭都没得吃，去干什么？我朋友对我说，你错了，南非其实很富裕。他拿了一些资料给我，跟我说来南非可以做生意，摆地摊一个月就可以赚几千、一万美金。我一听说可以做生意，收入又那么高，马上说好，就这样来南非了。所以我来之前对南非

---

① 严力（批发店工作人员，2006 年到南非），2010 年 12 月 8 日，约翰内斯堡香港城。

还是有些了解的，知道这里可以经商，我就是要来这里做生意的。"①

曾贤说："我决定出国的时候已经 29 岁了，当时大女儿已经出生。出国前我在一个外资企业工作，当时的收入其实还不错，1997 年的时候每个月工资 1800 元，比福州一般企事业单位的人收入高。但靠那个收入还是买不起福州市区的房子啊！有次（1997 年）碰到一个朋友，他跟我说他在南非摆地摊，一个月收入 5000 美元。当时人民币对美元的汇率是 8.2，换成人民币有 4 万多元呐！所以我当时一听，决定也要去南非。我家人非常支持我的出国决定，不出国哪来出路啊？"② 曾贤是福州连江人，他太太林女士是福清人，连江、福清都是著名的侨乡，出国风气盛行，因此，曾贤的出国计划得到家人的支持，而林女士也在 2000 年来到南非与他团聚。他们夫妻俩在南非通过开零售店积累了较多的资金，2010 年后，创立南非红酒的自有品牌，销往中国。

严力说："我在大学学的是会计专业，以前在公立医院工作，一个月工资几千元，跟做生意相比，赚的钱还是太少，买不起上海的房子。我是 2006 年辞职出来做生意的，我妹妹一家人在南非做生意做得很好。他们夫妻俩只是中专学历，现在已是千万富翁级别了。我也朝这个目标努力，这里（南非）赚钱机会还是比国内多。"③

陈秘书长说："我 40 多岁的时候来南非。我是我们家族第一个来南非的，因为我有同学在这边做生意。当年他回国的时候，我碰到他。那个时候我正在国内搞货运，我跟他说国内货运很难做，竞争很激烈。他就对我说，你现在身体还可以，年纪不算大，可以出国去闯一闯，南非机会很多。在他的帮助下，我 2003 年来南非。"④

吴女士说："我们夫妻本科读的是哈尔滨的一所大学，后来我先生还到上海一个高校读博士。出国前我们俩在武汉高校当老师。1989 年的时候我先生有一个援助非洲的机会，来到南非后他发现南非的收入远高于国

---

① 李会长（曾任南部非洲中华福建同乡总会会长，现为南非华人警民合作中心主任，1992年到南非），2010 年 12 月 23 日，约翰内斯堡西罗町。
② 曾贤（从事葡萄酒、通信产品生意，1997 年到南非），2010 年 12 月 9 日，约翰内斯堡伊登维尔。
③ 严力（批发店工作人员，2006 年到南非），2015 年 12 月 8 日，福清市江镇。
④ 陈秘书长（南部非洲中华福建同乡总会、南非华人警民合作中心秘书长，2003 年到南非），2011 年 1 月 17 日，约翰内斯堡福建同乡会馆。

内。当时国内老师收入很低，一个月的工资才 90 多元。而我先生到南非后一个月能赚 800 美元。收入的巨大差距使我们下定决心辞掉稳定的工作来到南非。"①

林月说："出国前我在武汉一个国企工作，也算是大企业、铁饭碗，比较稳定。但是我当时就想着换个环境，我父母也是同一个企业的工人，我不想一辈子像他们那样按部就班地生活。结果证明我的选择是正确的，现在我当年的同事很多人下岗了，找不到工作。国内现在很多大学生毕业都找不到工作，他们下岗的工人能找什么工作啊？如果没有很高的水平和资历，根本没办法跟大学生竞争。所以回想当初，很多人说我出国这步是走对了，其实我当时也是撞大运，刚出来的时候也吃了很多苦头。"② 20世纪 90 年代，国内体制内职工的收入水平较低，国内的经商环境竞争比较激烈，相比之下，出国务工经商的收入较高，这种较大的收入差距推动很多出国者下定决心到南非去闯荡。而对于农村非精英群体而言，他们的动力更加直接，彼时国内打工的收入并不高，因此，去国外务工经商的决心也更加坚决。

南非学者在研究中也提到，中国新移民利用迁移南非的途径，到南非最大化地实现他们的社会、经济、人力资本。③

"去南非当老板"是很多访谈对象在谈到将南非作为出国目的地的原因，对于缺乏高学历的农村非精英群体而言，"当老板"意味着社会阶层的提升，意味着自身可以实现比较自由的职业身份。在福州侨乡地区，移民的网络遍及东南亚、北美等地区。移民在出国前可以比较迁移到各个国家的生活，可以了解朋友、亲戚在其他国家的生活状况。因此，也就出现了不同的价值取向。虽然南非与其他国家相比，并不是一个经济发达，或者说特别理想的移居地，然而，南非所拥有的发展机会也是其他发达国家所比不上的。在发达资本主义国家，市场高度发达，法律完备，人才济济。来自中国的非精英群体很难进入发达国家的上层劳动力市场，只能选择去诸如餐馆等传统行业就业。因此，到南非"可以当老板"也就成了最

---

① 吴女士（服装批发店老板，1991 年到南非），2010 年 12 月 28 日，约翰内斯堡百家商城。
② 林月（服装批发店老板，1997 年到南非），2010 年 12 月 28 日，约翰内斯堡百家商城。
③ Edwin Lin, "'Big Fish in a Small Pond': Chinese Migrant Shopkeepers in South Africa," *International Migration Review*, Volume 48, Number 1 (Spring 2014): 181–215.

大的吸引力。

个案访谈：南非华侨华人工商联合总会会长庄先生①

庄先生出国前的职业是小学教师，由于收入比较低，他一直寻找机会出国。他最初的打算是去澳大利亚，因为手续难办，最后选择去非洲的博茨瓦纳然后转到南非做生意。

笔者："世界各地都有福清人，当时是什么原因促使您去南非？"

庄先生："最早我想去的是澳大利亚，因为我姐当时在澳大利亚。当时办澳大利亚的签证非常难，尤其是我们福建人，我送了两次材料去北京办理签证，都被拒签了。"

笔者："您当时是想要通过劳务输出的方式出国吗？"

庄先生："没有，就是旅游签证出去。"

庄先生："当时我办澳大利亚的签证，办了三四年办不下来。后来听几个朋友讲非洲的市场还可以，我们村里当时也有人去南非，当时一年能赚20万元左右，我那时在国内小学当老师，每个月工资400多元钱，一年5000元收入。5000元跟20万元相比是什么概念？所以我赶紧去办签证，当时南非的签证不像现在这么难签。我起先不是去南非，是先到博茨瓦纳待了几十天，但博茨瓦纳市场太小了，经商机会有限，所以我后来就转去南非。"

笔者："那你去之前知道南非治安不好吗？"

庄先生："1999年那个时候治安还可以。"

庄先生："中国人到外国想要做大老板，就要去新兴发展国家。那些去欧洲国家的新移民，看不起我们去非洲国家的人，认为非洲都是一些落后的国家，但这其实是他们不了解非洲。之前去北京参加'两会'的时候，有人知道我是从南非来的，问我一年的营业额多少，我跟他们说了一下，所有人都吓一跳。我们在南非做一年贸易的金额，他们在欧洲要做一辈子才能达到。"

福建的福清、连江等侨乡，侨胞分布在世界各地。这些地方的出国者

---

① 庄先生（南非华侨华人工商联合总会会长，兼任南非华人警民合作中心常务副主任，1999年到南非），2015年3月18日，福建省福清市融侨小区。

在出国前可以对迁移地进行横向比较，了解迁移以后所从事的职业、收入情况，寻找适合自己的发展方式。在调研中发现，迁移到南非的中国新移民，认为自己到南非是找到了一个可以"当老板、发大财"的机会。

"当时为什么来南非？这里机会多呀。我们福州地区有很多人偷渡去美国。其实中国人在南非的发展机会比在美国多。在美国，中国人一般是在餐馆打工或者做装修，做美国人不愿意做的体力活。在南非，中国人一般是开店，雇用黑人做体力活，中国人在南非能当老板，比在美国打工好。"①

笔者在福州市江镇的调查情况与严先生、庄先生说的一样，近些年江镇人主要迁移到南非、阿根廷、俄罗斯、匈牙利等国家。1990年以前该地区热门的移民目的地如日本、英国、美国等经济发达国家，已不再是出国者的首选了。而且在2000年以前，南非出入境限制并不严格，当时很多人通过旅游签证或者从南非周边国家辗转来到南非，移民成本不高，客观上为很多经济不是那么宽裕的人圆了"出国梦"。

没有高学历的迁移者，只要他们拥有吃苦耐劳的精神，在南非也可以看到发展的前景。"南非的人口比较少（5000万左右），中国人口有14亿，南非的竞争比中国小。"② 因此，有外国学者在研究中国移民为何进入南非时，用了"大鱼进入小池塘"的比喻，认为这些进入南非的中国新移民，避开了中国激烈的竞争，在这里找到了"用武"之地。③ 王春光在研究法国的中国新移民时也提到，温州、福州、广州一带的人都偏好当老板，"宁做鸡头，不做凤尾"，但在那里并不是人人都能当成老板。每个人都想主宰自己的命运，只是方式不一样而已。④

总体而言，中国新移民并非只为逃避贫穷的境况而来南非挣钱。他们当中有相当多的人，在国内拥有稳定的工作与收入。只是，为了更进一步地发展，他们选择了跨国迁移到南非，以实现自己更高的梦想。即便在中

① 小陈（批发店小老板，2008年到南非），2015年12月8日，福清市江镇。
② 曾贤（从事葡萄酒、通信产品生意，1997年到南非），2010年12月9日，约翰内斯堡伊登维尔。
③ Edwin Lin, "'Big Fish in a Small Pond': Chinese Migrant Shopkeepers in South Africa," *International Migration Review*, Volume 48, Number 1 (Spring 2014): 181–215.
④ 王春光：《移民空间的建构：巴黎温州人跟踪研究》，社会科学文献出版社，2017，第76页。

国已成为经济大国的今天，人们的发展机会也各不相同，因此，出国成了一些民众的选择。

（三）输出地的移民历史与传统

新移民的规模受移民历史及传统的影响。在侨乡地区，移民成为一种地区文化，民众向外迁移是一种习惯，侨乡民众只要选择移民，就会成为当地人眼中的"成功人士"。① 这样的迁移文化氛围不断推动当地民众向外国迁移。因此，近代中国人向海外迁移主要发生在广东、福建、浙江等沿海地区，目前新移民虽然扩展到一些大中城市，但具有海外移民传统的沿海地区仍然是新移民的主要输出地，在这些地区，地缘、血缘关系是移民的重要基础。一般来说，新移民的社会网络常常是在亲属关系和姻亲关系的基础上建立起来的，尤其在迁移过程中，亲戚和姻亲关系往往发挥着重要作用。移民相关信息、资源和社会支持的获得，大多依赖这类社会关系。

在福建省侨乡，出国务工以提升个人和家庭经济地位的流动已有数百年历史，并影响至今。福建侨乡地区的民众借助传统亲缘纽带的关系，通过"探亲""结婚""家庭团聚"等方式迁移到东南亚、日本、美国等国家和地区。近30年来，福建人也一样凭借家族网络的各种关系，通过各种正规或非正规的方式迁移到南非。如南非的中国新移民群体中，福建籍新移民的比例在30%以上，根据实地调研情况来看，这是一个典型的"连锁移民"例子。

林霖："我们村里人读大学的很少，我小学同班同学有60多人，但读大学的只有7个人，其他很多人早早就出国了。我大学刚毕业时并不想来南非，曾在福州、厦门等地找工作，但都没有找到满意的工作，所以后来就听从家里人的建议来南非跟着父亲做生意。"②

小陈："我们家族的人都在南非。他们来南非之前没有去过其他国家。他们来南非可能也是被'骗'过来的吧，呵呵。当时第一批来南非的人，有的人是要来南非，有的人是想通过南非中转去其他英联邦国家，因为以

---

① 周大鸣：《移民文化——一个假设?》，《江苏社会科学》2005年第5期。
② 林霖（小商品批发店老板，2009年到南非），2010年12月28日，约翰内斯堡百家商城。

前从南非去英联邦国家很容易，结果滞留在这边了。但是那批比较早来的人大部分都在南非赚大钱了。我爸大概是（中国新移民）第三批、第四批到南非的，他在这里站稳脚跟后，就把我们家族的人带过来，我们家族现在有一两百人在南非。"①

福清市江镇有数万民众迁移至南非，有些村庄因为在南非的新移民人数众多，在南非新移民圈子里颇有"名气"，如高村、礁村等，这些村庄有超过一半的村民在南非。他们有的人在约翰内斯堡的批发商城经营服装、电器小商品，也有人在南非的小镇上开设零售店、酒吧、加油站、面包店等。大家在生意上彼此关照，形成一个无形的商业网络。

笔者 2011 年元旦前往德班参加了一场婚礼，新郎、新娘都是福清市江镇人，其中新郎的家族是南非中国新移民中有名的"大家族"，新郎的父亲是南部非洲中华福建同乡总会的一个副会长。当时参与婚宴的宾客超过500 人，大多数是其家族各种关系的亲属。

陈秘书长："福建人在南非都是以家族网络为基础聚集的。比如陈家、庄家、林家在南非都是'大家族'。福建人出国是要看家族渊源的，大家都是有亲戚或认识的朋友在这里才会过来的。我当时也是有亲戚在这里才来的，不是盲目过来的。"②

在笔者的访谈对象中，福建人家族网络迁移的特征确实非常明显。如严力，他的妹妹、妹夫、舅舅等人都在南非做生意；曾贤来南非后，则将他的小舅子一家、侄女一家都带到南非；而来自江镇礁村、在德班经商的"陈氏家族"，则有数百人在南非。

梅西等学者考察想移民到美国的墨西哥人后发现：那些拥有海外移民亲戚或朋友的人，他们迁移海外的可能性更大；在某些国家，特定移民族群的存在极大地增加了相同文化背景的人们迁入的可能性。③ 迁移是不断生成网络的过程。在迁移过程中，迁入地与迁出地之间的移民网络一旦形成，就具有一定时期的自我延续性与稳定性，会不断地吸引新来的移民持续加入。而南非的福建籍新移民，也同样具有网络迁移的特点，大部分人

①　小陈（批发店小老板，2008 年到南非），2016 年 12 月 8 日，福清市江镇。
②　陈秘书长（南部非洲中华福建同乡总会、南非华人警民合作中心秘书长，2003 年到南非），2011 年 1 月 17 日，约翰内斯堡福建同乡会馆。
③　Douglas S. Massey et al., *Worlds in Motion*, Oxford: Clarendon Press, 1998.

是依靠与先行移民千丝万缕的关系而来到南非的。因为有亲戚朋友在南非，在迁移之前，即使迁移者对南非没有一个确切的概念，但都很明白自己前往南非可以"赚到钱"，当然，最重要的是，有人提供就业机会、有人接待，不至于在南非流离失所。建构在家族网络基础之上的跨国迁移，推动福建新移民数量的快速增加，并且促进了批发、零售商业的合作与拓展。较早来到南非的福建新移民会在约翰内斯堡批发商城从事批发生意，后来者要么在约翰内斯堡批发商城打工，学习经商技巧；要么到南非乡镇开店，从事零售。总结起来，南非的福建新移民有以下两个特点。

第一，福建新移民家族式连锁迁移的特点明显，从经商角度及社会信任层面来看，为了私人企业工作人员的稳定以及集资的方便，早期迁移的人愿意提供帮助，协助亲戚朋友前往南非。几乎所有在南非的福建籍新移民，他们在南非都有亲戚或关系密切的朋友，其借助网络迁移的特点相当明显。网络迁移说明新移民大量牵引后来者迁移的情况并不是特例。在国外的亲人或朋友也都认为帮助后来者责无旁贷，李明欢将这个关系网络称为"侨乡社会资本"，即侨乡通过已定居移民、信息网络和人情互惠提高移民操作的成功率及获益率的能力，是一种社会资本。[①] 南非中华福建同乡会侨领等人在同笔者的交流中，都发表了经过长年观察的类似看法。此外，有些早期移民的人因为生意规模扩大，需要人手，也会将信息传达到国内，积极动员国内的亲戚、朋友乃至同乡出国。

许先生，福清人，在比勒陀利亚开店。许先生出国前曾在福清市政府部门工作，但因为收入太低，1999 年辞职来南非做生意。他认为："福清人在南非经商能成功的原因有几个。一是福清人有很多亲戚在南非，要不然他们这个群体文化程度那么低，又不懂英语，怎么能生存下来呢？就是因为有强大的亲戚网络在这里。一般不会英语的福清人过来，他们会先在亲戚店里面工作几个月，熟悉当地的环境、法律，学会开车以后，他们再找店面自己独立做生意。福清人很多人是家族式经营，靠着亲戚网络，才能在这里把生意做大。……"[②]

跟随亲戚朋友到国外，先在熟人店里打工、学习，积累资本后再自己

---

① 李明欢：《"侨乡社会资本"解读：以当代福建跨境移民潮为例》，《华侨华人历史研究》2005 年第 2 期。

② 许先生（零售店老板，1999 年到南非），2010 年 12 月 28 日，约翰内斯堡百家商城。

开店。虽然很多新移民在来南非之前并没有从商的经验，但他们互相帮助，建立起一个类似于"职业培训"的模式，帮助后来者进入商业领域。

2017 年笔者前往福清市都镇调研的时候，当地村民告诉笔者，现在去南非打工，老板会帮忙解决路费、签证等费用问题，条件是要求出国者在老板店里至少工作两年。

"村里有很多人去南非开店做生意。由于缺少看店的帮手，在南非开店的老板会返回家乡雇用同乡人去南非工作，每个月工资 5000 元左右，前往南非的费用由老板支付，但要签订协议，至少在老板店里工作 3 年。"①

对于老板而言，从家乡招聘员工进入南非的费用并不高，每人三四万元即可。因此，回家乡招聘员工是一个低成本的好办法。对于新移民而言，在陌生的国度里，有了落脚之处，还可以学着适应南非的经营环境、生活环境。适应之后，再找机会独立发展，这是一种双赢的方式。

第二，福建籍新移民总体比较团结。福建籍新移民文化程度普遍较低，很多人的文化程度在初中以下，绝大部分福建籍新移民无法用英语进行日常的交流，因此，他们出国前后均需要国外亲人、朋友的照顾，对社会网络会更加依赖。

重视家庭、家族关系是中华文化的特点之一，费孝通认为，中国传统社会的伦理结构是差序格局，即"社会关系是逐渐从一个一个人推出去的，是私人联系的增加，社会范围是一根根私人联系所构成的网络"②。因此，当家族中有人因为迁移海外而获得经济成功后，他也会积极帮助本家族的人和关系亲近的朋友往外迁移。费孝通说："中国传统社会的差序格局不像西方社会的团体格局那样有一个适合所有人的普遍的道德标准，它的道德是个人化的，视其所施对象与己关系如何而加以伸缩。"③福建籍新移民这种亲帮亲、不断拓展的移民网络，正是这种差序格局的典型例子。

钟记者："福建人特别团结，亲戚、老乡之间互相帮忙，因此能一起发展、富裕起来。这是别省的人无法比拟的。比如说有些省的新移民每个个体的实力都很强，大家在国内都有各自的商业网络，所以彼此之间就不

---

① 陈荣（零售店老板，1999 年到南非），2017 年 8 月 10 日，福清市都镇。
② 费孝通：《乡土中国》，三联书店，1985。
③ 转引自庄国土等主编《世纪之交的海外华人》，福建人民出版社，1998。

能像福建人那么团结互助。"①

林云："福建人很团结，他们只要有一两个人来到南非，就可以把整个家族、整个村庄的人带出来。虽然福建人内部为了自己的利益竞争很激烈，但他们对外很团结。"②

亲属关系网促进了南非中国新移民的增加。不论是血缘亲属还是姻缘亲属，总之，每一个福建籍新移民进入南非，就意味着将来会有一批亲属跟着来。这种家庭连锁成串出国的方式，已经在南非社会上产生了一系列的影响。例如，福建福清人在南非乡镇以家族网络为基础在区域零售市场"一枝独秀"；福建新移民自始至终与家庭网络和宗亲关系维系在一起，并定居在其亲戚或社会关系网所在地，因而影响了他们与南非当地人的社会交往与沟通，与当地人的隔离状态可能会一直维持下去。"社会关系网络"从中国新移民的迁移开始，到发展、拓展商业，一直起着重要的作用。

除了从中国迁移到南非需要社会网络的帮助，在南非内部迁移，社会关系网络也同样重要，亲戚、朋友在其中起了重要作用。如，有被访者说想去开普敦工作，因为那边的治安比约翰内斯堡好。但因为她在开普敦没有认识的人，只好作罢。这反映了中国新移民即使在南非，要实现南非不同区域的迁移，也需要社会网络的支持。

无论是南非历史上的华工，还是 20 世纪 70 年代的来自中国台湾的移民，以及 20 世纪 90 年代以后来自中国大陆的新移民群体，他们进入南非都有一些共同的特点。如，南非社会对中国劳动力或中国商品的需求，早期是南非殖民地发展的需要，而后则是南非社会经济发展的需求。与此相对应的，是南非政府移民政策的开放。从移民个体来看，过去 100 多年迁移到南非的华侨华人，大部分是出于经济动机而迁移到南非。

当然，这三个阶段的中国移民也存在一些不同。近 30 年的中国大陆新移民群体相较以往的移民，群体更加多样化。从受访者群体来看，既有接受过高等教育的高学历者，也有连普通话都说不好的农民；从历史视角看，华侨华人进入南非的迁移类型经历了从生存型迁移到发展型迁移的转变；从职业来看，20 世纪初华人在南非主要从事矿场工作，如今，中国新

---

① 钟记者（某华文报社记者，2003 年到南非），2010 年 12 月 31 日，德班。
② 林云（中国城小商品批发店老板，1985 年左右到南非），2011 年 1 月 5 日，约翰内斯堡中国城。

移民群体在南非以经商为主，是中国与南非贸易往来的中坚力量。

在西方国际移民理论中，国际移民的跨境迁移路径、异域谋生策略以及自我认同取向是最受关注的三大要点。在此笔者拟结合南非华人社会实例，反思若干经典理论模式。

首先，从经济全球化的角度来看南非的中国新移民。全球化主要是指经济全球化，而人力资源全球化是经济全球化的重要组成部分，国际移民作为人力资源在世界范围内流动的一种实现形式，有效地促进了人力资源的全球化。① 南非的中国大陆新移民是世界移民大潮的组成部分。科尔曼在研究中说："理性行动是为达到一定目的而通过人际交往或社会交换所表现出来的社会性行动，这种行动需要理性地考虑（或计算）对其目的有影响的各种因素。但是判断'理性'与'非理性'不能以局外人的标准，而是要用行动者的眼光来衡量。"② 从具体的迁移动机来看，无论是迁移南非费用便宜，还是发展机遇多，南非中国新移民的迁移选择都体现了迁移者的"理性"分析。

其次，中国新移民从中国到南非，在出国和入境方面都有特定的背景。出国方面的背景，可以由"推力"和"拉力"这两种因素来解释。"拉力"来自南非所提供的发展机会、社会结构和经济结构状况；而"推力"取决于中国国内的政治、经济状况。南非的中国大陆新移民群体的构成，从社会学和经济学的角度来看都是多样化、多层次的。新移民具有不同的受教育程度、职业、技术专长和工作技能。

最后，中国新移民尤其是福建籍的中国新移民，他们移居南非的特点，从一开始就像网络一样，一拉一大串。通过新移民的家庭成员和亲戚朋友，把南非谋生的信息传给留在家乡的人，靠宗亲网络的帮助和提供的方便，新移民一批又一批地来到南非。如果没有广泛的宗亲网络提供信息和支持帮助，新来者无法短时间内在南非立足。移民网络是中国新移民近30年大量迁移南非的机制之一。

---

① 李明欢：《西班牙华人社会剖析》，《华侨华人历史研究》2016 年第 2 期。

② J. S. Coleman, *Foundation of Social Theory*, Cambridge, MA: Belknap Press of Harvard University Press, 1990, p. 20.

第四章　中国新移民商人在南非的经济适应

本章主要介绍中国新移民商人 1990 年以来嵌入南非经济的过程，并归纳其经济活动的特点。从迁移时间来看，怀揣发财致富梦想的中国新移民进入南非也不过 30 多年的历史，但对他们而言，在这 30 多年的时间里他们经历了南非社会经济的转型，有人通过嵌入南非当地的经济结构而顺利实现致富的梦想；也有人因跨文化适应不良而血本无归。在南非经商的中国新移民，主要集中在批发零售行业，商业同质性强，并且比较依赖家族关系网络。

第一节　中国新移民商人嵌入南非经济的过程

2010 年，中国驻约翰内斯堡总领事馆对南非华商进行调查，调查结果显示，该群体中有 30% ~40% 的人经营批发贸易；约 50% 经营小商品、鞋帽、餐馆等零售生意；10% 左右经营 1 亿兰特（南非货币单位）以上的大生意，这些人主要在南非设有工厂、矿场和公司。[①] 从调查数据看，2010 年有约 90% 的新移民商人在南非从事批发零售行业。这个就业结构至今没有太大的改变，在南非经商的新移民是南非中国新移民的主体，具体来

---

① 《透视华商海外的奋斗历程 给世界带来了什么？》，中国新闻网，http：//www. chinanews. com/hr/news/2010/04 - 01/2203180. shtml。

说，他们主要从事以下几个行业。

第一，批发零售业。由于中国制造的小商品在全球具有较大的价格优势，迁移到南非的中国新移民普遍选择从事进出口贸易和批发零售，主要经营范围集中在箱包、鞋帽、服装、小电器、化妆品、礼品等日用消费品方面。由于南非及其周边国家的轻工业不发达，中国制造的小商品在当地的销路极好，新移民商人依靠销售中国商品在南非积累了财富。第二，餐馆、酒吧等餐饮业。中餐馆是海外华商从事的传统行业，不少来南非创业的新移民也选择餐饮业作为起点。南非现有大小中餐馆 200 多家，大部分集中于约翰内斯堡唐人街和各华人批发商城。① 其中，中餐馆主要面向华侨华人提供餐饮服务；酒吧则主要面向南非当地的消费者。据调研了解，酒吧的利润高于中餐馆，但酒吧主要分布在黑人生活区，治安风险也更大。第三，加工制造业。随着在南非居住时间的增加，中国新移民逐步突破单一的经营范围，从贸易转向实业，涉及行业主要包括纺织、鞋帽、建材加工等。为了享受南非的税收优惠政策，一些华商在当地投资设厂，进行实业制造的尝试。第四，房地产开发。随着中国新移民自身经济资本的增加，在熟悉南非环境的基础上，一些新移民开始投资传统行业，如廉租房建设、酒店公寓、货运、矿场等领域。第五，中国—南非的跨国贸易。一些华商在进出口贸易的过程中发现了商机，进军南非的葡萄酒、保健品市场，并将这些产品销往中国。

虽然中国新移民在南非涉足的商业领域不少，但从比例来看，从事批发零售业的人数最多，他们在南非各省的空间分布最广泛，与当地民众的互动最多。在实际经营过程中，中国新移民商人的经营内容经常发生改变，并且有诸多因熟人社会关系网络而进行的跨行业"参股"合作行为。如乡下某零售店的老板，可能入股约翰内斯堡中国商城里亲戚朋友开的批发店；也可能因为朋友开厂而入股，或者参与南非红酒的跨国生意等。本节以南非中国新移民中的批发零售从业者为例，因为这个群体最具代表性，即使是现在那些资金雄厚的批发商城老板，大部分人也有从事批发零售的经历。此外，这个群体与南非消费者的互动较多，对他们进行研

---

① 原品品：《当代非洲华商的发展战略探析》，《东北师大学报（哲学社会科学版）》2011 年第 2 期。

究，可以展示过去 30 多年该群体对南非商业环境的适应过程。

一　1990～2000 年：供不应求

20 世纪 90 年代初期迁移南非的中国新移民，见证了一个尚未开发的巨大消费市场，当时的南非对中国商品需求极大，1992 年至 1993 年，甚至出现了供不应求的盛况，第一批来到南非的中国新移民抓住商机，在这里创造了许多财富神话。

按照进入南非的时间，南非的中国新移民可以分为三批：（1）1990 年至 20 世纪 90 年代中后期的中国新移民，主要来自上海、浙江、江苏、广东等地。这一批进入南非的中国新移民大多与中国台湾的工厂、贸易、农业有些关系。这些人现在有些已经成为约翰内斯堡地区的大批发商。（2）20 世纪 90 年代中后期至 2010 年进入南非的中国新移民，主要来自中国各地，其中东北三省和福建省较多，这个群体也已经建立起广泛的商业网络，并涉及矿业、制造业等领域，以及南非周边国家的进出口贸易。（3）2010 年后进入南非的中国新移民，主要来自福建省福州市农村地区。因为约翰内斯堡的批发零售业已经饱和，为了发展，后来进入南非的中国新移民陆续分散到南非各省的乡镇去寻找开店的机会。

（一）"上海楼"的"暴富神话"

在南非的中国新移民群体中，来自上海的新移民是公认最早踏足南非的中国大陆新移民，如果按群体的平均经济实力来看，该群体如今也是南非中国新移民中平均经济实力最强的群体。20 世纪 90 年代初，以上海的新移民为主，还有小部分浙江人、福建人，一起在南非创造了关于"上海楼"的传说。就是这个"上海楼"，使"南非遍地黄金"的传说不胫而走，创造了一个南非"暴富神话"。

在回顾南非中国新移民的发展历程中，很多访谈对象提到希尔布罗（Hillbrow）街区以及"上海楼"。希尔布罗街区是约翰内斯堡市中心的第一条"唐人街"，曾经有南非老侨和来自中国台湾的移民在此经商开店。因此，作为中国大陆移民最早来到南非的上海人，就将希尔布罗街区当成在南非的第一个落脚点。

"1990 年初，上海新移民在约翰内斯堡的落脚点是希尔布罗街区的一座 6 层楼高的公寓，因为这里居住的上海新移民人数多，邻居之间经常用上海话交流，这幢公寓被当时的新移民称为'上海楼'。我记得 1992 年或 1993 年，上海的报纸曾刊登一篇关于上海人在南非摆地摊谋生的报道，当时还特别提到了这座楼。"①

1993 年以前，来自上海的中国新移民就敏锐地发现了南非小商品市场的潜力，在到达南非后迅速地适应当地市场需求，贩卖各种日用小商品。"20 世纪 90 年代初，有很多上海人来南非淘金。当时新来的上海人，都住在希尔布罗街区，挤在邻居、朋友、同事的公寓里，让前辈稍微指点一下，两三天后就在大街上找个摆摊点，之后，便开始了摆摊事业，而这些摊商的进货处就在'上海楼'。"②

当时的约翰内斯堡并没有专门的批发商城，来自上海的新移民就把自己居住的公寓用来存放货物，并进行批发销售。"随着抵达南非的新移民人数的增加，一些早期到达、具有精明商业头脑的上海籍新移民就在自己住的公寓楼里开起了批发店。'上海楼'的公寓面积并不大，如两房一厅的公寓，两个房间既用来当卧室，也用来做仓库，客厅则充当店铺门面做生意。刚开始上海人批发的货品以电子表为主，后来逐渐拓展到服装、鞋帽、箱包、小电器等品种。随着楼里批发店一天比一天多，老板又差不多都是上海人，'上海楼'就从原先的居住性质慢慢变成了商业性质，并推动了该幢公寓的市场行情，一些原本租不出去的公寓，在上海籍新移民商人的影响下，一下子变成了抢手货，导致公寓一房难求。"③

"当时大陆来的新移民非常勤劳，白天摆摊，晚上进货。每天晚上七八点是摆摊者补货的高峰期，上海楼里十几个批发店里个个人满为患。最忙碌的时间是星期四晚上，楼里挤满了人，这些摆摊人要在当地人星期五发周薪前补足新货，以便在周末多赚点钱。"④

1993 年以后，随着来自中国大陆的新移民人数的增加，批发店的品种越来越齐全，批发商的生意也越来越好。这些经营批发店的上海新移民就

---

① 周女士（批发店老板，1992 年到南非），2010 年 12 月 19 日，约翰内斯堡百家商城。
② 唐先生（经营商业房地产，1992 年到南非），2010 年 12 月 17 日，约翰内斯堡东方商城。
③ 吴女士（服装批发店老板，1991 年到南非），2010 年 12 月 28 日，约翰内斯堡百家商城。
④ 周女士（批发店老板，1992 年到南非），2010 年 12 月 19 日，约翰内斯堡百家商城。

像国内第一批下海经商者那样，迅速地富了起来，被中国新移民称为"南非第一代新移民暴发户"。

虽然"上海楼"在中国新移民进入南非的起步阶段起了重要的作用，然而，随着中国新移民群体的增加，以及 1994 年种族隔离制度废除以后，大量黑人进入市区，约翰内斯堡市中心治安状况恶化，中国新移民逐渐搬离"上海楼"，搬离希尔布罗街区，寻找新的商业据点。

周女士说："1994 年后，由于约翰内斯堡市中心治安恶化，'上海楼'里有几个批发店遭到持枪匪徒上门抢劫。于是，中国新移民商人开始寻找比较安全的地方，上海楼各批发店主也逐渐向约翰内斯堡的东部郊区转移。1995 年以后来到南非的中国新移民，基本上不会到希尔布罗街区，南非上海商人的发家之地'上海楼'也就成为一个'传说'了。"①

中国大陆新移民跟随港台移民先行者的步伐，逐渐向西罗町（Cyrilldene）转移。1996 年，约翰内斯堡东区西罗町的中国美食街逐渐兴旺起来后，那些从"上海楼"里转移过来的批发店主选择将这里作为新的批发中心。西罗町原来就有来自中国台湾、香港地区的移民开的华人超市，以及广东老侨开的中餐馆。上海新移民批发商将批发店开在西罗町附近，可以让来西罗町的中国超市买菜的客人路过时，顺便看看新货和补货，这些批发店的主要客户是在南非各省市和周边国家开店的店主。

就这样，从 20 世纪 90 年代初期的"上海楼"，到 90 年代中后期的西罗町街区，中国新移民商人在南非不仅扩大了活动范围和商业活动空间，还带动了西罗町唐人街的发展。在这些新移民的影响下，如今的西罗町拥有 140 多个店面，除了少数几家香港、台湾人经营的店铺外，其余均为来自中国大陆的商人开设，包括超市、酒楼、宾馆、网吧、发廊、数码产品店等。其主要面向南非华人消费者，当然，南非当地人也会被吸引过来消费。2005 年底，西罗町被正式注册成唐人街，是非洲的第一条唐人街，也是世界上最年轻的唐人街。2013 年 10 月建立了唐人街牌楼，居住在唐人街周边社区的华人已达 6 万人之多。

"上海楼"如今虽已不复存在，但是当时发展起来的上海新移民，如今在南非华商群体中仍拥有很强的经济实力和影响力。而且该群体英语水

---

① 周女士（批发店老板，1992 年到南非），2010 年 12 月 19 日，约翰内斯堡百家商城。

平比较高，有不少人将子女带来南非接受教育。

（二） 流动摊贩积攒原始资本

几乎每个在 2000 年以前来到南非的中国新移民都做过"流动商贩"，这种小本经营是很多新移民财富积累的起步阶段。

唐先生："1992 年我刚来约翰内斯堡的时候，当时没有店面，要去布鲁玛（Bruma）跳蚤市场（flea market）外面摆摊。跳蚤市场只有每周星期日开一天，总是人山人海。当时我没车，星期六晚上就要提前出发去马路边抢位子。周日早上跳蚤市场营业了，我就打开身上背着的箱子，主要卖打火机和电子表。当时卖的东西虽然不多，但利润还挺高的。"[1]

南非的跳蚤市场是一个商品丰富的交易场所，它采用的是一种简便的交易方式。20 世纪 90 年代初南非的马路市场管理十分松懈，只要手头有货，谁都可以在马路边摆摊叫卖，这为中国新移民提供了很大的方便。

江镇小陈说："以前南非的钱真的很好赚，现在不行了。1998 年那时候，我身上背着手表到处卖，那个时候周末一天都能赚 1000 美元呀！现在不可能有这种高利润了。"[2]

林月："我是国内大专毕业的，有点英语基础，但刚来的时候口语不会讲，来到南非的时候才补课、学讲英语的。刚来南非的时候，我有两三个月没事情做。当时看到周边的朋友不管是开餐馆还是卖小商品的，反正都在经商，而且利润都很高。我当时的语言能力、阅历也不适合去公司工作。所以我朋友建议我从销售做起，就是去做推销，等产品卖出去了以后再继续拿货，这样就不会积货。尝试了做销售以后，我感觉钱还是比较容易赚的，虽然跑推销比较辛苦。当时我是早上拉着一车东西去卖，晚上才回家，很辛苦。后来听说百家商城有店铺，我就来开店了，那已经是 1998 年的事了。当时（2000 年前后）只要你能吃苦，在街上摆摊都能赚到很多钱。只要肯努力，都可以凭借自己的双手在这里赚到钱。"[3]

马路流动摊贩是 20 世纪 90 年代中国新移民在南非经商的一个缩影。国内盛传的中国新移民在南非摆地摊就能发家致富的故事，就是这一时期

---

[1] 唐先生（经营商业房地产，1992 年到南非），2010 年 12 月 17 日，约翰内斯堡东方商城。
[2] 小陈（批发店老板，2008 年到南非），2010 年 12 月 8 日，约翰内斯堡香港城。
[3] 林月（服装批发店老板，1997 年到南非），2010 年 12 月 28 日，约翰内斯堡百家商城。

中国新移民在南非经商的缩影。正是从流动小摊贩做起，靠着顽强的斗志与吃苦耐劳的精神，中国新移民逐渐在南非零售市场积累经验，站稳脚跟，寻求进一步发展的机会。

20世纪90年代初进入南非的中国新移民，出国前可能是工人、教师、学生或农民，从未有过经商的体验。但是到达南非后，他们走上了经商之路。中国新移民小商人每天带着各式各样的中国货，走遍约翰内斯堡的大街小巷、跳蚤市场寻找买主。许多刚来不久的新移民不懂英语，他们就利用随身携带的计算器与顾客谈价格，再通过肢体语言比比画画，与顾客进行沟通。就这样简单的买卖，生意也很兴隆，利润极高。经历了这走街串巷的小买卖阶段，在中国新移民商人与南非本地人直接接触的基础上，中国新移民逐渐了解南非消费者的偏好，南非人也逐步认识和接受了中国制造的商品。中国商品逐渐进入南非普通百姓的生活，一个新华商群体的雏形已在南非出现。

吴女士："1995年，约翰内斯堡市中心各条大街上的中国商店像雨后春笋般冒了出来，市中心的几条最热闹的商业街，已开始有中国字的店招和中国大陆新移民的店。"①

这一时期的经商积累，使中国新移民商人了解到，南非每年的商业旺季有4次，即12月的圣诞节和4月的复活节，以及冬季的来临和夏季的开始。圣诞节是最繁忙的商季。南非工薪族领双薪、奖金，忙着张罗度假和拟订购物清单的时候，是商家最为忙碌的旺季。据吴女士描述，在20世纪90年代华商生意兴旺的时候，进口批发商从11月上旬就忙碌起来，准备圣诞节的各种货物。

旺季中，一些中国新移民开的商店从清晨5点一直营业到晚上7点，周末、节假日都不休息。在约翰内斯堡的中国批发商，给自己规定一年只休息3天，圣诞节2天，元旦1天。而一些在郊区"外围"开零售店的中国人一天也不休息，一年365天，天天守着店。他们通常在店的上方搭块铺板，店就是家，家就是店。中国商人就是这样全年无休、以店为家，经营着自己的生意。

从访谈者的回忆来看，20世纪90年代初至2000年是中国新移民

---

① 吴女士（服装批发店老板，1991年到南非），2010年12月28日，约翰内斯堡百家商城。

商人在南非"最美好的时代",因为那时经商利润高,商业环境也比较好。无论是从事批发生意的上海籍新移民,还是从事流动摊贩生意的其他省籍移民,在这一时期在经济方面都获得了回报。为何中国新移民能在 20 世纪 90 年代创造"南非暴富神话"?笔者认为有以下几个方面的原因。

首先,南非社会的日用消费品需求量大。1994 年新南非建立后,轻工业商品严重匮乏,为了发展经济,南非政府开放市场,采取积极手段吸引外商外资,为舶来品提供了充分的市场。然而,由于历史上长期的种族隔离,南非贫富分化非常严重,基尼系数高达 0.6,大部分黑人处于较为贫困的境况之中。由于社会上存在庞大的贫困人口,南非民众的购买力呈现两极分化,价格昂贵的欧美产品占据着高端的白人消费市场,社会上缺乏价格低廉的日用商品。与此同时,中国改革开放后轻工业迅速发展,轻工业商品丰富。这些物美价廉的中国商品亟须寻找新的市场。于是,中国生产的各类产品,从打火机、电子手表到电视机,从服装、鞋类到玩具、饰品、化妆品,大多因款式新颖、美观实用、价格低廉而受到南非中下层消费者的青睐。来自湖北的吴女士说:"与南非原本市场上流行的欧美制造的产品相比,中国商品对于南非人来说太便宜了,中国商人只需批发中国制造的货物然后低价出手,资金周转很快,利润也很高。"[1] 中国物美价廉的日用生活商品,在满足南非中下阶层消费需求的同时,也铺就了中国新移民在南非的创业之路。

其次,中国新移民商业意识敏锐,准确捕捉到南非中下层消费者的需求。早期南非中国新移民主要来自上海、浙江、江苏、广东、福建等地,在改革开放中已经培育了敏锐的市场意识。同时,这些地区轻工业发达,新移民商人可以轻易找到合作厂家。在具体的经商过程中,中国新移民商人会根据南非消费者的特点,如南非人领取的是周薪,他们就在周四补齐新货,以便在周末有好的销量;有些南非人喜欢零售,中国新移民商人就把香烟一支一支拆开卖,这样的利润反倒更高。中国新移民商人捕捉到了南非消费者的需求与购买习惯,在南非创业的道路上,把握住南非社会中涌现的种种商机,顺利实现财富积累的梦想。

---

[1]　吴女士(服装批发店老板,1991 年到南非),2010 年 12 月 28 日,约翰内斯堡百家商城。

最后，20 世纪 90 年代南非市场竞争相对不激烈，中国新移民人数比较少，中国商品处于供不应求状态。据李会长介绍，1992 年，约翰内斯堡大约有 50 个中国大陆新移民，大家一起住在希尔布罗街区附近，互相合作，创造了当时的摆地摊致富"神话"。1993 年，南非中国新移民也就几百人，竞争不激烈，而南非消费者的购买力较强，因此，这是一个供不应求的阶段。对中国新移民商人来说，销售策略、方式并不重要，关键是手里要有货。

"上海人主要是 1990～1995 年来南非的，他们来南非的时间最早，赚的钱比较多，那个时候中国人少，钱比较好赚。1993～1996 年这段时间，摆地摊有时候一天（节假日）都能赚两三千美元呀！批发商的利润就更不用说了。我有几个朋友，他们是新移民中第一批做进出口生意的。那时候找他们进货不能挑挑拣拣的，而是他们有什么货就给你什么货，而且进货的人还要早点去排队，去晚了还拿不到货。那个时候，随便从中国拉一个货柜的货来南非，都能卖掉。"① 曾源说起来也颇为感慨。改革开放后迅速发展的中国制造业，为中国新移民跨国贸易提供了丰富而有价格竞争力的产品，帮助他们立足南非市场。

二　2000～2010 年：快速发展

2000～2010 年，南非中国新移民的人数迅速增加，从 20 世纪 90 年代初期的数百人增加到 30 万人左右。其中，来自福建省的新移民人数增加最多，约占南非中国新移民群体总数的 1/3。随着新移民规模的扩大，华商在南非的经商，经历了一个从"暴利"转向到"毛利"的阶段；与此同时，中国新移民商人经商的地理空间不断拓展，从约翰内斯堡逐渐拓展到周边"乡下"地区，再遍及南非 9 个省。南非经济中心城市约翰内斯堡的经商成本不断上升，店租飙升，批发零售业的利润逐年下降。中国新移民商人出现了分化，随着批发零售市场竞争日趋激烈，一些商业意识敏锐的新移民商人在此仍然能够获得大幅度的经济回报，而另一些对南非消费者市场缺乏深度了解的人逐渐被市场所淘汰。

---

① 曾源（批发店老板，1995 年到南非），2010 年 12 月 7 日，约翰内斯堡百家商城。

笔者访谈了 1999 年到南非，并且在短短几年就获得巨大商业成就的庄先生，从他的访谈内容中笔者了解到南非 2000～2010 年这一时期经商环境的基本状况。

个案访谈：南非华侨华人工商联合总会会长庄先生①

笔者：从生意发展机会看，现在在南非做生意会比以前更难吗？

庄先生：从生意角度看，现在当然更难做，因为国际经济环境不好。而且我们中国人做生意有个不好的现象，就是喜欢扎堆，形成一个恶性竞争，不像其他国家的人过去，你干这一行，他干另外一行，人家是遍地开花。我们是一个人开连锁店，所有人都开连锁店，一个人做酒吧，所有人都做酒吧，经商模式很单调。所以大家发展空间都不大。

笔者：你当时去南非的启动资金大概有多少？

庄先生：我当时没什么钱，1999 年总共就筹借了 1 万多美元，按照当时的汇率，换了五六万兰特。现在的年轻人去南非经商，启动资金要 100 万～200 万兰特，才能稍微做一些事情，带着几十万兰特过去，做事都很难。我当时去南非，运气很好。我总共就带了 1 万多美元，找店就花了几个月时间，1999 年那时找店就不好找，后来勉勉强强盘下一家店，那个地方也并非很理想，好几个人叫我不要接手那个店面，但我当时确实有点急了，想赶紧安顿下来。

笔者：为什么着急？

庄先生：确实很急啊！没有收入，每天看着国内带来的钱缩水，非常焦虑。我原来在小镇开的那家店，接手之前已经有两个中国人开这个店，因为亏本而转手，所以当时就有很多人劝我不要接手。可是我又找不到别的店，我着急，想要先稳定下来，先挣到生活费，再慢慢想办法。当时手里总共 5 万多兰特，租店交了押金，去了 1 万多兰特，简简单单装修一下又去了 1 万多兰特，剩下差不多 3 万兰特，进货的时候找朋友赊一些。第一次进了 5 万多兰特的货，一车都拉不满。货拿回来，我的店就开业了。可能命运对我还是比较眷顾的，我记得非常清楚，开业第一周的星期四、

---

① 庄先生（南非华侨华人工商联合总会会长，兼任南非华人警民合作中心常务副主任，1999 年到南非），2015 年 3 月 18 日，福建省福清市融侨小区。

星期五、星期六 3 天，我就卖了 2 万多兰特的货，销了快一半的货。当时的利润很高，经常是 50% 以上的利润，3 天卖了将近一半的货，所以我就又赶紧进货。从那天开始，我那家店的生意一直非常好。后来我要去约翰内斯堡做批发生意，还有点舍不得卖掉那家店，别人出再高价格我都不舍得卖。后来我一个堂哥去南非，我就把店转让给我堂哥，毕竟这是我发家的起点，非常有感情。

笔者：你在镇上经营了几年？

庄先生：我在小镇做零售店 7 年，2004 年就在亲戚的批发店里入股做批发，真正去约翰内斯堡做批发是 2006 年。

笔者：以前开店的那个小镇治安怎么样？

庄先生：以前我开店的时候还可以，现在治安一年不如一年了。

笔者：当时在小镇上听到发生治安案件你会不会怕？

庄先生：会怕，但也没办法。跟其他国家不同，在南非经商，虽然生活都过得很舒服，但安全方面真的是一个非常大的隐患，所以从 2010 年开始，我就陆陆续续往其他国家跑，想移民到一个安定的国家。我跑了不少的国家，发现社会安定的国家做生意的环境都不行，比如澳大利亚、新西兰，从市场、购买力，到消费能力，都不行，后来我又回到南非去了。

笔者：你以后还会尝试去寻找新的市场吗？

庄先生：像澳大利亚、新西兰生活环境、社会治安真的很好，我去了很多国家，当时就是抱着移民的态度去，我最喜欢的国家还是新西兰，但是它做生意的环境不行，我也去市场上观察了一下。比如开一家超市，它的营业时间段我就受不了，营业的时间太长了，早上九点多十点开门，要营业到晚上十点，这个时间段我就不能忍受。一旦开店，你就什么事情都做不了。我也去当地的批发市场逛，有中国人在那边做批发市场，基本上是老板亲自搬货、管理，因为这些发达国家的人工成本太贵了，生意又做得很小，新西兰才 400 多万人口。澳大利亚也不行。做生意还是南非好做。

笔者：东欧国家你有考察过吗？

庄先生：没有，但我看过东欧国家的发货量，不如南非。其实中国新移民想要把生意做大，只有去发展中国家、新兴国家才有机会。去发达国家只能给人家打工。

庄先生：上一任的国侨办主任当时给我们南非华侨华人做了一个总结，南非是中国新移民人数增加最快的地方。2000 年之前，我们中国人在南非很少，2000 年之后人数一下子增加了，10 年时间增加到三四十万人。同时，南非也是中国新移民资金积累最快的国家，个人财富膨胀最快的国家，而且南非华侨华人是最团结的。南非现在最主要的问题就是治安问题，但治安问题在短时间之内是改变不了的。

庄先生比较了南非和新西兰、澳大利亚等多个国家的市场状况，认为南非的发展机会还是最多的。当然，随着南非经济发展放缓以及中国商人增多，在谈及经商状况时，除了庄先生，其他人也提到 2010 年后的经商利润远远不如 1990～2010 年那段时间。

梁记者："现在的南非大约有 30 万新移民居住。以我个人经历，再偏僻的小镇也有中国人在那儿开店。"[1] 分散在南非 9 个省各乡镇的中国小商人，将中国商品与南非消费者连接起来。而批发商城的老板们，则将中国工厂与南非零售行业连接起来。

江苏南通的黄英在约翰内斯堡百家商城中有一个 80 平方米的门面，主要经营南非妇女民族服装。黄英一年从中国进口 30 万件南非民族服装，据他介绍："一件进货 20 兰特的衣服，批发到南非，扣除运费、关税、租金、人工成本，至少赚 20 兰特，也就是有 100% 的利润。"

但钱也不是从天上掉下来那么容易，黄英也说："批发商城中发财的人多，收拾包袱走人的也不少，做民族服装要特别了解南非人的喜好，对于每年的流行风格要十分敏锐。万一捕捉不到南非消费者的喜好，一个货柜就是 10 万件，有时真是无人问津，能亏得血本无归。"[2]

随着从事商贸的中国新移民人数增多，批发零售行业的竞争日益激烈。在访谈中，笔者听到一个个激动人心的暴富神话和成功故事。中国新移民凭借中国制造优势，迅速成长为南非民用品市场的主导者。中国新移民在南非的经营模式概括起来就是"中国制造＋南非销售"，将中国与南

---

[1] 梁记者（南非某华文报社记者，2005 年到南非），2015 年 12 月 15 日，浙江省义乌。
[2] 黄英（开发批发商城、兼营服饰批发店，1999 年到南非），2010 年 12 月 22 日，约翰内斯堡中国商贸城。

非各自的优势结合起来。至今南非中国新移民已建立起了自己的进货和销售网点，建立起诸多以"中国"命名的商城。在约翰内斯堡市西南部 N1 路 2 公里长的路段中，有几个中国新移民开发的批发商城排列在一起，分布是中国城（China Shop）、中国商贸城（China City）、非洲商贸城（China Mall）、中非商贸城（Afrifocus Center）、香港城（Dragon City）、百家商城（China Mart），6 个商城齐聚一区域，主要经营中国生产的服装、鞋帽、小家电、床上用品、日杂小百货。这些批发商城内部跟国内的服装批发市场差不多，店铺内外挂满了中国制造的服装、箱包、食品、小饰品等。然而，与国内商城不同的是，每个批发商城大门都戒备森严，门口有正规的"岗楼"，还有专职的保安持枪盘查和疏导。

批发商城扎堆开发，从一个侧面反映了中国商品在南非的畅销程度。但批发商城里红红火火的生意背后也有一些隐忧，那就是批发商城的过度开发，使商城出现了"泡沫化"趋势。

三 2010～2020 年：趋向饱和

南非批发零售市场经历了前两个阶段的快速发展之后，从 2010 年开始逐渐进入市场饱和阶段。市场饱和体现在批发商城的过度开发和零售店的过剩，与此相伴随的还有外部经贸环境的变化，如南非对纺织品行业的保护政策，导致中国服装贸易额在南非下降，中国国内劳动力成本上升带来的商品价格上升，南非经济增长降速导致的民众购买力相对下降。

李会长说："我觉得南非的批发商城已经出现泡沫了。现在除了约翰内斯堡，南非其他省也在开发商城。以前开普敦的零售商家要到约翰内斯堡来拿货，但现在开普敦已经有 2 个商城了，明年还有 1 个要开业，一共有 3 个；在德班，现在已经有四五个批发商城了。进货的人被分流了，最终大家的批发生意都不好了。"① 早在 2011 年的时候，约翰内斯堡"中国城"股东之一的李会长就表达了对南非中国批发商城过度开发的担忧。然而，批发商城还是越建越多。早期批发商城主要集中在经济中心约翰内斯

---

① 李会长（曾任南部非洲中华福建同乡总会会长，现为南非华人警民合作中心主任，1992 年到南非），2011 年 1 月 20 日，约翰内斯堡中国城。

堡，如今开普敦、德班也已经建起数个批发商城。消费者数量没变，批发商城却不断增加，这使批发行业的利润不断下滑。

吴女士说："以前生意很好做，那是暴利时代，那个时候货柜还没到，已经有人拿着钱等着在这里拿货了。现在那么多人在做批发，生意自然不好做了，现在是毛利时代，竞争大。时代在变化，生意也在变化，所以我们服务态度也要好一些。"[1]

小曾女士说："德班有 4 个华人商城，其中德班中国城、新华城店面多些。德班中国城有 100 家店面，以销售窗帘、地毯和小商品为主，零售兼批发。新华城有约 70 家店面，主要是服饰批发店。德班东方商城主要是家电、箱包和小商品批发，有 20 家店铺；德班非洲商贸城有 20 家店铺，主要是小商品批发，和东方商城规模差不多。其实好多家大型的华人批发店在印度街，是福建省长乐人和福清人在经营。还有几家天津人在印度街开得很有规模的批发超市。"[2]

笔者根据访谈资料进行统计，截至 2018 年 12 月，德班有 2 个大型批发商城，2 个小型批发商城，以及一些在印度街的批发店，总共约有 220间批发店。开普敦华人商城数量：一期有 46 个店铺，二期有 40 个店铺，三期有 62 个店铺。仅开普敦地区就有超过 150 个批发店铺。加上约翰内斯堡地区 2000 多家批发店铺，南非的华人批发商店总共约有 2500 家。如此规模的批发店铺，导致整个批发零售业的利润逐渐下滑。

第二节　中国新移民商人的经济活动特点

综观南非中国新移民经济活动，并将其与其他国家的华人经济相比，可进一步总结出新兴的南非中国新移民经济活动具有如下特点。

一　集中在批发零售行业

中国新移民针对南非市场的日用消费品匮乏，结合中国制造优势，以

---

[1] 吴女士（服装批发店老板，1991 年到南非），2010 年 12 月 28 日，约翰内斯堡百家商城。

[2] 小曾女士（德班电子监控、礼品店老板，2011 年到南非），2018 年 5 月 8 日，通过微信访谈。

批发零售为主要模式，逐渐积累起规模化效应，在南非市场获得成功。与同一时期迁移到其他国家的中国新移民相比，在南非的中国新移民集中在批发零售领域，而美国的中国新移民集中在中餐馆，欧洲的中国新移民集中从事服装产业。

（一）集中在批发零售业的原因分析

中国新移民群体在南非的职业结构有一个显著特征，即从事批发零售业的人占较高比例。关于中国新移民大多数人在南非选择进入批发零售业有以下几种解释。

（1）社会需求解释。南非中国新移民从事批发零售业的人之所以很多，最重要的原因就是南非和南部非洲国家的消费需求量比较大，中国又是小商品制造大国，各种小家电、服装鞋帽产品丰富。在这种情况下，中国新移民在批发零售业发展相对来说较为容易，因为它既有广泛的销售市场，又有充足的轻工业商品供应渠道。而且，进入这一行业并无太多门槛，一般人去别人店里打工一两年就可以学会开店的技能。

中国新移民在20世纪90年代初期开始经营零售业的时候正值南非当地存在一个亟须填充的经济空间。当他们到达南非的时候，由于当地轻工业不发达，中下阶层民众的消费品比较匮乏。而且南非黑人刚刚获得解放，还没有发展出必需的商业技巧，其他族群则认为开商店有损他们的身份，日用商品零售部门的竞争并不激烈。当时的南非为中国新移民提供了一个难得的机会。数额很小的一笔钱就可以作为资本开一家零售店，这也不需要高层次的职业技巧，而中国高度商业性的农村经济多少已经使新移民有了初步的商业知识。①

中国新移民商人在南非建立了一个庞大的社会网络，它有两个重要的功能。他们提供了一个充裕的和有效的劳动力后备军队伍，这些劳动力大部分是他们在中国的亲戚或朋友，可以在商店里从事长时间的工作却只要求低工资。熟人社会网络可以减少经商成本，如经济资本有限的零售店可

---

① 李安山：《生存、适应与融合：牙买加华人社区的形成与发展（1854—1962）》，《华侨华人历史研究》2005年第1期。

以向批发商赊货。

（2）最优选择解释。一些新移民认为，之所以有很多人从事批发零售业，那是因为在南非社会背景下，新移民选择这一行业最易发展。新移民选择批发零售业既是风险最小化的选择，又是效益最大化的选择。一般来说，一个以家庭为单位而经营的小商店，基本解决了全家的就业压力和收入问题。再者，开小商店的成本较小，只要找到合适的店面即可开张营业，即使启动资金有限，也可以通过老乡关系去批发商那边赊账。此外，从事批发零售业的收入相对来说也是较为理想的。由于职业技能和自身文化水平、英语能力的限制，中国新移民一般难以在南非从事收入很高、社会声望也很高的职业，如公务员、高级经理人员等。所以，相比较而言，从事批发零售业的收入是较为理想的。

（3）文化偏好解释。在解释为什么较多新移民选择从事批发零售业时，有些人谈到了文化特色问题，即开店可以迅速实现"当老板"的目标。在华人社会中，南非中国新移民以其积极拼搏、事业发展迅速而引人注目。除了以上提及的南非市场环境的特殊机遇外，南非中国新移民的进取性还与其自身的构成密切相关。20 世纪 90 年代初进入南非的中国新移民，他们中不少人来自上海、江苏、浙江等地，这些人原本在中国就具备较丰富的社会经验、较广泛的社会关系，那些与国内厂家或外贸公司有着各种不同关系的新移民，则更是从在南非创业伊始就站在较高的起点上，因而在近 30 年里取得了令人瞩目的迅猛发展。如黄英告诉笔者："我当时就是带着资金来的。"问及具体数额，黄英答："有几百万元。"此外，那些从福建农村地区迁移到南非的新移民，则因其起点低而更能放开手脚去拼搏，在适应南非环境后也积极开店当"老板"。

钟记者说："福建乡下来南非的那些人，胆子很大，很敢拼。1998 年他们听说约翰内斯堡华商在筹资盖（百家）商城，很多人就把外围生意很红火的零售店卖掉，来约翰内斯堡买店铺，进行二次创业。他们就是敢闯敢拼。"①

江镇的小陈说："我岳父他们那个年纪的人，文化水平虽然不高，但是胆子都很大，投资个几百万元的项目，眼睛都不眨一下。换成我，我还

---

① 钟记者（某华文报社记者，2003 年到南非），2010 年 12 月 31 日，德班。

得考虑好几天。也亏他们这么大胆，才能闯出一条路来。"①

中国新移民积极进取的精神，还表现在他们并不满足于在南非市场经营，而是以约翰内斯堡为中心，向周边国家拓展商业网络。这样既可以扩大商品销售量，还可以规避南非社会的风险。由于南部非洲国家在转型中的动荡性与不稳定性，许多华商都在多国投资，他们以南非为主要据点，同时在周边国家设立分公司。即使是一些小商家，探究下去也都是"跨国公司"，他们可能同时在约翰内斯堡、开普敦、德班，甚至周边国家如科特迪瓦、莱索托、安哥拉等不同地方分别开设若干商店。

"在美国是我们中国人给老外打工、扛货，而在南非则是黑人给我们中国人打工、扛货。""想靠打工挣钱的人到美国、日本去，有志在外国当老板的人在南非留下来。"笔者在国内外做田野调查时，诸如此类的说法不绝于耳，洋溢着南非中国新移民踌躇满志的自豪感。虽然在福建侨乡地区，去美国、欧洲等发达国家似乎比去非洲国家更加荣耀，但去南非的成功者非常自豪，觉得去南非才是"正确的选择"。

以上三种解释是笔者根据一些访谈总结出来的，不同的新移民根据自身的迁移经验和感受，对新移民绝大部分集中在批发零售行业的原因提出了不同的看法。虽然每一种解释可能并不能概括多数南非中国新移民选择批发零售业作为自己职业的原因，但如果把这些解释统合起来，也能反映出南非中国新移民选择批发零售业的基本原因，以及这一现象所包含的实质。

从客观角度看，南非中国新移民之所以有较多的人选择从事批发零售业，除了上述原因之外，可能还有其他重要因素的作用。其中新移民的职业技能、职业信息获得途径、职业位置要求等三个方面的因素，是决定该群体就业状况的重要变量。按照一般职业获得原理，个人最终能否找到工作，实质上就是职业岗位的要求与求职者职业技能相吻合的结果。但在此过程中，职业信息又影响着求职者是否能与职业岗位提供者相互了解。根据这一原理，我们可以将较多南非中国新移民选择批发零售业的原因归结为他们具备从事批发零售业的条件，既有充沛的货源，又勤苦耐劳、精明能干。同时，后来的移民者通过社会网络能更好地掌握批发零售业方面的

① 小陈（批发店老板，2008 年到南非），2010 年 12 月 8 日，约翰内斯堡香港城。

信息，这比去劳动力市场求职要简单得多。

（二） 对南非中国新移民集中在批发零售业的思考

职业是人们从社会中获取资源的必要途径，也是决定个人在社会阶层位置的关键因素，那么，中国新移民在南非的职业结构变迁缓慢，或者说30 多年来中国新移民在南非持续从事批发零售行业，这说明了他们作为一种移民群体从南非社会获取资源的基本模式未发生根本变化，同时也反映出他们在南非的阶层地位没有发生根本变化。

首先，从中国新移民职业构成的整体特征来看，几乎有 80% ~90% 的新移民从事批发零售业，这表明新移民群体的职业结构趋于单一化。单一化结构意味着新移民从社会中获取资源的渠道较为单一，同时也意味着他们与移居地社会的关系结构趋于单一。单一的职业结构决定了新移民在社会中的功能单一性，反映了新移民在社会中的发展弹性较小。经过几十年的变迁，新移民第二代仍以一种行业和职业为自己的主要选择对象，而且这一行业和职业在规模和属性上也无本质的变化，这表明他们在社会中的流动性是较小的，群体发展的程度也是有限的。导致这一状况的原因不外乎两个方面：一是社会大环境的制约，二是自身人力资本状况和发展观念趋于保守。

其次，中国新移民职业结构的延续，体现了移民适应侨居生活模式的形成和继续。从某种意义上说，维持和从事较为单一的行业和职业虽然体现了较低的社会流动性和发展的单一性，但是，如果从移民群体的生存、变迁和发展规律的角度看，我们就可以将中国新移民一直坚持从事和发展批发零售业看作他们适应南非生活模式的形成。这样一种适应模式发挥了帮助新移民在社会上生存和发展的功能。

中国新移民在南非延续着以批发零售业为主的职业结构，在美国则从事着餐馆、美甲、按摩等行业。[①] 从另一种角度我们可以将其理解为一种中国新移民适应移民生活的模式。它具有中国新移民的特色，是中国新移民特殊性的体现之一，也说明不同国家和地区的中国新移民群体，由于大

[①] Zai Liang, and Bo Zhou, "The Rise of Market - Based Job Search Institutions and Job Niches for Low - Skilled Chinese Immigrants," *The Russell Sage Foundation Journal of the Social Sciences*, 4, 1 (2018): 78 - 95.

环境的不同，他们所选择的适应模式也不同；同时，这也说明并非所有海外中国新移民都会选择相同或类似的适应模式，尽管海外中国新移民在民族与文化传统上具有同源性和高度相似性，但是在海外的移民生活中，则会形成较大差别的生活方式或适应机制。南非中国新移民的个案材料充分说明了这一点，即在不同的环境下中国新移民会形成不同的适应策略来应对。

适应模式的形成过程，也反映出移民的生存和发展规律。移民要在社会中生存下去，并期待进一步发展，必须首先找到一条简便易行的职业路径，并通过这条路径立足，然后才能追求下一步的发展。

综上所述，中国新移民的职业结构实际上是新移民在移居地社会环境中所选择的一种移民适应模式。南非中国新移民延续以批发零售业为主的生计模式，并一直维持这一职业结构而不改变，是因为这一结构模式作为新移民的适应机制，能够为他们更好地立足于移居地社会提供简便易行的路径。

二　商业模式同质性高

中国新移民借助各种地缘、血缘、业缘关系进入南非，在亲戚、朋友的商店学习开店技巧，熟悉南非生活环境并习得开店经验后，便独立寻找店铺当老板。这是许多中国新移民在南非的发展轨迹。借助社会网络，中国新移民降低了适应南非的成本，但也带来问题，那就是同质经营。同质经营导致批发零售行业整体利润日益下降。究其原因，与新移民商人群体文化素质较低，缺乏成熟的商业意识有关。

案例 4-1　　　　　　　　　同行模仿经营

翁先生 1995 年在朋友的帮助下来到南非。和许多中国新移民一样，翁先生在南非的第一桶金来源于摆摊。20 世纪 90 年代中期，一个成本 25 兰特的电子手表能卖到 100～150 兰特，一天可以卖几十个，翁先生就这样在南非实现了他最初的财富积累。

翁先生说，南非人很喜欢提前消费，往往发工资当天，就去超市把一个月需要的东西全部买完，剩下的钱就还上个月的信用卡债。在这种消费型社会，零售业比较好做，给中国商人创造了机会。翁先生赚到钱之后，又帮助家族的 8 个亲戚来到南非。据他介绍，仅他们村就有 1000 多名村民在南非，其中有人在约翰内斯堡经营批发店，也有人在"外围"（约翰内斯堡以外的地方）开小店。

随着南非的中国人越来越多，生意越来越难做，价格战非常激烈，所有的商家利润都很低。"我卖 150 兰特，他卖 50 兰特，我说这样没利润，他说 10 多兰特进的货，卖 50 兰特够了。"说起中国新移民商人之间的压价行为，翁先生显得很无奈。此外，中国新移民商人还喜欢彼此模仿，看到什么产品销量好就马上跟进，然后压低价格，直到最后大家都无利可图。

2010 年，翁先生决定从小商品零售转入电器批发，最近又开始涉足监控设备，就是为了不在小商品行业里与同行进行价格恶战。然而，这也不是长久之计，因为只要某种产品有利润，很多中国同行马上会模仿，包括自己带来的老乡和亲戚朋友。对此，他颇感无奈。[①]

案例4-2　　　　　　　不可避免的价格战

吴先生在南非主要经营灯饰生意，原本利润可观。后来，一个中国人模仿了他的产品，从同样的工厂进口同样的东西，贴上一个新的品牌，价格只有他的 70%。吴先生的销售额因此减少了 50%。关于价格战，吴先生还做了个形象的比喻：村子里有一个加油站，白人来了，建的是 24 小时便利店；印度人来了，建的是修车店；中国人来了，建的还是加油站。他认为中国人缺乏真正的商业精神，只会模仿，不会创新，也没有商业精神，最后华商不是被老外打败了，而是被自己人的价格战打败了。

价格战虽然让人气愤，但确实是后来者进入市场的有效手段。"中国人在这里打价格战，这是没办法的，生意上要竞争的嘛，否则就一个商品只有一个价格了。如果没有打价格战，新来的人怎么做得动生意？他们没有客户没有资源，怎么办？只能通过打价格战来抢客户。新来的人做的是

---

① 翁先生（电器批发零售店老板，2005 年到南非），2011 年 1 月 15 日，南非约翰内斯堡香港城。

小本生意，总共投入 100 万兰特左右，也没办法让人赊账，所以只能压低价格。比如说一个东西我卖 10 兰特，他们卖 9 兰特，这样他们才有机会赚钱。我觉得打价格战是很正常的，也是没办法的事情。"在南非经商多年的吴先生说，现在南非的小商品批发行业的"价格战"非常激烈，但又不可避免。①

案例 4-3　　　　　中国新移民卖毛毯的故事

1999 年初，一些中国新移民进入南非，把中国纺织的特色产品，如床单、毛毯、丝绒窗帘、窗纱、桌布卖到南非。由于中国实行鼓励外贸政策，这些从事纺织品销售的商家就互相削价竞争，只拼销量不拼价格，只为了赚取外贸补贴。

吴女士说，她回国时在南通商店里看到国产毛毯的标牌上挂着价格 145 元，在南非，她看到同样的产品只卖 99 兰特，而在批发商城这种毛毯的批发价才 65 兰特。

关于这种激烈竞争的手段，福建移民陈荣评价说："有些商家打价格战打得很厉害，把自己的利润都打下去了。像做毛毯的，他们一个货柜只能赚 1 万多元钱。他们先花钱进货，然后再在这边卖，赚的钱还不如直接借钱给别人，那样还有利息赚。中国人恶性竞争太严重了。"

华先生甚至评价说："有些人不是来南非做生意的，他们是来扰乱市场的。他们主要靠国内出口退税补贴政策赚钱，在南非卖毛毯不为赚钱，只顾走量，不图利润。"这样的同质货品、恶性价格竞争，最终伤害了中国新移民的生意。②

不仅小商品同质化经营，中国批发商城也出现了过度开发的趋势。早在 2010 年，在南非经商资历较深的华人商城老板李会长、徐会长等侨领对这种盲目开发表示了忧虑，认为南非的批发商城出现了泡沫。然而，中国

①　吴先生（灯饰批发零售店老板，1998 到南非），2011 年 1 月 5 日，约翰内斯堡中国城。
②　吴女士（服装批发店老板，1991 年到南非），2010 年 12 月 28 日，约翰内斯堡百家商城；陈荣（零售店老板，1999 年到南非），2010 年 12 月 22 日，约翰内斯堡香港城；华先生（南非批发商城杂货店老板，2002 年到南非），2011 年 1 月 25 日，南非约翰内斯堡中非商贸城。

商人仍然扎堆开发商城、开设批发店铺，最终导致大家的利润都下滑。从目前的状况来看，尚无有效的办法解决中国新移民商人之间的这种非理性的价格、商业竞争的问题。

"理性经济人"是经济学最重要的理论假设之一，"理性经济人"总是首先考虑自己的利益，实现自身利益的最大化。然而，在理性个人利益之外，还需要有"理性的集体目标"。中国新移民在南非的经济活动，存在很多"个体理性人"的非理性行为，无论大小商人，无论经营零售店还是开发批发商城，大家都只是打自己的小算盘，盘算自己的利益，而不顾及整个华商群体的经济发展前景。这是一种利己的"有限理性"行为，只有个体的"理性利益"，缺乏集体的"理性目标"，而经济学家告诉我们，个体的有限理性最终将导致集体的非理性。

这样的价格战与恶性竞争，导致行业利润的集体下滑，同类型的竞争越来越激烈。谈到批发零售行业发展，每个新移民商人都在抱怨，但是大家又都不肯让步，也没有创新，只能保持惯性，继续经营同类型的商店，卖同样的商品。

类似南非中国新移民的这种价格恶性竞争在其他国家也不少见。西班牙华裔学者张甲林将海外华人经济的基本特征概括为行业高度集中、资本高度分散的"两高"现象。[①] "行业高度集中"说明华商的经济类型过于单一，同质性较强；"资本高度分散"说明华人经济基本上以家庭为单位，经济规模小，是一种较原始的经营管理模式。这导致华人经济具有脆弱的特点，难以壮大，也无法与欧美大企业进行竞争。张甲林认为这与华商群体的特征有关。由于历史的原因，海外华人经济的参与者的文化素质相对较低。华商需找出知识结构中的短板，系统地探索经营实践中碰到的问题，系统地学习有关知识。只有这样，才有出路。

笔者认为，南非中国新移民的经济也有如张甲林所概括的"行业高度集中，资本高度分散"的特点，他们集中在资本集中度很低、竞争力弱的批发零售业上。这与他们当时赖以学习谋生方式的社会网络有关系。当新移民抵达南非时，在此经营的前辈们让他们进店打工、学习，数年之后，他们很难离开熟悉的行业进行经营方式的创新。中国新移民商人在南非经

---

① 董志龙、李莉萍：《张甲林："海外华人经济亟需改造"》，《中国经济周刊》2006 年第 25 期。

营的主要商品有服装、小家电、家居用品等。这些行业对经营者的素质要求不高，可复制性比较强。华商与当地同行相比的竞争优势在于低价提供功能类似、品质稍低的产品。这是中国商人的竞争优势，它来源于中国的制造业发达，而并非商人自有的独特优势。因此，笔者认为，依靠移民社会网络而进行的"职业训练"，使后来者产生了行业的依赖性，加上这个群体整体的英语水平不高，确实难以进入其他行业，难以离开熟悉的批发零售业。

南非的中国日用品批发零售行业从商品进口（或制造），到批发零售，形成了资本小循环圈。从市场来看，南非华商对国内低成本的依赖度较高，现在国内各种成本逐渐提高，再依赖低成本优势已是不太现实的问题。商品仅仅是一个载体，它的内在价值需要商人不断地去挖掘。2015 年以来，随着南非本土连锁企业销售能力的增强，中国新移民商人的零售店业绩下降。① 因此，未来中国新移民商人应考虑在南非寻找投资新领域，改变华人产业结构，如把资本聚集到一些战略性资源领域里面，或充分利用中国与南非两国在资源、经济结构方面的互补性，有效利用过去 30 多年所积累的资金与经验，拓展经营行业。

三　依赖家族关系网络

20 世纪 60 年代以来，在东亚各国经济迅速发展的过程中，华人企业起到了重要作用。韩国学者金日坤对此进行研究，提出"儒教文化区（圈）"的概念，认为儒教文化最大的特征在于家族团队主义的社会秩序，认为团队主义和儒教伦理是促进经济发展的柱石。② 此外，华人的其他特点也不应忽略，如华人的适应能力。王赓武在谈到华人的适应性时指出，这种"适应性"是一种颇有争议的概念，学者们对用这一词语来形容华侨华人有各种不同的看法。有人认为这种适应性是指多变，是缺乏忠诚感、缺乏原则性的表现；有人则认为这是灵活性的表现，是一种强烈的求生本能的体现。③

① 《南非两大连锁超市下定决心进军小城镇》，搜狐网，2020 年 4 月 27 日，https://www.sohu.com/a/391689035_120064914。
② 金日坤：《儒教文化圈的伦理秩序与经济》，邢东田等译，中国人民大学出版社，1991。
③ 李安山：《非洲华侨华人史》，中国华侨出版社，2000，第 509 页。

这些由中国新移民创立的企业，其经营管理模式的最大特点就是，这些企业雇用的中国籍员工大多数是基于各种血缘、地缘关系而雇用的。家族成员占很大比例，这样的经营方式在起步阶段发展很快，但也存在明显的局限性，限制了企业的发展。

案例4-4　　福建籍新移民华商张老板（经营连锁型家族超市）

20世纪90年代初在张老板的家乡福清，出国挣钱是一种潮流，最初张老板孤身一人闯荡南非。刚到这里的时候，张老板在一家台湾人的工厂上班，前后一共2年时间。后来辞职在约翰内斯堡近郊摆地摊卖手表、眼镜、鞋子。当时的批发商人主要是台湾籍华商和上海新移民，按照当时的汇率，张老板每天能赚人民币1000多元。

来南非的第5年，张老板解决了个人身份的问题，把妻子接过来一起工作生活。他们先是自己开店当老板，再后来做进出口贸易。

随着生意日益壮大，家族亲戚纷纷来到南非投靠。张老板根据每个人能力及素质的不同，在生意、资金、身份等方面协助他们解决困难，并将其安排在自己的生意圈子里，最终发展成为家族式体系。但问题随之产生，如家属过多干涉生意决策，公司排资论辈，造成了兄弟股东之间矛盾丛生，带来许多不必要的争执，这直接影响到生意规模的扩展。

在张老板看来，家族产业的每一阶段发展都需要人手，亲友的安全系数相对较高，比较令人放心。但问题是，如何解决亲友之间生意上的分歧和生活上的矛盾，真的是一门学问。①

案例4-5　　广东籍华商刘老板（经营建材五金家电）

2000年刘老板一个人独自来到南非，到这里以后做些小生意。后来随着生意规模不断扩大，陆续雇了一些华人和当地员工。但是，连续两次发生被人卷走钱款逃跑、损失几十万兰特的事情，让他和家人最终决定，从中国请几位亲友到南非，协助生意发展。

---

① 张老板（经营连锁型家族超市，1994年到南非），2010年12月10日，约翰内斯堡香港城。

从这以后，在公司内部除了跟随他多年的个别华人员工，主要岗位均由他信得过的家族成员掌控，而他采用业绩与福利挂钩的方式，即根据每个人业务能力的高低，给予工资、福利上的保障。

但问题也随之而来。一是"新人"面临身份、交通、生活等诸多困难亟待解决，这耗费了大量人力、物力；二是个别人发展起来后不懂感恩，不服从公司协调管理；三是某些亲戚一旦位居公司高层，工作上便自作主张，甚至丧失了公司内部的基本沟通机制，造成发展的代沟和断层，有时甚至令他觉得用家族的人反而不如用外人好。[1]

案例4-6　福建籍华商陈老板（经营小额金融贷款、食品工厂）

陈老板原来是一名公务员，1997年"下海"来到南非，从打工到做生意，花了很多年的时间。生意成功后，与其他华商一样，采取国内家族成员和本地员工相结合的方式，经营公司业务。

他将公司分为4个部门，其中3个部门都由有能力的家族成员管理。国内的亲友，对公司的业务发展起到了重要的推动作用。但后来，随着家族内部人员的增多，问题也逐渐多了起来。

最让他头疼的是家族成员个人的管理以及自我约束管理等问题，尤其是公司内部经常性的频繁说教，让人不胜其扰。[2]

通过访谈，笔者发现大多数中国新移民民营企业均采取家族式管理。中国新移民初来南非的时候，会面临底子薄的问题，这就在一定程度上造成了经营者需要依赖家人，导致公司业务中过于重视亲情，而忽略管理机制、业务提升等方面，从而出现生活、工作界限不清，积极性、创造力难以提升等一系列问题。

每个家族企业都有一个"领头羊"，他们对家族经营模式的利弊再明白不过，但为何还要坚持这种经营模式呢？借用一位侨领的话："人生除了挣钱，还有一个重要的因素就是责任，而这种责任是对整个家族成员未

---

[1]　刘老板（经营建材五金家电，2000年到南非），2010年12月29日，约翰内斯堡西罗町。
[2]　陈老板（经营小额金融贷款、食品工厂，1997年到南非），2019年10月5日，福州市鼓楼区。

来发展无私的付出，不求任何回报。"①

在海外生存很不容易，新移民必须调动一切可资利用的资源。在陌生的异族环境中，各种社会关系都要利用起来，同宗、同乡、同方言都有重要意义。在诸多因素中，属于同一个家族则成为最为可靠坚实的关系。在南非，华人企业多以家族为单位经营。这种形式的优点有两个，一是能够通过比较固定的领导层保持经营的持续性；二是应变能力较强，能够在较短时间内对变化的形势作出相应的对策。尽管这种家族企业的规模一般比较小，但如果没有其他因素的干扰（自身的裂变或强大的竞争），它可以在良性循环的基础上不断发展。然而，这种以家族为单位的经营模式有一个难以克服的弱点，即难以融资，难以形成集团优势。这样，一旦面临强大的竞争对手，中国新移民商人的企业没能形成自己的拳头产品，就会有失败的风险。这里固然有一个技术创新和企业文化的积累问题，但家族主义过分强调以本家族为中心的经营资本、管理人才、技术力量和营销渠道是一个十分重要的因素。②

中国新移民在南非的经济适应，从 20 世纪 90 年代至今，总体上是成功的。无论是南非的消费者，还是中国的新移民群体，总体上实现了"双赢"的结果，即南非消费者获得物美价廉的中国商品，中下层消费者物质层面的需求得到满足；中国新移民商人在南非获得了发展与积累财富的机会。未来，中国新移民群体在南非面临着不确定的发展前景。随着南非小商品市场的饱和，中国新移民群体可能会出现发展的分化，南非已不再是那个"遍地黄金""摆地摊都能发财致富"的市场。因此，未来对市场具有较强适应能力的商人可能会开发更广阔的市场，对市场适应不佳者则可能会被淘汰。

---

① 陈会长（德班商城老板，2001 年到南非），2017 年 1 月 6 日，福州。
② 李安山：《非洲华侨华人史》，中国华侨出版社，2000，第 511 页。

第五章　中国新移民商人在南非的
族群适应

南非是一个多元族群国家，不同肤色、不同族群在此生活。相较于 20 世纪初前往南非的契约华工群体，20 世纪 90 年代以来的中国新移民是主动迁移的群体，他们中的很多人是在商业发展机会的吸引下前往南非从事贸易活动的，并且大部分人带着资金前往南非投资。这种在商业驱动力影响下的新移民，在跨国迁移后所采取的适应族群策略就具有与以往华人移民不同的特征，显得更加自信。南非中国新移民主要从事批发零售行业，要与当地不同族群的消费者互动，群体的接触面较广。此外，在南非经商，还涉及雇用员工的问题，因此，中国新移民要与不同族群进行交往和适应。南非社会贫富分化严重，不同阶层的群体在受教育水平和个人修养方面不一样，因此，中国新移民会根据自己接触的不同对象，采取不同的适应策略。

第一节　中国新移民商人对南非族群的适应

20 世纪 90 年代至今，中国新移民迁移南非已有 30 多年的历史。在这 30 多年里，中国新移民见证了南非与中国两个国家不同的发展状况。在 2000 年以前，南非的社会治安相对稳定，经济发展速度较快，商业机会多，中国新移民在这里经历了一个迅速积累财富的过程，并因此吸引了更多的后来者来南非淘金。2000 年以后，中国的经济发展速度加快，而南非则社会治安日趋恶化、经济增速下降，尤其是 2010 年以后，南非兰特汇率波动大，给从事进出口贸易的中国新移民带来极大的经营压力。因此，至今仍在南非经营的中国新移民群体，一方面留恋南非的经商致富机会，期待能恢复往昔的高收益；另一方面也为中国的经济发展与国家强大而自豪，更加认同中国人身份，体现了文化自信。虽然南非的基础设施比较先进，生活环境很好，但很多新移民表示如今的中国更加先进，在跨文化适应时有更多的文化自信。大多数南非中国新移民规划着"未来要回中国"。因此，在与南非本地人的交往中，止步于商家与消费者、老板与员工的关系，缺乏私人交往，存在较大隔阂。

一 族群适应理论

族群一词最早是 20 世纪 30 年代开始使用，被用来描述两个群体文化接触的结果，或者是从小规模群体向更大社会发展中所产生的涵化现象。[①]"族群"及其相关理论是一个宏大的理论，本研究的理论回顾仅限于与本研究相关的领域，主要用于分析中国新移民群体进入南非后面临的族群适应问题及其调适状况。

关于"族群"的定义，吴泽霖总纂的《人类学词典》是这样界定的：一个由民族和种族自己集聚而结合在一起的群体。这种结合的界限在其成员中是无意识的承认，而外界则认为它们是同一体。[②] 族群在语言、文化等方面具有特殊的归属感。"族群"概念含义极广，既可用来指社会阶级、特定群体或少数民族群体，也可以用来区分居民中不同文化的社会集团。

当然，这一概念还有其他的定义。"族群，是指在一个较大的文化和社会体系中具有自身文化特质的一种群体；其中最显著的特质就是这一群体的宗教的、语言的特征，以及其成员或祖先所具有的体质的、民族的、地理的起源。"[③] 这一定义主要是从群体内部的共同特征出发，强调族群的体质、宗教、语言和文化的特征。

参考已有学者的定义和本研究分析对象的独特性，在本研究中，笔者

---

① 周大鸣：《论族群与族群关系》，《广西民族学院学报（哲学社会科学版）》2001 年第 2 期。
② 吴泽霖总纂《人类学词典》，上海辞书出版社，1991。
③ 周大鸣：《论族群与族群关系》，《广西民族学院学报（哲学社会科学版）》2001 年第 2 期。

将"南非中国新移民"视为一个族群，将"南非白人""南非黑人""南非印度人""南非外国非法移民群体"等分别视为不同的"族群"。尽管每个"族群"内部的差异极大，但为了研究的方便，笔者暂且不讨论其内部的分层，而是简单根据肤色、祖籍国等外在特征来进行"族群"的划分。

二　族群关系的影响变量

中国新移民跨国迁移到南非，在南非进行经贸活动，与南非各族群之间进行不同层次的互动。而不同族群之间的互动关系，受到多种因素的影响。马戎提出，要从历史的观点、动态的观点、多元影响和比较分析的观点来分析族群关系的影响。[①]

首先，族群关系之间的好坏，与历史上的互动情况有关。因此，在对族群关系进行分析的时候，必须具有历史视野，从地区的社会发展与族群的交往历史着手，探讨族群关系变迁的历史根源。华人是南非的一个少数族群，在"种族隔离"时代，华人群体处于弱势地位。如今的南非虽然已经废除种族隔离制度，但不同肤色的族群融合程度仍然带有历史的痕迹，仍有白人在日常接触中歧视华人的现象。其次，随着社会的变迁，各不同族群的关系也会产生变化，因此，在审视、探究族群关系时，还必须根据不同的时空背景，用发展的眼光分析族群关系。中国新移民在南非经商获得财富，而南非本地却因失业率高而出现"穷白人""穷黑人"等群体。与此同时，中国日益强大，在与南非人的交往中，中国新移民的文化自信、经济自信表现明显。再次，族群关系的发展变化受多种因素的影响，在这些影响因素中，有些是可以直接观察到的，有些是隐匿在其他因素背后的。外来移民与本地人在互动过程中的感受，有时来自"显性歧视"，有时可能是"隐性歧视"。当然，也可能与个体的具体遭遇有关。因此，对族群关系进行具体分析的时候，要有多元的视野。最后，各个国家的发展存在差距和不平衡，族群之间的发展也是如此。中国在过去的40多年里一直稳定、快速发展，国家综合实力和国际影响力与日俱增。海外中国移

---

① 马戎：《族群关系变迁影响因素的分析》，《西北民族研究》2003 年第 4 期。

民对此感受更加明显，对中国文化和中国人的身份更加自信。因此，在进行族群关系研究时，要有比较的视野，全面分析族群关系的变迁与异同。

笔者将借鉴这些理论视角，运用历史的观点、动态的观点、多元影响和比较分析的观点，多角度分析、探讨中国新移民在南非的族群关系状况。

三　中国新移民与南非不同族群的互动

本部分内容将分析中国新移民在南非与不同族群的互动，互动的对象分为四类，分别是南非白人、南非黑人、南非外国非法移民和南非印度裔群体。

（一）中国新移民与南非白人的互动

从中国新移民在南非从事的批发零售行业看，由于大部分中国新移民在南非从事的是小商品批发贸易，他们在经济方面的互动对象主要是各族群的消费者。南非社会阶层贫富分化严重，由于出口到南非的中国制造商品主要面向南非中下层消费者，中国新移民商人一般难以接触到南非的上层社会，中产阶级、中下阶层是他们的主要接触对象。访谈发现，中国新移民对南非白人群体的生活方式、行为举止持正面评价，与此同时，也会反思中国新移民群体自身的修养和素质。这样的族群接触与对比，对提升中国新移民素质有利。当然，在日常生活中，部分中国新移民也遭遇过因为自己的华人面孔而受到白人歧视的经历。

1. 对白人的欣赏与敬佩

在访谈过程中，不少中国新移民对南非白人的素质持肯定与赞赏态度，他们的一个共同特点是受教育程度比较高，在与南非白人的接触过程中，善于观察与反思。如林霖、老薛均拥有大学本科学历，能用英语与南非当地人进行交流；林女士、曾贤拥有大专文凭，他们的英语水平较高，经济状况也比较好。因此，他们在日常生活中与白人有较多的接触，以下是他们谈及南非白人的印象。

林霖 2009 年毕业于国内某大学。毕业后他听从在南非经商的父亲的建议，前往南非经商。如今他已有两个小孩，计划让小孩在南非接受教育。

林霖："南非很好，尤其是公共场合的秩序，让人感觉非常轻松。在医院或银行，南非白人都会很有秩序地排队等候。我在这里生活感觉很舒服，比在国内舒服一些。而且南非人都比较有礼貌，即使陌生人碰面也会微笑示意，我觉得跟当地人打交道很愉快。"① 南非是英联邦国家，在文化方面深受英国、荷兰等欧洲国家的影响，受教育程度较高的白人群体在公共场合表现出的素质让林霖赞叹不已。

老薛："我来南非 20 多年了，从来没有因为是中国人觉得被歧视过，因为我平时非常注意自己的言行。我相信，如果一个人被歧视了，肯定跟他的行为举止有关系。如果一个人他非常注意自己的尊严，言行举止优雅，我相信无论在什么地方他都不会被歧视。"② 老薛是一个来自黑龙江省的"70 后"，他拥有大学本科学历，英语流利，为人开朗随和。他在约翰内斯堡经营五金配件生意，拥有自己注册的贸易公司，公司聘请的员工大部分是南非本地人。他说他在与南非人的交往中非常注意自己的言行举止，也因此结识了不少南非朋友，经常参与南非人举办的派对。从自身经历来看，他评价南非人非常友好，自己从未觉得被歧视。

吴女士是一个服装批发商，主要做女性服饰生意。由于经商关系，她通过对南非消费者的观察来了解当地人。吴女士："大多数南非人着装是比较保守严实的，没有像我们在电视里面看到的那样暴露时尚。南非文化受欧洲的影响比较大，南非人基本上是穿着偏西化的服装，特别是在一些正式场合，南非男人会穿西装、打领带，女人会化妆、穿礼服，很端庄、优雅、严谨。所以我们国内的西服正装、苏州的礼服在这里销路不错。"③

吴女士还分享："如果中国人在南非要约当地商人谈生意，自己在着装方面也要严谨一点，南非人是很看重服装礼仪的。如果穿着太随意，生意是谈不成的，因为他们会通过你的衣着判断你这个人的素养，如果你连服装都不重视，别人会觉得你也不重视生意。在南非的街上除了可以看到穿西式服装的人之外，还能看到南非当地的特色民族服装，这些民族服装款式多样，设计都是很时尚精美的。除了服装方面受西方的影响很大，南非人在饮食方面也和西方人很相似。南非白人很喜欢吃西餐，比如牛排、

---

① 林霖（批发店老板，2009 年到南非），2010 年 12 月 28 日，约翰内斯堡百家商城。

② 老薛（做五金批发生意，1992 年到南非），2011 年 1 月 7 日，约翰内斯堡大学排球馆。

③ 吴女士（服装批发店老板，1991 年到南非），2010 年 12 月 28 日，约翰内斯堡百家商城。

鸡肉，在饮料方面也是偏西化的，以咖啡或者红茶为主。在餐饮方面，他们也有一套餐桌礼仪，很优雅。"① 吴女士非常赞赏南非人的服装消费品位。

通过以上访谈可知，中国新移民群体对南非白人的素质评价还是比较高的，尤其在群体的文化素养、公共道德等方面。虽然中国新移民对南非白人整体素养评价不错，但彼此之间的深度互动比较少。

2. 被南非白人歧视的经历

当然，并非所有的中国新移民都像林霖、老薛、吴女士这样对南非白人持正面评价。不同个体结合自身遭遇，会有不同的评价。也有中国新移民在访谈中谈及自身被歧视的经历。

林月："我们有被南非白人歧视的时候。这很正常，南非人歧视中国人很正常。因为某些华人确实没做好，会让人家以偏概全，我们一些中国人在这边表现并不是很好。比说有一次我开车赶时间，开得比较快，然后有个白人就很不高兴，他隔着车窗对我大喊'Go back to China!'这样的话让我听起来就很不舒服，当然，我自己也有错，开车太快了。当他们带着恶意的口气说'China'的时候，有侮辱的意思。"因此，林月在访谈中表示，她感觉自己在南非被歧视与肤色有关，"因为南非白人对有色人种多多少少还是有些歧视"。②

曾贤："我刚来南非的时候，这里的中国人还很少。1998年我在'爱非顿矿区'小镇做生意的时候，当地小镇的人极少看到黄皮肤、黑眼睛的华人，对我们非常友好。那时候中国人很受欢迎。后来中国人太多了，很多人素质不高，所以就越来越不受欢迎。比如说有人开店，生意不好，他们就半夜偷偷搬走，为的就是不付房租。这是个诚信问题啊，所以有的南非人就不喜欢中国人了。"③

曾贤1997年来到南非，他在小镇开店的时候深深感受到南非本地人的淳朴与热情，但随后10多年，随着中国新移民人数的增多，有些人的不良行为被南非当地媒体传播，造成南非当地人对中国人的不满。他认为这可

---

① 吴女士（服装批发店老板，1991年到南非），2010年12月28日，约翰内斯堡百家商城。
② 林月（服装批发店老板，1997年到南非），2010年12月28日，约翰内斯堡百家商城。
③ 曾贤（从事葡萄酒、通信产品生意，1997年到南非），2010年12月9日，约翰内斯堡伊登维尔。

以理解，虽然自身感到被南非白人歧视了，但他从自己和中国新移民群体身上查找原因，认为是部分新移民表现不好导致了南非当地人对中国新移民的反感与歧视。

谈及"华人在南非会不会被歧视"这个话题，1992 年就到南非的李会长态度比较客观，他说："中国人在南非赚钱的速度很快，但个人修养还未跟上。如果因为个人素质问题被歧视，我觉得很正常。我个人不认为华人在南非有明显的受歧视现象。"①

从访谈内容来看，不同文化层次、不同修养的中国新移民个体在与南非白人的接触过程中有不同的感受。很难说这种关系是友好还是不友好，主要还是取决于接触双方的素质。

此外，笔者注意到，虽然笔者在约翰内斯堡调研时的房东曾贤的家位于约翰内斯堡的白人社区，但在笔者居住期间，从未见他们家的人与当地人有任何来往。他们家迎来送往的各种朋友，清一色都是中国大陆的新移民。当笔者问及为何不与邻居来往，曾贤说："南非白人很傲慢，怎么会跟我们交朋友呢？住在这个社区，只要他们不投诉我们就可以了，交朋友是不可能的。"②

从 17 世纪 50 年代白人踏上南非的土地，到 20 世纪 90 年代南非彻底废除种族隔离制度，白人统治南非达 300 多年。在这漫长的岁月里，人们与生俱来的肤色成为其社会地位的决定性因素。白人居于统治地位，黑人、有色人和亚裔居于被统治地位。③ 白人中的少数官僚独揽大权，掌握了国家的立法、行政和司法机构，而非白人则完全被排斥在外。白人通过制定符合白人利益的种族歧视和种族隔离的法律，实行种族主义统治。因此，南非白人就形成了一些傲慢、挑剔的性格。在南非漫长的种族隔离时代，华人与黑人一样都是被白人歧视的对象。虽然种族隔离制度已瓦解，但一些根深蒂固的偏见未随之消失。因此，有些中国新移民在与南非白人的互动中有一些不太愉快的经历。而中国新移民对未能与

---

① 李会长（曾任南部非洲中华福建同乡总会会长，时为南非华人警民合作中心主任，1992年到南非），2010 年 12 月 23 日，约翰内斯堡西罗町。

② 曾贤（从事葡萄酒、通信产品生意，1997 年到南非），2010 年 12 月 9 日，约翰内斯堡伊登维尔。

③ 根据南非官方统计的指标，南非人口分成四大类别，分别是黑人、白人、有色人种、印度人/亚洲人。

白人深层互动也不以为然，他们的社交圈子主要还是集中在华人群体。有些中国新移民商人非常明确自己的顾客群体就是黑人，认为"白人与自己无关"。

"我店里的顾客主要是黑人，因为白人一般很有钱，而我们中国商品一般是比较低档的，白人不喜欢。"对此，老严并不在意，他说："经商者关注的是赚到钱。中国人去南非就是跟黑人做生意的。南非白人本来就不多，中国商品能卖给他们的东西比较少，有些服装店可能会面向他们，小商品店一般不面向他们。他们也不会来买。"①

"我们在南非很受歧视，经常受到不公平的待遇。比如说我们去外面消费，当地商家对我们的服务跟对白人的态度就是不一样的。还有警察也相对比较维护白人利益。"②

"南非人每周都开 party，喝酒玩乐，都是这样子。"小杨在接受访谈的时候，会聊到他对白人社交生活的观察，但他从未参与其中，理由是"玩不到一起"。③

从访谈可见，有些中国新移民商人认为自己商店的顾客群体是黑人，白人不会购买中国制造的小商品，所以互动很少；还有些中国新移民结合自己在外面消费时受到不同对待的经历，认为自己在南非受到白人歧视。虽然这只是访谈对象的主观感受，却也能从中观察到中国新移民与南非白人的隔阂。

（二）中国新移民与南非黑人的关系

中国新移民在南非与当地黑人的关系有几种类型：第一，是外来移民与南非本地人的关系，基于这种关系，中国新移民从自身经历对他们给予评价。第二，是批发零售行业的经营者与南非消费者之间的关系，中国商品主要面向南非中下层消费者，南非中下层消费者的主体是黑人，因此，在日常经营中，中国新移民商人与黑人有较多的接触。第三，是老板与雇员的关系。由于人手有限，雇用华侨华人的成本较高，大部分中国新移民商人会在南非本地雇用员工。不同的关系类型所呈现的族群关系也各不相

---

① 老严（南非超市老板，2010 年到南非），2014 年 8 月 16 日，福清市山镇。
② 谢女士（饰品批发店老板，2003 年到南非），2010 年 12 月 9 日，约翰内斯堡香港城。
③ 小杨（在南非乡镇经营超市，2008 年到南非），2010 年 8 月 6 日，福清市江镇。

同，给中国新移民和南非黑人带来的感受也不同。

1. 雇佣关系

中国新移民在南非开批发零售店，除了家人帮忙管理，有时也需要在南非雇用工人，尤其是超市、服装、酒吧等商店，中国新移民商人店里普遍雇用黑人。

小张："我是 2009 年 10 月去南非的，刚开始是在亲戚的服装店里打工，过了几年才自己开店。在南非乡下开店的中国人，有 80% 开的是服装店和超市，另外一些人会开酒吧、加油站。我现在有 3 家店，一共请了 10 名黑人工人，主要是女性，因为开的是超市，女工比较会整理货物。黑人工人工资最高的是周薪 450 兰特。黑人很懒散，都要'赶'着走的，要一直提醒他们干活。黑人工人不好管理，稍有不满意的，他们就会跑到工会那边去告状。劳工部在南非权力很大。我们是外国人，他们多多少少会歧视我们，哪怕我们是对的，我们也要花点钱赔给这些工人。请个福清老乡帮忙看店每个月要四五千元。一般黑人的受教育程度相当于我们中国初中毕业吧。我们雇用的人一般也不需要受教育程度多高的，因为工作很简单，也就是补补货，打扫卫生这样的工作，没有什么复杂的事情要他们做。南非的贫民窟很多，像我雇用的那些人，他们也都是住在贫民窟里面。"①

小张有与南非黑人工人相处多年的经历，早期与黑人工人是同事，后来是雇佣关系。在评价黑人工人时，他用"懒散""难管"来形容他们；但同时，他也认为黑人做事踏实，如整理货架，总是能把货架的东西摆放得特别整齐。这也算是黑人工人的长处吧。

来自江镇的严老板在中国城经营监控设备，他的店里既雇用南非本地黑人，也雇用马拉维人。他说马拉维人比较勤劳，但受教育程度比较低；相比之下，南非本地黑人受教育程度高一些。但是南非黑人有个缺点，就是工作不连续。有时候工作几个月，赚了一些钱就不想工作了。等钱花完了，再回来找工作。"像我们做商店监控设备的，经常要加班，但南非人就不愿意加班。但有时我们真的很急，比如客户安装系统，安装一半，肯定要给人家完工再走呀。我们虽然说是当'老板'，但有时加班都是通宵

---

① 小张（在南非乡镇经营超市，2009 年到南非），2014 年 8 月 25 日，福清市江镇。

干活的。"①

"南非当地人最大的问题就是不够勤快，这对我们开店的人比较麻烦，毕竟商店每天都要开门，需要人手。南非黑人工人在我这里工作，也是包吃住，他们节约一些，一年可以攒下几万兰特。但南非人就是这样，攒了一两年，手头有几万兰特，就觉得自己很富裕，他们就要去把钱花掉，然后再回来工作。"②

南非工人的工作态度与中国新移民有差异，随着双方互动的增加，中国新移民也逐渐调适自己，适应这个群体的工作方式与态度。

有一些中国新移民家里会雇用黑人女工帮忙做家务，对黑人女工，他们的评价是："她们很会做卫生，厨房的台板绝对滑得不黏手的，浴缸擦得锃亮，所有的织物都熨烫好，叠得整整齐齐地放在衣柜里，而且工资不高。"③ 一些新移民私底下甚至说，黑人女工的家政工作水平能与世界闻名的菲佣相匹敌，对她们的家政工作能力非常认可。

中国新移民家庭雇用黑人女工做清洁工作，双方信任度较高，有些女工与雇主的合作关系长达数年，像朋友一样熟悉。双方互相了解、互相适应，雇佣关系就会比较稳定、持久。

2. 生意关系

在南非开店的华人老板普遍表示南非黑人的生意比较好做，因为他们购物豪爽大方，不会斤斤计较。而且当地人没有储蓄意识，即使是中下阶层民众，也愿意在娱乐休闲方面消费。

小杨："黑人想法很奇怪，明明有买一包烟的钱，他们偏偏喜欢一根一根买，结果是要花两倍的钱才能买一包烟。我们中国人就不可能干这种事。"

"黑人有钱就花，比如说拿了工资吧，月初大手大脚花，等月中的时候，算一算留点钱撑到月底，然后都花光了。黑人没地方借钱，大家都不敢借钱给他们，因为借了就没了，他们都不还。他们都是有钱就花。"

"黑人很爱美，喜欢打扮。中国服装便宜，可以满足他们的消费需求。"

"黑人买东西不会挑三拣四，十分爽快。有的顾客买东西，连试穿都

---

① 严老板（南非监控设备批发店老板，2013 年到南非），2017 年 3 月 5 日，福清市融侨酒店。

② 许先生（零售店老板，1999 年到南非），2010 年 12 月 28 日，约翰内斯堡百家商城。

③ 林月（服装批发店老板，1997 年到南非），2010 年 12 月 28 日，约翰内斯堡百家商城。

不用试，看中了直接买走。如果不合适，也不会说要退货，就下次再来买一件。"① 谈及黑人的这种购物习惯，中国新移民商人觉得很有趣，同时也觉得这样的顾客让他们的生意很好做。

案例 5-1　　　　　　在黑人区开店的福清商人戴老板

福清人戴老板 2003 年到南非，在黑人区开服装店、酒吧。服装店的产权是他买下来的，但现在租给巴基斯坦人经营，自己主要经营酒吧，酒吧经营 10 年了。戴老板所在区域的黑人主要来自南非周边国家，如莫桑比克、赞比亚、马拉维、津巴布韦，另外也有少量南非当地黑人。南非人的工资按南非国家标准，一个月 2800 兰特。他说南非人说不去工作就不去，而且经常不去工作。如果他们拿到医院证明，证明他们有病，老板也得付工资。他店里雇用南非黑人工人，从开店到现在一直在他这边工作，周薪从 250 兰特涨到现在的 700 兰特，每个月休息 4 天。这个南非工人是比较勤劳肯干的，别的工人也请过，但流动性太大。

谈到治安问题，戴老板轻描淡写地说："前几天附近的店铺被劫匪抢了。我这边没事，不会被抢。这里的'黑帮'我都认识，其实就是一些小偷小摸的'小混混'，不是什么穷凶极恶的黑帮。警察平时也会在附近巡逻，但没办法根本性改变治安状况，只能起一些威慑作用。"

"现在在黑人区住这么久了，附近邻居都认识，有什么事就叫警察过来。警察还是有威慑力的，谁都不愿意招惹警察。当地如果有游行，也会抢小店的东西，索马里人、马拉维人的零售店被抢得厉害，南非人比较排斥他们。中国人开的店还好，目前没有专门抢中国人商店。周边邻居跟我关系还可以，挺友好的。"

谈到在黑人区做生意的心得，戴老板说："这边的黑人，正常来说都没事，也就是过来消费、喝酒、打桌球。黑人区消费水平很高，生意比较好做。酒吧一般是晚上 11 点关门，周五、周六会晚一点，营业到凌晨 2 点。"

几乎所有中国新移民商人都知道黑人区生意好做。但是只有心理素质强大的人才能在黑人区长期经营，更多的人因为各种原因，无法在黑人区

① 小杨（在南非乡镇经营超市，2008 年到南非），2010 年 8 月 6 日，福清市江镇。

坚持太久。

全世界的国家福利，除了欧洲就是南非最好了，所以南非当地的人都不爱干活。当地人到店里买东西随便都是几百、一千（兰特），他们花钱不考虑明天，因为他们就医、读书都免费。南非乡下人住的房子很糟糕、很小，跟我们福清老家的厨房差不多大，有的是铁皮盖的，没钱嘛。但这里的黑人仍没有储蓄的观念，一发工资就乱花钱，所以中国商人的生意很好。①

在访谈中，中国新移民商人认为南非人的消费习惯跟社会保障制度的完善有关系。这样的消费习惯，为中国新移民商人从事批发零售、酒吧等行业提供了发展机会。

3. 旅居者与当地人的关系：欣赏与批评

（1）对黑人持正面评价

大部分中国新移民在出国后才有机会接触黑人，对黑人的了解并不多。在南非生活过程中，中国新移民与黑人的接触较多，也因此产生各种不同的评价。

"我聘请了不少南非员工，黑人员工缺少销售方面的知识，我就手把手地培训他们。在薪酬待遇方面，我也给他们比较丰厚的待遇，所以我店里的黑人员工很稳定，我雇用了10多个黑人员工，他们这10多年一直在我这里工作，没有跳槽的情况。"②

"南非如果治安不乱的话，其实比我们中国还文明。比如说，他们等公交车都是排队的，做什么事情都排队，黑人也一样。比如说开车，他们就不会乱转弯，没有闯红灯的现象。"③

"南非商业经营的空间很大，毕竟经过了殖民时代，当地中产阶级、上层阶级比较富裕。而且，南非当地的轻工业制造体系很落后。当地黑人不会做生意，我的客户一般是来非洲经商的印巴人。语言不通，我们就依靠手势比画和计算器。南非本地人的商业信誉很好，一旦订下销售合同，他们很少有压价毁约的行为。"④

---

① 戴老板（经营酒吧、服装店，2003 年到南非），2017 年 3 月 5 日，福清市融侨酒店。
② 老薛（五金批发店老板，1992 年到南非），2011 年 1 月 7 日，约翰内斯堡大学排球馆。
③ 严先生（批发店工作人员，2009 年到南非），2010 年 12 月 8 日，约翰内斯堡香港城。
④ 林霖（批发店老板，2009 年到南非），2010 年 12 月 28 日，约翰内斯堡百家商城。

江苏人黄英说:"南非本地的黑人劫匪不会太坏,我以前遇到劫匪抢劫,我就跟他说我只有 300 兰特,跟他讲道理,他们也会理解的,拿走 200 兰特,还给我留了 100 兰特。"①

山东人林金说:"我喜欢黑人,他们生性乐观,容易满足。虽然他们没什么钱,但真的很快乐。黑人跟中国人相比,更会享受生活,会为自己而活,每天很开心。而且黑人心胸很豁达,这么多中国人到他们的地盘上赚钱,他们也能接受。这一点很值得中国人学习。"②

"现在国内对南非的误解很深。一说起南非,哎呦,黑人的地方,很穷……这种刻板印象很不好。我们希望国内对南非能有一个比较全面的了解,这样有利于改善经商的环境。我们希望国内多了解南非的黑人,不能把黑人都看得很坏。我认为黑人在修养方面、品德方面都好于中国人。黑人很知足、不贪婪,而且很讲究卫生。即使居住在贫民窟,房子外壳破旧,里面也会被主人收拾得井井有条。"③ 有些访谈者还会将黑人与华人群体相比较,并说黑人整体素质高于华人。

"黑人其实头脑比较简单,比较好相处,没有像中国人那样的花花肠子,他们的生活也过得很简单。头脑简单,生活简单。中国人在那边做生意都有请黑人,黑人工资比较低,中国人工资比较高。请个中国人看店一个月要四五千兰特。"④

"南非有些黑人还是很友好的,思想开放,幽默。"⑤

"我认为南非这边的黑人是'外黑内白',总体来说,南非的黑人、白人都很直率、单纯。走在路上,当你跟他目光交流、四目相对时,你会发现对方眼里没有警惕,反而是善意的。跟南非黑人打交道很轻松,而且他们还特有幽默感。"⑥

综合以上访谈的内容,笔者提取了中国新移民商人对黑人正面评价的

---

① 黄英(开发批发商城、兼营服饰批发店,1999 年到南非),2010 年 12 月 22 日,约翰内斯堡中国商贸城。

② 林金(批发店老板,2007 年到南非),2010 年 12 月 22 日,约翰内斯堡香港城。

③ 曾贤(从事葡萄酒、通信产品生意,1997 年到南非),2010 年 12 月 9 日,约翰内斯堡伊登维尔。

④ 老严(南非超市老板,2010 年到南非),2014 年 8 月 16 日,福清山镇。

⑤ 小杨(在南非乡镇经营超市,2008 年到南非),2010 年 8 月 6 日,福清市江镇。

⑥ 朱先生(工艺品批发商,2008 年到南非),2011 年 1 月 12 日,约翰内斯堡香港城。

关键词，分别是"幽默""直率""乐观""豁达""有品位""好相处"。这些正面的评价反映了部分中国新移民商人在与南非黑人的交往过程中还是比较愉快的，对黑人在某些方面的工作能力，如家务劳动、店铺整理等方面的专业水平也很认可。

而在香港城工作的南非黑人小伙子 Klinton 则告诉笔者："我跟中国人的接触主要是在工作方面，其他时间基本没有。在南非的酒吧等娱乐场所很少看到中国人，当然，赌场除外。"[1]

"我觉得中国人很安静，他们有自己的朋友圈子，比较少和外人来往。在我的朋友圈子中，没有中国人。"[2] 香港城的一个黑人顾客 Minnie 这样评价中国人。

朋友关系是人际关系中质量较高的一种社会关系，当这种关系发生在不同族群的成员之间时，说明族际交往的程度较深。以上访谈内容在一定层面上反映了中国新移民群体与南非黑人群体的社会交往状况，即使他们对彼此并没有明显的排斥，但社会交往方面的深层互动非常有限。很多旅居南非的中小华商，很少与南非人接触，下班就回家或到唐人街、赌场娱乐，不愿意在当地发展社交关系。这样的行为无可厚非，但并不利于其生意的长远发展。因为在与当地人接触的过程中，中国新移民可以进一步了解顾客的消费习惯和购物需求，以便随时调整经营结构，适应市场氛围。

（2）对黑人持负面评价

同与南非白人的关系一样，虽然中国新移民对黑人在公共场合的素养评价颇高，但在微观层面的互动仍有不少不愉快的经历。这主要是因为文化差异而产生的各种矛盾。

林霖："黑人偷东西很正常，他们这个群体道德感比较淡漠，表现在两个方面。一是喜欢小偷小摸，即使被发现也不以为然。我们在批发商城每天都得提防黑人顾客偷东西。有时店员刚把货架的货摆好，黑人进来逛一圈就顺手拿走不少东西。我们发现后，会叫他们退还，他们也就退还了，毫不在意。在这里做生意，要习惯这一点。二是喜欢占小便宜，比如一些衣着整洁、体面的黑人，会厚着脸皮找我们讨要三五个兰特，他们也

---

① 南非黑人 Klinton（百家商城保安），2010 年 12 月 7 日，约翰内斯堡百家商城。
② 南非黑人 Minnie（香港城顾客），2010 年 12 月 27 日，约翰内斯堡香港城。

不直接说要讨钱，而是叫我们请他们喝可乐。遇到这种事情，有时也只好请他们喝可乐。他们这个群体就是这个样子。"①

"黑人的价值观跟中国人不一样，他们很有'分享精神'，当然，这个'分享'指的是要求别人把财富跟他们'分享'。理由是'世界的财富属于大家，你拥有多了，就分享出去'。我觉得这种分享思想蛮好的。但这种思想会导致他们懒惰。南非的福利制度受英国影响，属于高福利国家，这样的制度容易培养懒人。他们真的不如中国人勤奋、努力。他们的性格跟我们中国人完全不一样。"②

"黑人计算能力很差，学习能力也很差，简单的买卖算钱，我们中国人可以口算，他们不行，要使用计算器。还有，黑人确实比较懒散，跟中国人相比，他们太懒了，当然，也正因为这样，我们才可以在这里赚到钱。"③

江苏南通的黄英："我不在这里开厂，在这里开厂太麻烦了，员工不好管理，手续也麻烦。直接从国内进货比较简单。"④

福建莆田的黄云："在南非开工厂不划算，首先是黑人员工不好管理，每天只工作8小时，加班要双倍工资。而且他们很懒，动不动就罢工。生产周期比较长还不好控制，还不如直接从国内拿货。我们国内的鞋厂，那些工人每天至少工作12个小时。南非工人维权意识强，不愿加班，爱花钱，是月光族。"⑤

"以前有一个黑人在我店里工作了2年，工作非常勤劳，也很敬业。但他工作到第3年就不想再干了。现在有时过来打个零工，不愿意长期工作。给他高薪也不愿意，说长期工作太辛苦。我们中国人只要有工作机会就去做，不会像他们这样懒散。"⑥

访谈者对黑人的负面评价关键词，分别是"小偷小摸""懒散""计算能力差""不会理财""不够精明"等。这是日常交往中中国新移民对

---

① 林霖（批发店老板，2009年到南非），2010年12月28日，约翰内斯堡百家商城。

② 曾贤（从事葡萄酒、通信产品生意，1997年到南非），2010年12月9日，约翰内斯堡伊登维尔。

③ 小杨（南非乡镇经营超市，2008年到南非），2010年8月6日，福清市江镇。

④ 黄英（开发批发商城，兼营服饰批发店，1999年到南非），2010年12月22日，约翰内斯堡中国商贸城。

⑤ 黄云（服饰批发店老板，2005年到南非），2010年12月27日，约翰内斯堡中国商贸城。

⑥ 小吴（零售店老板娘，1999年到南非），2010年12月22日，约翰内斯堡伊登维尔。

南非本地黑人的负面印象。由此可见，中国新移民与南非黑人在道德认知、工作态度、价值观方面存在差异，并因此对黑人产生了偏见。

（3）与黑人的冲突

在中国新移民群体与黑人的日常互动过程中，无论是雇佣关系，还是生意关系，一些中国人由于对黑人不太了解，在日常接触过程中态度粗暴，严重时甚至会引发激烈冲突事件，造成族群关系的紧张。以下有两个案例，一个案例来自企业管理过程中中国新移民与南非黑人员工的冲突；另一个案例来自南非华人警民中心的案子，一名中国新移民在南非林波波省与当地黑人发生严重冲突。

案例5-2　　　　　　　　企业管理方式带来的冲突

董先生在一家纺织厂工作，厂里的技术和管理人员主要来自国内，工人从当地招聘。工厂里的黑人工人经常抱怨中国主管对他们大呼小叫，甚至"动手动脚"。这在我们看来很好理解，纺织厂里噪声大，说话嗓门大就成了习惯，而且在中国上级训斥下级很正常；至于"动手动脚"，完全是中国主管想要在最短时间内纠正黑人工人的操作错误，比如说"这个机器部件在转动中不能碰，危险！"于是中国主管便出手拍一下对方，想要拦住；或者推搡黑人催促他们动作快一点。但是这两点在黑人看来就很不尊重，甚至有歧视的意味了。黑人认为人人平等，作为主管你可以给我安排工作，你可以指出我的错误，你可以教我正确的方法，但是你不能对我大呼小叫；我哪里做错了，你可以跟我好好说，而不应该用力把我的手拍掉，这样做太粗鲁无礼了。所以大家在工作中应尽量注意沟通方法，不要伤害黑人同事们的情感，能好好说就好好说，千万不能动手。注意处理好与黑人工人的感情。①

案例5-3　　　　　　　　与黑人顾客的冲突

中国福建籍薛姓侨胞和妻子、儿子在南非林波波省泽贝迪拉小镇上经营

---

① 董先生，2016年8月12日，浙江杭州。

一家商店，2014 年 2 月 22 日晚 6 时许，商店临近关门，店内只留下薛的妻子在整理商品。这时，一名喝醉酒的本地黑人进来买烟，买完烟不走，一直站在店内抽烟，薛妻请他到外面去吸烟，黑人不听并和她争吵起来，越吵越厉害，薛妻干脆将这名黑人推出了店外。被赶出店去的黑人感觉气愤，就又返回店内，找着薛的妻子后两人竟打了起来，据说还将薛妻的胳膊打断。当时，薛的儿子就在商店后面的仓库，听到前面发生争吵，急忙冲到店堂，看到母亲正被一名黑人殴打，他情急之下，顺手抄起一把刀刺向黑人，才将母亲救起。

随后当地警察赶到，薛氏夫妇和儿子都被警察带走了，受伤倒地的黑人也被救护车送往当地医院，未料黑人的伤势过重，因伤及肺部，当夜就不治身亡。

转天，这一消息传遍小镇，当地民众将出事的中国新移民商店围拢起来，要向他们问个清楚，结果人越来越多，人们的情绪开始激动，并最终形成骚乱哄抢，周围多家中国人商店未能幸免，被洗劫一空。所幸，受到牵连的华商都及时逃脱，保住了性命。住在该地区的中国人大概有 20 名，大部分已经撤离，但他们的财产损失殆尽。①

这一案件的发生似乎是偶然事件，起因是店主与消费者之间的冲突。然而，这一案件也反映了中国新移民在与黑人的互动过程中态度较为粗暴，对于可能引发的冲突也缺乏预见性，最后导致严重的冲突。南非华人警民合作中心的陈秘书长对这一案件做了评论："第一，店主与消费者互相不尊重，也不了解对方；第二，黑人聚集区的零售店利润超过行业平均水平，但危险系数也更高。在黑人区里，华商应该低调、谨慎，不可随意得罪黑人。"②

李安山认为，海外华人在居留国采取低姿态的应变策略，是对生存环境适应性的一种典型表现。③ 在陌生的环境中生存，需要独特的生存智慧，才能应对不断变化的移居地社会。

"从我们中国大陆过来的新移民的整体素质确实跟其他国家没得比，

---

① 《华人刺死黑人引发暴乱　华商财产遭洗劫》，南非华人网，http：//m. nanfei8. com/e/action/ShowInfo. php？classid＝78&id＝8129。

② 陈秘书长（南部非洲中华福建同乡总会、南非华人警民合作中心秘书长，2003 年到南非），2014 年 2 月 25 日，微信访谈。

③ 李安山：《非洲华侨华人史》，中国华侨出版社，2000，第 510 页。

跟韩国、日本、欧洲等国没得比。福建乡亲跟其他省份相比又更差一些，因为我们福建人多，整体受教育程度低。东北人的整体受教育程度会比较高。我们福建新移民最多的是福清、长乐、连江等县市，文化素质普遍不高。我做这个工作 10 多年了，作为福建人，我们自己也感觉到，不管是文化程度、个人素质、生活习惯等方面都不尽如人意。有些人还不如黑人，因为他们会随地吐痰、乱扔垃圾。我认为每个人走出国门，都是中国的形象。像韩国人，他们就禁止'丑陋的韩国人'出国，他们会有个培训，不要带陋习出国。如果有条件，应该培训一下，比如见面如何打招呼，坐车怎么坐等等，这些细节都很重要。"①

"刚来南非的时候，黑人对我们都很友好。但随着中国人越来越多，很多陋习带到国外，当地人对我们就会很反感，会骂中国人，叫中国人滚回去。南非媒体会经常报道中国人从事违禁物品如犀牛角的买卖，贩卖毒品等。"②

在日常生活中，许多新移民十分节俭，据说有一名来自福建的小商人，他连续吃了六年的大白菜咸粥，但其中也有些中国新移民喜欢在赌场挥霍，而且嘲笑黑人不懂储蓄。这些都不利于与当地黑人建立良好关系。

"在南非人眼里，中国是很落后的。经常有南非人问我，是不是因为中国太落后了才跑去南非的。这跟媒体报道也有关系。中国人赚了钱都拿回中国花，南非那边判断一个人是否有钱是看他的消费能力，我们中国人在南非消费能力不算强。南非人没有储蓄概念，他们有了钱就花。钱放在银行里没有利息，还收管理费。"③

（三）中国新移民与南非非法移民的关系

根据南非统计局 2011 年的数据，南非的外国人口约有 230 万。但如果将大量非法移民计算在内，预计在南非的外国人数量有 500 万～800 万，占人口总数的 10% 左右，其中以津巴布韦、马拉维、莫桑比克、刚果

---

① 陈秘书长（南部非洲中华福建同乡总会、南非华人警民合作中心秘书长，2003 年到南非），2011 年 1 月 17 日，约翰内斯堡福建同乡会馆。

② 何记者（南非某华文报社记者，2001 年到南非），2010 年 12 月 27 日，约翰内斯堡西罗町。

③ 李会长（曾任南部非洲中华福建同乡总会会长，现为南非华人警民合作中心主任，1992 年到南非），2010 年 12 月 23 日，约翰内斯堡西罗町。

（金）、赞比亚等国移民居多，仅津巴布韦人就有 100 多万。

　　针对中国新移民商人的批发零售业存在雇用南非黑人、外来黑人的现象，有学者将之称为南非华人聚集区内部的"三重劳动力市场"①，处于第一层次的是老板，以中国新移民商人为主；处于第二层次的是南非劳工群体，他们享受着南非《劳工法》的保护，在薪水、福利等方面享受保护；处于第三层次是外来黑人员工，他们大部分来自南非周边国家如马拉维、安哥拉、津巴布韦等国家。对于雇用外来黑人员工，中国新移民商人是"又爱又怕"。与南非员工相比，外来黑人员工"好用"，工作勤勉努力、积极肯干。然而，外来黑人员工的素质有高有低，其中大部分人是非法滞留在南非的，有些人到华商店里工作甚至是另有计划。

　　1.　"好用"的外国黑人员工

　　与南非本地人相比，来自南非周边国家的非法黑人员工不仅吃苦耐劳，而且薪水不高。因此，一些中国新移民商人会在店里雇用外国黑人员工，包括津巴布韦、马拉维、安哥拉等国家的黑人。相处时间长了，大部分中国新移民可以辨别这几个国家黑人的特点。

　　约翰内斯堡批发商城店主洋铭："我店里雇用一名马拉维黑人员工，工资一般在 1200～1500 兰特。外国黑人员工比南非人要勤快、听话。南非人不仅不好指挥，还会找麻烦。百家商城的黑人员工主要来自马拉维。"②

　　江镇小陈："我们雇用的主要是外国黑人员工，以津巴布韦人为主，因为他们的受教育程度比较高，一般是高中毕业学历。我店里的黑人员工很聪明，虽然刚来的时候什么都不懂，但很快就能适应工作。雇用南非人很麻烦，要签两年的用工合同，而且他们爱来就来，不来就不来，还不能随便开除他们。如果开除他们还要赔他们几个月的薪水。外国黑人员工就相对好一些了。"③

　　相较于南非本地人的工作态度，来自周边国家的黑人更愿意勤劳工作，而且工资成本也相对较低。灯具店马拉维黑人员工说："我一直跟着现在这个老板，他人很好。南非很好，比马拉维好多了。马拉维很穷，在

---

①　陈肖英：《民族聚集区经济与跨国移民社会适应的差异性——南非的中国新移民研究》，《开放时代》2011 年第 5 期。

②　洋铭（服装批发店老板，2004 年到南非），2011 年 1 月 9 日，约翰内斯堡百家商城。

③　小陈（批发店老板，2008 年到南非），2010 年 12 月 8 日，约翰内斯堡香港城。

那边一个月工资大概 1000 兰特。在南非的收入高一些。在南非每个月食物支出大约 900 兰特，租房 1000 兰特。但每个月还可以剩下一些钱。在南非如果努力工作，就可以赚到很多钱。"①

时任南非副总统拉马福萨于 2017 年 2 月宣布南非最新最低工资标准，每周 40 小时和 45 小时工作时间的月薪分别为 3500 兰特和 3900 兰特。②

表 5-1 2017~2018 年南非部分行业最低工资标准

单位：兰特

行　业		月　薪
农林业工人		3169.19
出租车司机		3413.26
私人保镖		7014.00
酒店业	雇员少于或等于 10 个	3193.12
	雇员多于 10 个	3559.10
家政（周工作时 > 27 小时）	大城市	2345.22
	其他地区	2317.75
批发零售业（大城市）	经理	7704.32
	管理人员	5974.01
	叉车操作员	3676.41
	保安	3439.72
	销售人员	4857.26
	收银员	4127.76
	电员	3890.61
	购物车整理员	3387.38

资料来源：南非劳工部，http：//www.mywagy.co.za。

中国新移民商人在南非雇用的黑人主要从事批发零售业的保安、销售人员、收银员、购物车整理员，以及农业种植等工作，参考南非行业最低工资标准，如果雇用对象是南非人，这些行业的最低工资的月薪在 3300 ~ 4800 兰特。如果雇用外国非法移民，工资远低于南非劳工部制定的最低工

① 马拉维黑人员工 Peter（中国商贸城外来黑人员工），2010 年 12 月 27 日，约翰内斯堡中国商贸城。

② 商务部国际贸易经济合作研究院、中国驻南非大使馆经济商务参赞处、商务部对外投资和经济合作司：《对外投资合作国别（地区）指南·南非》（2018 年版）。

资标准，在 2000~3200 兰特。

一位在开普敦中国批发城的中国老板说，外来非法黑人工资比较低，这是公开的"秘密"。从事杂活的黑人员工，月工资一般在 3000 兰特左右（约折合人民币 1500 元），假如雇同样的华人员工干同样的活儿，就需要 4~5 倍的工资。华人老板很少雇用南非本地黑人，他们倾向于雇用津巴布韦、索马里和马拉维等周边国家的非法移民。

津巴布韦的政治和经济动荡使本国的失业率一度高达 80%，人口贫困率达到 70%，成千上万的难民进入南非，目前约有 300 万津巴布韦人在南非生活、工作。他们普遍受教育水平较高，也比较勤奋，在职业竞争中，南非人往往不是他们的对手。中国批发城的华人老板说："我们都没有张贴招聘广告，是他们自己来商城找工作的，他们找工作非常积极主动。"[1]

"南非贫富差距很大，有钱的人很有钱，没钱的真的很穷。南非有很多农场主也很富裕。我雇用的黑人有南非人，也有其他国家的人。"[2]

除了批发零售，中国新移民在装修房屋时也会雇用外来黑人。曾贤 2003 年在约翰内斯堡伊登维尔购买了一栋房子，占地 1000 平方米。购房后，他在院子里加盖房间，准备出租。盖房子的工人是两个外国黑人，他在马路边雇的，日薪 80~200 兰特（师傅与小工不同）。这两个黑人每天早上 8 点多就到他家干活，下午 5 点左右回家。曾贤对这两个黑人很友善，每天工人下班时，都会亲自开车将他们送到公交车站。他对这两个黑人的评价挺高，而且也颇为信任。家里没人时就留他们独自干活。

南非中国新移民雇用南非外来非法移民黑人，是因为外国黑人比南非本地人更勤快、听话。"南非人不仅不好指挥，还会找麻烦。"[3] 南非人法律意识强，与老板只是雇佣关系，并不是从属关系，这与双方社会环境差异有关。

2. "危险"的外来黑人员工

在南非雇用外来非法黑人，有双重潜在风险，一是雇用的黑人员工可能会抢劫店主；二是南非失业率高企，南非人对周边国家非法移民的不满

---

① 黄云（服饰批发店老板，2005 年到南非），2010 年 12 月 27 日，约翰内斯堡中国商贸城。
② 小杨（在南非乡镇经营超市，2008 年到南非），2010 年 8 月 6 日，福清市江镇。
③ 曾贤（从事葡萄酒、通信产品生意，1997 年到南非），2010 年 12 月 9 日，约翰内斯堡 Edenvale。

由来已久，"排外"运动时常发生，中国商人雇用非法移民，可能会因此而遭受到南非本地人的批评甚至攻击。

2006年，总部位于南非的非政府组织"南部非洲移民计划"对3600名18岁以上的南非公民进行问卷调查。调查结果显示，与世界上其他国家相比，南非民众的排外思潮更为普遍，且有愈演愈烈之势。其中，62%的受访者认为外国移民"偷走"了当地人的就业机会，分别有67%和49%的受访者认为外国人带来了犯罪和疾病，35%的受访者则希望政府完全禁止外国移民。① 这种观点反映了南非人对外国非法移民的不满。

2008年5月，南非豪登省发生了大规模的排外骚乱。当地民众对来自津巴布韦、莫桑比克、马拉维等国家的移民进行了抢劫、烧杀等罪行，当时造成了60多人死亡，数百人受伤，17000多名外国人躲到收容所、警察局和难民营。② 尽管南非总统表示："南非政府不会让你们（外国人）离开，不是所有南非人都想让你们回去，只有极少数的南非人才会这么做。"政府也迅速采取行动平息排外骚乱。但此次事件引起了全球的关注，对南非社会产生了严重的冲击，同时反映了南非多年来一直无法有效解决的大量非法劳动移民问题。

2015年3月底，南非祖鲁王古德维尔③发表"请原谅我的直言不讳：住在南非的外国人必须收拾行囊回家"的言论，在被当地媒体广泛报道后引起了强烈反响，随后大规模的骚乱陆续在德班周围出现。④ 虽然随后祖鲁王辩称他的讲话"被歪曲"，他的本意是"想呼吁南非政府关注外籍人士的生存状态，并非煽动排外情绪袭击外国人"。但南非排外暴力事件还是不断升级，由德班蔓延到南非经济中心城市约翰内斯堡及其周边地区，数百家外国人经营的商店被打砸哄抢。为了躲避暴力事件，数以千计的外国人逃离居所，暂居避难所。南非周边国家如津巴布韦、马拉维、莫桑比克等国从南非撤离本国公民。此外，索马里、尼日利亚、埃塞俄比亚等国的移民也受到影响。这是2008年以后，南非境内发生的最严重的一次排外事件。

---

① 杨之枘：《褪色的彩虹：南非何以排外猖獗》，《世界知识》2015年第10期。
② 黄翱：《南非华人：从来没见过这么严重的骚乱》，澎湃网，http：//m. thepaper. cn/quick-App_jump. jsp？contid＝1322416。
③ 祖鲁族是南非最大的黑人民族，南非保留了祖鲁王的王室地位。祖鲁王没有实权，是南非800万祖鲁族人的象征与代表，具有名义上的至高无上的威严与地位。
④ 《4大原因催化南非暴力排外》，《法制晚报》2015年4月19日。

　　南非暴力排外事件并不是一场族群冲突。从发动暴力排外事件的主体来看，最早是居住在德班附近城镇的黑人发起了排外运动，而后蔓延到约翰内斯堡及其周边地区，参与者是南非黑人群体。据新闻媒体报道，该暴力排外事件造成 8 人死亡，上百人受伤，数百家店铺被打砸哄抢，数千人流离失所。① 这次暴力排外事件并没有统一的组织，没有明确的行动目标和具体纲领，没有确凿的证据表明他们受到了某个组织或集团的煽动或支持。从暴力活动的目标来看，他们宣称"外国人非法进入南非，从事非法经营，抢了他们的'饭碗'，导致南非失业率居高不下"②。对于此次排外事件的起因，南非前总统祖玛认为："其中有社会、经济等方面的因素。"③ 从祖玛的话可以看出，此次暴力排外事件并非为了实现某些特定的政治目的，更多的是南非黑人民众为了表达对自身处境艰难的愤懑，发泄对社会的不满。这样的暴力排外事件对中国新移民会产生负面影响。

　　"南非这边受过教育的人对华人还可以，如果是乡下那些没接受过多少教育的黑人，对华人就不会很好。他们会认为我们中国人把他们的钱都赚走了。还有，南非这里失业率高，艾滋病患者也很多，社会矛盾很多。"④

　　"南非反对周边国家的黑人抢了他们的工作，周边国家的人工作表现比南非黑人好，要的工资又低，又不需要什么《劳工法》，有不少中国新移民雇用外国的黑人。所以南非本地人有意见。南非本地人失业率很高，前段时间有个游行，要把津巴布韦的人都赶出去。"⑤ 南非人对外来黑人员工的意见，主要在于就业机会的流失。此外，外来黑人员工的社会犯罪率确实更高，不少华商也深受其害。

　　"南非外来黑人有一点不好的就是他们经常会先到店里打工，当一下卧底，然后再跟外面的人一起联合来抢劫店主。我隔壁那家店的老板就是被自己雇的黑人员工抢了，他们把老板直接塞到车里带到机场附近抢劫。南非当地人如果抢劫一般是抢运钞车，抢中国人的主要是南非周边国家的

---

① 《南非暴力排外事件升级持续，死亡人数升至 8 人》，人民网，http：//world. people. com. cn/n/2015/0419/c1002 – 26868268. html。

② 《我驻南非使馆：未接到撤侨通知》，《法制晚报》2015 年 4 月 19 日。

③ 黄翱：《南非华人：从来没见过这么严重的骚乱》，澎湃网，http：//m. thepaper. cn/quick-App_ jump. jsp？ contid = 1322416。

④ 可可（服装批发店老板，2003 年到南非），2010 年 12 月 8 日，约翰内斯堡香港城。

⑤ 小杨（在南非乡镇经营超市，2008 年到南非），2010 年 8 月 6 日，福清市江镇。

人，比如说津巴布韦人。"①

侨领李先生曾号召中国新移民抵制非法黑人员工，但效果有限。一些中国新移民商人为了节约员工成本，仍然会雇用没有身份的黑人员工。"南非治安不好有很多因素，一是因为非法移民太多。假如1000万移民中有1%的人去做偷、盗、抢的事情，那就有10万人在社会上作案，这是非常恐怖的事情。南非并不是所有犯罪问题都是针对中国人，如果有针对中国人的，也是针对那些开店的人。为什么被抢的都是开店的人？因为抢劫并不是随便抢的，劫匪是有针对性的。很多中国新移民的店里一天几十万兰特的货款，黑人员工看到了就眼红，会产生不法念头。华人警民中心曾经到各个乡镇做宣传推广活动，呼吁中国新移民店里要抵制外国非法黑人员工，但很多中国人不听。很多人认为雇用南非人如果发生劳工问题很难解决，其实劳工问题不复杂，如果请个劳工律师，把条例做好，这个并不难。但是很多人贪图便宜省事，喜欢雇用外国非法黑人员工，结果店里的黑人员工跟外面的抢劫团伙合作，向他们提供店主信息，比如说开什么车、几点出来等信息，让他们来抢劫店主。所以抢劫案件都是有目标的，不是每个中国人走在路上都会被抢。中国商人应该反思自己的行为，最好能遵守南非劳工法律制度，这不仅有利于雇用，也有助于保护自己的安全。"②

南非的失业率高企，但中国新移民商人在南非经商喜欢雇用中国人或其他国家的非法移民，较少雇用本地人。这看似"可靠"与"省钱"的用工选择，反倒带来商业发展方面的局限性。有些行业，如中餐厅雇用中国人确实更加合适与方便。但除此之外，很多行业是可以雇用南非员工的，比如针对南非消费者的服装零售业，南非员工相对中国员工和其他国家的非法移民，有语言、文化上的优势，对本地消费者更加了解，做起事来事半功倍。

案例5-4　　　　　　　外来黑人员工抢劫华人商家

2016年12月26日下午，在距离约翰内斯堡160多公里处的克拉克斯多普（Klerksdorp）市内一处购物中心内的一家华人商店遭抢劫，店主胸

---

① 洋铭（服装批发店老板，2004年到南非），2011年1月9日，约翰内斯堡百家商城。
② 李会长（曾任南部非洲中华福建同乡总会会长，现为南非华人警民合作中心主任，1992年到南非），2010年12月23日，约翰内斯堡西罗町。

部被刺一刀，后送往医院救治，未危及生命。

案发于 26 日下午 4 时左右，黄姓华商下班时间关店后，在店内处理一些事务，当他打开店门计划离店回住所时，跟随他 4 年多的来自津巴布韦的黑人店员接过黄姓华人的生活用品后就地一扔，迅速抱住黄姓华人。

这时还有另外两名歹徒冲入店内，想要控制受害人，受害人稍做挣扎，歹徒便在其胸部刺了一刀，随后华人店主夫妻两人便被控制住，所幸歹徒未进一步伤害受害人。

几名歹徒在店内大肆搜刮财物，抢走整个星期的营业款十几万兰特，并抢走受害者的小车。歹徒在逃离过程中也曾遇到商场保安，但告诉保安店内还有两名客人，使保安放松警惕，使其有充分时间逃逸。歹徒逃离后，受害人的妻子挣脱束缚，用棒球棒敲打玻璃引来了保安后，受害人才被及时送往医院接受救治，而歹徒已驾驶着受害人的小车逃之夭夭。

受害人平时对工人不薄，而且还与该工人住在同一住处，相处非常融洽，受害者没有料到会发生这种案件。[1]

这起案件说明，在购物中心内开店，虽然治安相对较好，但是如果有员工参与作案同样非常危险，更何况这是一起蓄谋已久的抢劫，所幸未危及店主生命。

"在南非经商的中国新移民数量不断增加，许多餐厅、商店会聘请华人，或是来自其他非洲国家的员工，但是华人朋友在聘请外籍员工的时候，一定要特别小心，确定员工的身份合法，此外，平时应该多了解南非的《劳工法》，不能随便将员工辞退，否则便可能吃上官司。"[2]

以下是在南非雇用外国人的一些注意事项：

首先，聘请非法劳工是严重违法行为。要在南非工作，就必须要有合法的身份，除非他是南非公民，否则必须依法申请工作许可。

南非的工作证大多只限申请者为一家公司工作，不能转移到其他地方去。如果有雇主被查出聘请非法劳工，不但可能被判处大笔罚

---

① 《南非华商遭抢胸部被刺 妻子挣脱束缚求救脱险》，中国侨网，http://www.chinaqw.com/hqhr/2016/12-29/119665.shtml。

② 梁记者（南非某华文报社记者，2005 年到南非），2010 年 12 月 28 日，约翰内斯堡伊登维尔。

款，而且还有可能坐牢。

因此雇主在聘请外籍劳工以前，应该要求员工提供自己的身份证明文件，并且依法申请工作签证。

有些雇主则是在聘请了外籍劳工以后，才发现那些员工根本没有在南非合法工作的身份，结果惹上了很多麻烦，这种情况其实都是可以避免的。

一旦雇主发现员工没有工作许可，并不能立刻将他们辞退，因为这些员工已经受到了南非《劳工法》的保障，即使是非法劳工，他们也可以去投诉。

其次，非法劳工也可以告雇主。劳资关系是一个经常让人感到非常头痛的问题，在南非尤其如此。雇主与员工有时候难免会发生争执或冲突，但是雇主千万不能当场叫员工不要来了，而且更不能野蛮地辱骂员工，否则可能被员工告上劳工法庭，最后损失惨重。

南非的《劳工法》目前仍比较偏袒员工，雇主想要将员工辞退，必须要有充分的理由，例如行为不当、偷窃、失职等。

当员工有违规行为时，必须通过口头警告、书面警告，并且还要开纪律惩处会议，才能够让员工心服口服地离职。

聘请外籍劳工时，应该要事先调查应聘者的身份，并且依法申请所需的证照，除了能够避免法律责任，还可以确保自己聘请的员工没有犯罪前科，这对自己的权益、生命安全都是一大保障。①

可可："部分华商不遵守南非《劳工法》，认为雇用南非人工资高、管理麻烦，他们利用廉价非法劳动力，导致中国商人在南非既容易被非法黑人员工抢劫，也会招致南非本地人的不满。外国非法黑人工资每个月 1000 多兰特，跟我们国内 400 ~ 500 元相当吧。黑人员工吃的饭都很便宜，一餐 10 兰特左右。我们请的黑人员工一般都是外国的，南非本地的我们请不起。虽然这些黑人员工工资不高，但相对于他们国内的工资水平还是不错的。比如说来自马拉维的黑人在本国月工资才 300 兰特左右，而南非这里

---

① 《〈移民法规〉在南非聘请外国人的注意事项》，《中非新闻报》2018 年 9 月 24 日。

的月工资有 1000 多兰特，他们省吃俭用还是可以寄一些回家。这跟我们国内那些打工的人差不多。他们工作一个月寄一周的工钱回去，家人就可以生存了。他们在这里租的房子一般是三个人一个房间，住的是套房。如果我们觉得哪个黑人员工比较老实，我们就会把那些还能穿的衣服送给他们。他们如果要在商城买东西，我们也会带他们到熟人的地方以批发价买下来。"①

中国新移民商人在南非不遵守当地法律规定，只注重眼前利益，忽略雇用外来非法黑人员工的风险，使用廉价非法劳工，无视南非人的不满，不利于树立本族群的良好形象。雇用没有合法身份的外籍员工，也给华人雇主带来极大的安全隐患。针对华人的劫杀、盗窃犯罪有一个规律：施害者多是华人雇用的外籍工人，他们没有合法身份，没有无犯罪证明，甚至雇主连他们的照片都没有。虽然外来黑人员工好用，但很危险。如果发生恶性案件，连追查的信息都没有。然而，尽管知晓其中的利弊，中国新移民商人雇用非法移民黑人员工的现象仍然屡禁不止。

（四）与南非印度裔的互动

中国新移民在南非互动的群体既有南非白人、黑人，也有南非印度裔，这与南非的人口结构有关。尤其是在德班地区，印度裔的比例很高，中国新移民商人跟他们有诸多互动。根据南非已被废除的种族主义政策的观点，南非人由四个"种族集团"——白人、有色人种、印度人和黑人——构成。很明显，印度人被列为一个单独的种族集团，但华人却不是，因为印度裔人数众多。这与华人在南非始终只是一个人数很少的移民群体有直接的关系。

德班的印度裔人数众多，中国新移民与他们接触的机会也相对较多。在德班，中国新移民经营的餐馆面向印度裔顾客经营；孩子在德班入学，中国新移民家长得以与印度裔学生的家长互动；在批发商城经营批发零售行业，与印度裔商人相邻；居住社区，主要选择印度裔社区。中国新移民在南非与印度裔互动关系良好，更能理解对方、接受对方。这与亚裔文化在某种程度上具有一定的相似性有关，如精明、勤劳，尤其是与南非的黑

---

① 可可（服装批发店老板，2003 年到南非），2010 年 2 月 8 日，约翰内斯堡香港城。

人相比。

1. 印度人进入南非的历史

南非的华人和印度人之间既有相同点，又有不同点。从历史角度来看，一方面，作为外来族群，华人与印度人在南非遇到了相同的困难，共同在白人与黑人之间求生存、谋发展。作为亚裔群体，他们在种族歧视、经济困境、社会地位和政治权利等方面，被黑人视为到南非获取就业机会的"入侵者"，被白人当作贫穷的未开化的苦力。另一方面，两个族群之间存在诸多差异。印度独立前是大英帝国的殖民地，印度人移民南非比中国人容易，因此数量比华人多得多；印度人在南非诸种族集团中处于一个比华人更明确的位置。[①] 更为重要的是，印度早期的移民族群多样化，其中有不少知识分子，他们在促进印度人社区的整合方面做出了极大贡献，有利于印度人为获得自身权利而斗争。

与早期华人一样，第一批被带到南非的印度人也多为犯人和奴隶。英国宣布废除奴隶制后，印度劳工开始出现在英国各殖民地。19世纪中期，南非的纳塔尔的发展需要大量劳力，印度人先后抵达这里。他们当中绝大多数人来自印度南部。当时的南非政府鼓励印度人定居南非。留下来的印度移民可得到政府分配的土地，愿意签5年合同的印度劳工则可得到一间免费的小房子。尽管存在杂居的情况，但当时印度人主要生活在纳塔尔，这一时期华人主要集中在开普殖民地和德兰士瓦，两个族群相距较远。

华人在南非的人数一直很少，南非印度移民人数远远超过华人。2020年，南非人口5962万，分黑人、有色人、白人和亚裔四大种族，他们分别占总人口的80.7%、8.8%、7.8%和2.6%。[②] 亚裔主要是印度人（占绝大多数）和华人。在德班市的四个"种族集团"的人口统计中，印度人的数量始终处于相当突出的地位。德班370万居民中有80万人是印度人的后裔。德班是除南亚次大陆外，拥有的印度人数量最多的城市。为什么移民南非的印度人数量会如此多呢？

首先，印度和南非曾经是英国的殖民地，后来成为英联邦的成员国。从法理上，那时的印度人被认为是英国公民，这使他们移民南非远比华人

---

① 李安山：《论南非早期华人与印度移民之异同》，《华侨华人历史研究》2006年第3期。
② 《南非国家概况》（最近更新时间：2021年8月），中国外交部网站，https：//www.fmprc.gov.cn/web/gjhdq_676201/gj_676203/fz_677316/1206_678284/1206x0_678286/。

便利。作为大英帝国的成员，印度人移民到南非被看作帝国内的移民，从而比外国人移民大英帝国要方便得多。正因为有这一条件，一旦移民政策出现问题，印度政府就可以直接对南非政府施加压力，要求公正地对待他们的移民。

其次，造成印度移民多于华人移民的另一因素在于家庭发挥了重要作用。从第一批印度移民开始，一些妇女便跟随丈夫来到南非。相对而言，华人多是单独出国打工。中国社会学家吴景超认为，妇女在稳定移民社会中发挥了非常重要的作用。1860~1911年来到南非的印度契约劳工虽然主要为男性，但男女的实际比例是64∶28。反观华人群体，远赴南非的契约劳工全部是男性，在早期自由移民中，女性人数极少。20世纪初，南非华人社区中男女之间的比例要超过100∶1。

最后，还有一个现象值得注意，南非印度人的宗教集会场所和社会政治组织的数量要比华人多。这既是印度移民人数众多的表现，也是印度文化影响的结果。宗教场所与社会组织为社区的分层与聚集提供了条件。相较之下，华人的宗教因素对社区的影响比较小，社会政治组织数量也很少。

社会身份的不同也影响到社区的组织程度和领导能力。早期，中国移民主要来自农村，多为贫苦农民，文化程度低，社会影响力有限。与此不同的是，印度移民除了大量的契约劳工之外，还包括商人、律师、传教士和教授。

印度移民积极参与南非各领域的经济活动。他们中相当一部分人从事零售业，与纳塔尔、德兰士瓦和奥兰治自由邦的白人展开竞争。另一部分人很快融入当地生活，从事更大范围的职业，如鞋匠、店员、厨师、消防员、洗衣工、珠宝制造商、矿泉水制造商、水管工、渔民和裁缝。还有一部分人则利用获得的土地种植水果蔬菜，到德班和彼得马里茨堡等地出售。从职业分布来看，印度人在南非从事的职业门类十分广泛。

至于早期印度人为什么聚集在德班，而中国人聚集在约翰内斯堡？这是因为英国殖民者引进的印度劳工主要在纳塔尔甘蔗种植园工作；华工主要在约翰内斯堡金矿工作。1814~1882年，约有300名华人到达开普殖民地、纳塔尔、彼得马里茨堡和伊丽莎白港。[1] 中国新移民迁移到德班经商，

---

[1]　李安山：《论南非早期华人与印度移民之异同》，《华侨华人历史研究》2006年第3期。

主要是 20 世纪 90 年代中后期的事。

2. 中国新移民与南非印度裔的互动：以德班为例

中国新移民商人集中在批发零售行业，印度裔也有不少人在经商，因此，两个群体在商业交往过程中会有一些互动。如在德班的批发商城、约翰内斯堡的中国城，都有不少印度裔商人。平时大家在一个商城工作，两者就像邻居一般。更重要的是，作为批发零售行业从业人员，大家经常要一起面对南非社会治安问题。

德班是南非最大的印度人聚居区。20 世纪 90 年代中期以来，中国新移民商人逐渐迁移到德班，在此从事批发零售、经营餐馆等生意。因此，在德班的中国新移民商人与南非印度裔有较多的互动。

"德班中国人比较少，中餐馆数量也少，总共才 5 家中餐馆。不像约翰内斯堡中餐馆，有烧烤、火锅、川菜等菜式。德班中餐馆必须对菜品进行改良，必须面向当地人，包括黑人、白人、印度人，否则没法维持下去。德班的中国人不多，估计有七八万人，分散在各乡镇。德班没有唐人街，中国超市很少，中国新移民在德班买菜，一般都是去南非本地的连锁超市，或者印度人开的超市。"①

德班房价便宜，尤其跟中国大城市相比，价格更显得低廉。一些中国新移民商人会在德班买房。在德班，中国新移民更倾向于购买公寓，德班的公寓管理不错，价格也便宜。有些生意经营得较好并且打算在南非长远发展的中国新移民商人，也会在德班买别墅。中国新移民在德班购房，考虑的区域一般是白人、印度裔的中产阶层集中的区域。

"印度人在德班生根了，人口非常多。经商的印度人从事各种买卖，比如做假发、开超市、卖手机、做电子产品、做餐饮。我平时工作跟印度人有接触。我们做假发的，很多客户是印度人。跟印度人交流还好，毕竟都是亚洲人。印度人和中国人相处还是比较好的。"谈起印度人在南非的适应，陈会长用"生根"来形容，认为印度人在南非是着眼于长远的发展，并且认同南非这个国家。在商贸往来的互动中，中国新移民商人与印度人的交往情况也比较好。

对印度人的评价："印度人在南非很厉害，他们不像中国人，赚了钱

---

① 陈会长（德班商城老板，2001 年到南非），2017 年 1 月 6 日，福州。

就往家里寄，他们是几代人都在那里投资，不断地把规模做大，所以很多南非印度裔财力很雄厚。印度人在南非是走长期路线，眼光比较长远，而且他们有英语语言优势。我们中国人很多走短期路线，很多是想赚一把就回来。所以印度人在南非比我们中国人厉害多了，有社会影响力，他们要申请当地的 ID（身份）也比我们中国人容易。"①

"印度人在南非也一样会被抢劫，但是他们的处理方式比中国人好一些。他们的英语好，遇上警察执法不公的现象，会据理力争。印度人在南非这边扎根了，中国人目前还没有。大部分中国人总想着叶落归根，经常说'老了还得回去，不可能留在这里'。"② 印度人的英语比中国人好，而且在南非的居留意愿更强烈。

小曾女士说："我们家与印度人相处很好，会互相到对方家里吃饭。印度裔朋友主要是商城的邻居，还有就是孩子在学校的同学家长，一般是跟这两个群体交往，其他领域的比较少。"③

小曾女士与丈夫在南非德班开批发零售店多年，主要经营监控设备、玩具、礼品。小曾女士的第二个孩子在德班出生，并在德班读书五年，孩子在幼儿园、小学阶段的同学很多是印度裔，因此，她与印度裔也有了生意以外的社交互动，结识了不少印度裔朋友。她的店铺所在的德班批发商城是福州长乐人开发的，以中国新移民商人为主，但也有一些印度裔商人。如小曾女士说的，她平时与印度人的直接生意来往不多，但居住社区的印度人邻居很多。她家与印度人有交往，来往对象主要是孩子同学。据她介绍，她们交往的印度人是比较高层次的，如医生、律师、公务员等。

"我在生意上很少和南非当地人来往，南非当地没多少人在做生意，我都是和南非的外国人（印度人、巴基斯坦人）做生意。当然，这些外国人有的也入籍了，也算是南非人。"④

"印度人是南非本地族裔，扎根南非社会，人数众多、职业多元化、

---

① 小张（在南非乡镇经营超市，2009 年到南非），2014 年 8 月 25 日，福清市江镇。

② 曾贤（从事葡萄酒、通信产品生意，1997 年到南非），2010 年 12 月 9 日，约翰内斯堡 Edenvale。

③ 小曾女士（德班监控设备、玩具店老板，2011 年到南非），2020 年 7 月 10 日，通过微信访谈。

④ 可可（批发店老板，2003 年到南非），2010 年 12 月 10 日，约翰内斯堡香港城。

语言无障碍，熟悉当地法律。"①

香港城林金说："印度人以前是英殖民地的雇佣军，他们跟随英国人过来，当然也能分得一些好处。很多中国人是偷渡过来的，刚来的时候连身份都没有，做生意也就这么几十年，社会影响力跟印度人当然没得比了。"②

中国新移民与南非印度裔之间的关系比较友好，矛盾不太突出。通过访谈了解，中国新移民在南非与印度裔的互动不少，并且主要持欣赏的态度。

第二节　中国新移民商人在南非面临的潜在风险

由于中国国力的提升以及中国、南非关系的友好发展，中国新移民在最近几次的南非排外运动中并未成为直接攻击对象。但近年来南非社会暴动频发，中国新移民因为从事零售行业，广泛分布在南非各省的乡村地区，容易在暴动中成为被攻击和伤害的对象。中国新移民在南非面临潜在的排外风险。

一　来自南非社会暴动的风险

近些年来，南非人针对外来非法移民的抗议运动不断，中国新移民在此经商，经常受到影响。以下两个案例分别是 2018 年、2019 年德班地区发生的游行示威活动，虽然游行的矛头不是直接指向中国新移民或华人，但他们的经商和日常活动仍然受到负面影响。

案例 5-5　民众不满市政府，自由州省部分地区引发骚乱

2018 年 12 月 4 日，自由州省的 Koffiefontein 小镇，对市政府不满引发了当地群众大规模的游行示威，示威活动不断升级，继而暴发了更为严重的打砸哄抢事件，当地多家商铺遭重创。

---

① 小杨（在南非乡镇经营超市，2008 年到南非），2010 年 8 月 6 日，福清市江镇。
② 林金（批发店老板，2007 年到南非），2010 年 12 月 22 日，约翰内斯堡香港城。

据了解，一家华人经营的酒吧在这一轮的骚乱中遭到哄抢，更为严重的是暴乱民众放火焚烧店铺，造成华商损失惨重，店里货物及相关设备尽数毁坏。自由州省福建同乡会将上述事件上报给总领事馆，并积极联系当地防暴警察，做好对当地华商的保护工作。

据悉，自由州省当日多个城镇发生多起示威骚乱事件；辖区内 Theunissen 镇，当地民众因对市政府服务不满进而举行游行示威活动，Welkom 市矿山也发生多起骚乱。同乡会在此呼吁广大华人多一分警醒，防患于未然，安全度过圣诞季！

华人在南非经商的安全环境不容乐观，希望广大华人能够重视保险的必要性，提高保险意识，努力将各种损失降到最低！①

2019 年初，在德班华人批发商城开店的中国新移民商人，就受到了威胁。当地民众在游行示威中，将中国批发商城作为冲击的目标之一。

案例 5-6　　2019 年 3 月 6 日德班黑人游行冲击中国批发商城

曾女士：最近临近大选，黑人游行示威，活动很多，昨天有一批人想冲进中国城，后来警察鸣枪示警他们才离开。今天他们又突然聚集，我们赶紧撤离商城。

笔者：黑人游行为什么要冲进中国城？

曾女士：黑人说他们没工作、没收入，想去中国城拿点儿东西。

笔者：游行的人是南非本地人还是南非周边国家的黑人？

曾女士：全部是南非本地黑人。

笔者：最近南非经济很差吗？以前有这种情况吗？

曾女士：因为要大选了，一些不法分子想捣乱。

笔者：那你们怎么办？最近要关店吗？

曾女士：每届大选都会有这种情况，但今年特严重。这几天我们商城都要关店，也不敢外出，不然路上碰到黑人游行队伍会被砸车，人身可能还会受到伤害。今年南非经济差，油价上涨，治安很不好。这个游行抗议

---

① 南非自由州省福建同乡会提供的资料。

可能会延续到 5 月。

笔者：要关店到 5 月？

曾女士：不用，他们隔几天会换一个不同的地方游行示威。反正每次大选期间都相当危险。今年我们生意没有往年好，最近回国的人比较多。我在等店铺合同到期再决定要不要回国。大家都在议论南非以后可能会走津巴布韦路线①，如果真是这样，南非就没有发展前途了。这几年南非治安不好，我们也不敢在这里买房，再等一段时间，治安实在不好就回国吧。②

笔者从访谈中了解到，虽然曾女士对游行示威活动已有心理准备，但这样也确实会影响她长期在南非经营的决心。类似的游行示威经常发生，尤其是在德班地区。在这种游行中，虽然中国新移民商人不是游行攻击的直接目标，但这样的社会环境不利于商贸活动的正常开展，也会影响中国新移民商人的经营发展规划。

案例5-7　　执政党 ANC 老兵联盟在德班驱赶外国人

2020 年 11 月 2 日，来自执政党 ANC 老兵联盟的一些人士开始在德班市中心驱赶外国人。他们表示，这是因为 ANC 常务秘书长马哈苏勒没有理会他们的意见，他们的行为得不到来自执政党的支持。

11 月 2 日当天，这些人在德班的 The Workshop 里里外外关闭了很多外国人经营的商店。

11 月 3 日，这些人继续他们的排外行动。但是警察出现在现场，与他们展开对峙，双方发生了暴力冲突。最终，他们的抗议被阻止。

这个老兵组织的负责人塞勒（不是南非警察部部长）在接受媒体采访时表示，他们一直在等执政党的回应，实在是等不下去了："马哈苏勒曾经表示，他很快就会给我们答复。然而现在已经快一个月的时间了，他向我们许下了虚假的承诺，这让我们感到愤怒，因为老兵们在挨饿，我们有

---

① 指的是津巴布韦政府实施"快速土改计划"，征收白人土地，用于安置无地或少地的黑人农民，导致社会矛盾激化，经济下滑，陷入政治经济危机，朝野尖锐对立。

② 曾女士（2010 年 12 月到南非，现在德班中国商城开批发店），2019 年 3 月 26 日，用微信方式访谈。

太多的问题需要解决。"

2020 年 10 月,马哈苏勒和老兵联盟的主席马巴索视察了夸祖鲁纳塔尔,并和老兵代表进行了会晤,讨论了他们面临的问题。马哈苏勒提出了很多要求,包括为老兵联盟和其他为了南非的自由解放奋斗的战士提供住房;为他们提供雇用和体面的就业机会;禁止在交通、餐饮、招待、教育、医疗和战略性的国有企业岗位上聘用外国人;禁止雇用外籍家政工人和农场工人。老兵联盟还表示,南非应当为外国人建立难民营,应当把所有的非法移民都驱逐回他们的国家。

11 月 3 日,他们又试图在 King Dinizulu Park 破坏外籍人士的商店,结果遭到警察的阻止,警察向他们发射了催泪瓦斯。

老兵联盟方面则表示,他们只是举行游行,但是没有发生骚乱。他们还表示,就算拿不到游行的许可,也会继续游行:"搞破坏的是流氓恶棍,那不是老兵联盟的成员。我们没有拿到许可,但是我们仍然要游行,因为我们在游行过程中没有伤害到任何人。可是警察却拦住了我们,我们曾经跟执政党的领导沟通,他们知道我们会展开这样的行动。"

老兵联盟表示,这种行动并不是排外行为,他们是在为所有南非人的利益而抗争:"我们希望这些商店全都由南非人来经营。可是现在南非的很多行业,包括卡车驾驶雇用了太多的外国人,我们希望这些产业以南非人为主。我们是在为所有南非人的民主而抗争,而不是为了小团体利益,我们又一次为了所有的南非人而展开斗争!"①

2020 年的南非老兵游行示威,更是明确提出南非的就业岗位应该雇用南非人,商店应该全部由南非人来经营的诉求。这样的社会运动频发,加剧了中国新移民在南非发展的不确定性。这些社会运动对中国新移民商人的影响,还有待未来继续观察。

二　来自南非社会犯罪的风险

中国新移民在南非没有像在非洲其他地方的移民那样受到攻击,但他

---

① 《德班市区今天游行引发骚乱》,南非夸纳省华人警民合作中心网,https://mp. weixin. qq. com/s/BBxmJaeCx2TAD51xJEr－ow。

们往往是抢劫和劫持的目标。随着南非经济状况的恶化，南非人对中国人和其他外国人的敌意与日俱增。社会犯罪、治安不良危及中国新移民的生命财产安全。南非涉中国新移民的抢劫、谋杀、绑架等社会犯罪案件频发，给中国新移民在南非的人身安全和财产安全带来巨大威胁。

南非社会犯罪案件增加有几个原因。

一是南非经济低迷，失业率不断攀高，导致针对中国商人的犯罪活动日趋猖獗，针对华商的袭击、敲诈勒索事件屡屡发生。

二是中国新移民的自我保护意识薄弱，缺乏安全知识、逃生技能、应急技能和自救能力。中国新移民群体知识层次多样化，个体素质不同。尤其是分散在南非小镇经营零售店、酒吧、加油站的小商人，经常成为南非犯罪分子袭击的重点对象。

三是中国新移民群体自身问题。南非的中国新移民群体受教育水平多样化，部分新移民缺乏跨文化适应的修养。其中还有些小有成就的新移民在南非存在炫富的行为，在日常经营中习惯使用大量现金，出入驾驶高级轿车，这种富裕的固化印象容易引发南非犯罪分子的关注。

目前，中国海外突发事件的防治能力还有待提升。南非华人警民合作中心弥补了这一不足。然而，由于中国新移民商人在南非分布广泛，华人警民合作中心的主要干部还要兼顾各自的商业经营活动，无法全力保护分散的中国小商人。

从南非华人警民合作中心每年处理的案件数量来看，每年针对华侨华人的案件有 300 多起，几乎每天都有 1 起案件。总之，在未来一个时期，由于南非严重的社会贫富差距和社会治安状况，中国新移民在南非的安全问题仍然让人担忧。

虽然南非侨界集思广益，商讨对策，但得出的结论是，这是一个"无奈且无解的题"。"社会犯罪主要是针对有钱的人，并不是专门针对中国人。因为中国人长期在此经营，现金比较多，所以抢劫案件发生在中国人身上的概率比较大。"①

---

① 陈秘书长（南部非洲中华福建同乡总会、南非华人警民合作中心秘书长，2003 年到南非），2011 年 1 月 17 日，约翰内斯堡福建同乡会馆。

"最根本的原因就是钱财，尤其是现金。大部分抢劫案件是在中资企业发工资前发生的，还有就是雇员知道雇主家里藏有大量现金。"①

除了钱财外露，一些新移民商人超时经营，在没有安保的情况下开店，这也导致他们成为抢劫的目标。

案例5-8　　　　　　　　华商星期天营业被抢劫

2018年4月15日下午4时30分左右，距离金佰利80公里处的小镇Petrusburg（地处自由州省），发生了一起持枪抢劫案，2万多兰特的现金被抢，华商没有受到伤害。

接到报案后，北开普省华人警民合作中心监事长林水平及时安排副秘书长翁天生、副理事长翁钟、理事林炎春赶到事发现场，了解案情，安慰华商。

据被抢劫的华商介绍，星期天小镇大部分商店关门，而华商依旧开店营业，下午4时30分左右，三名抢匪一人持枪，一人持刀冲进了商店实施抢劫。

劫匪将华商的2万多兰特现金抢走。在整个过程中，华商夫妇没有受到伤害，劫匪把华商夫妇关在厕所里，反锁厕所门之后携款而逃。

根据监控录像，警方已经初步掌握抢劫犯的相关信息，北开普省华人警民合作中心希望警方能够尽快将这些犯罪嫌疑人绳之以法，以维护北开普省地区的安定。②

中国新移民商人的经营理念与南非当地人不一样，如中国新移民认为在异国他乡就要更加勤劳工作，于是几乎全年无休，埋头工作。但这种经营方式引起了一些当地人的不满。如许多中国新移民的商店营业时间是每周7天，且从早上经营到晚上，这在当地商人看来可能是缺乏商业分享精神。此外，中国新移民商人出售的商品主要来自中国，超长时间工作以及中国商品的廉价优势，使中国新移民的批发零售店极具竞争力。这对南非

---

① 李会长（曾任南部非洲福建同乡总会会长，现为南非华人警民合作中心主任，1992年到南非），2010年12月23日，约翰内斯堡西罗町。

② 《南非彼得勒斯堡华商遭遇武装抢劫 北开普省警民中心到场提供协助》，南非华人警民合作中心网，https://mp.weixin.qq.com/s/jPG7sqtcXgsthzRANral6Q。

本地商人的经营不利，无形中会引起当地人的不满情绪，甚至会引发针对中国商人的暴力活动。一名访谈对象说："经营时间太长确实会影响华人的融入。很多批发店、零售店的华人工作时间很长，节假日也不关门，这种工作形式在某种程度上限制了他们的生活范围，使他们很少有时间和机会与外界接触。"[①]

中国新移民商人在南非批发零售市场占据了重要位置，他们的商店主要为低收入群体服务。在南非的商贸活动中，中国新移民接触的主要对象是黑人，一是因为黑人在南非总人口中所占比例比较高；二是因为中国商品的主要消费者是黑人群体。尽管身在国外，但大部分中国新移民在日常生活中仍然是以普通话或者家乡方言来交流。虽然很多中国商人也积极学习英语，但由于忙于生意，大部分新移民的英语水平仍不理想，很多人通过使用电子计算器或者聘用当地黑人，以弥补英语不好的语言障碍。

中国新移民在南非的族群适应策略可概括为"有限接触，保持距离"。由于主要从事批发零售行业，中国新移民在经商过程中与南非当地黑人、白人顾客有接触，但在社交方面则保持距离；南非老侨人数不多，主要分布在布隆方丹、伊丽莎白港等地，且分布比较广，很多新移民移居南非数年都没有与南非老侨接触的机会；而老侨主要通过新闻媒体的报道认识中国新移民，对中国新移民的总体评价比较负面；对于南非国内其他国家的非法移民，中国新移民在经济活动中最大限度地"利用廉价劳动力"。总体而言，中国新移民在南非的族群关系还是持一种经济"理性生存策略"，无论是经济活动方面的接触还是社交方面的保持距离，都是一种基于自身利益的"理性选择"。

通过访谈与研究，笔者认为中国新移民在南非的族群关系总体较好，南非排外活动频发，尚未明确将中国新移民视为排外对象。但未来如果中国新移民群体不能主动学习当地的法律与社会文化、积极融入当地社会，杜绝雇用南非非法劳工，未来中国新移民与南非本地族群的矛盾可能会走向冲突。关于中国新移民群体在南非面临的族群问题在未来应该被更明确地关注。中国新移民群体和有关部门应该未雨绸缪，预防南非排外风险的发生。

---

① 小高（2014～2018 年在南非华人超市当收银员），2019 年 7 月 8 日，福清市江镇。

第六章　中国新移民在南非的社会适应

　　本章将从两个方面来探讨中国新移民对南非社会环境的适应。第一，从群体适应的角度来探讨，以新移民组建的华人社团为例。第二，从个体适应的角度来探讨，以新移民通婚对象的选择为例。无论是群体层面的适应还是个体层面的适应都有一个共同点，即中国新移民在南非的社交圈集中在华人群体，确切地说，是局限在中国新移民群体之中。

第一节　中国新移民在南非的群体适应方式

　　南非社会环境的最大问题就是社会治安不好，因此，在南非生活的中国新移民在社会适应方面最基本的需求就是安全保障问题。从传统的中国公民海外权益保护的方式来看，外交领事保护和私人安保公司是中国公民海外权益保护的主要方式。然而，中国新移民在南非面临的既不是重大的政治权益伤害，一般新移民也无法支付昂贵的私人安保公司费用。因此，南非中国新移民通过组建社团的方式来应对在南非的个人安全和权益保护问题，其中，最典型的是南非华人警民合作中心社团。这一社团的类型及其功能目前在全球华人社团中是独一无二的，也是他们对南非社会环境适应的独特方式。

　　华人社团，指的是"生活在中国本土之外的华侨、华人和华裔，为达到一定目标、按一定原则自行组织起来的、非以营利为主要目的的合法团体"①。华人社团是中国移民在海外谋生创业的团结纽带，被誉为华人社会生存和发展的柱石。截至2014年，中国海外华侨华人成立各类华侨华人社团逾2.5万个。② 这些海外华侨华人社团组织主要基于地缘、亲缘、神缘、业缘、物缘而建构，具有显著的地域或行业特点。③

约翰内斯堡是南非最大的经济中心城市，从20世纪初契约华工抵达南非至今，约翰内斯堡一直是华侨华人比较集中的城市。南非第一个华人社团杜省（即德兰士瓦）中华公会于1903年在约翰内斯堡成立。此后，陆续又成立了一些华人社团。1946年，南非联邦共有26个华人社团，其中包括6个职业团体，15个社会团体，5个救国团体。④ 1954年，南非华人成立了一个统一的社团——"南非洲中华总公会"（Central Chinese Association of South Africa），下属15个社团单位。⑤ 1981年3月，18个华人组织参加了代表大会，决定成立"南非中华总公会"（Chinese Association of South Africa，CASA）。该组织的宗旨是为南非华人争取所有权利；保持和维护华人的文化认同；保障和促进华人的利益；协助华人社区克服各种困难；培育华人间的和谐并促进华人社区与其他社区的友谊。20世纪90年代以后，中国新移民数量不断增加，相应地，华人社团数量也不断增加。社团在类型方面更加多元化，除了传统的地域性社团，还成立了各种商业性社团、文艺性社团、体育性社团等。⑥

一　组建中国新移民社团

中国新移民从20世纪90年代开始大规模进入南非，数以万计的中国新移民进入南非，带来了物美价廉的中国商品，也带来了具有中国特色的文化。

同时，由于南非社会动荡不安，远离故土的中国新移民在这陌生的国

---

① 李安山：《非洲华人社团的传承与演变（1950—2016）》，《世界民族》2017年第5期。

② 张红、杨宁、杨子岩、吴亚博：《走进国侨办四位副主任谈侨务》，《人民日报（海外版）》2014年4月12日。

③ 赵红英、宁一：《五缘性华侨华人社团研究》，同济大学出版社，2013。

④ 李安山：《非洲华侨华人史》，中国华侨出版社，2000，第380页。

⑤ 李安山：《非洲华人社团的传承与演变（1950—2016）》，《世界民族》2017年第5期。

⑥ 李安山：《非洲华人社团的传承与演变（1950—2016）》，《世界民族》2017年第5期。

度里需要守望相助。在这种情况下,为了帮助新移民解决困难,加强彼此的沟通与合作,促进情感交流,从 1997 年开始中国新移民社团相继注册成立。南非的中国新移民组建或加入各种社团,在异国他乡"找到了一个社交世界……有名有分,在群体中扮演角色……找到回应和安全感"①。

目前在南非的中国新移民社团数量很多,有些社团注册后并没有实际的运作,有些社团规模极小。笔者通过南部非洲中华福建同乡总会陈秘书长获得了一些比较活跃的社团的资料。笔者根据这些资料,对南非华人社团进行分类。根据不同的性质,可以把它们分为四类:第一类是地域性的同乡社团,如南部非洲中华福建同乡总会、南非齐鲁同乡会、南非黑龙江同乡会等;第二类是商会,如南部非洲华侨华人工商联合总会、非洲中华总商会等;第三类是娱乐休闲类的,如南非中国人高尔夫球协会、南非华人艺术团、南非华人狩猎钓鱼协会等;第四类是政治性的社团,如全非洲中国和平统一促进会、全非洲中国侨联青年委员会等。表 6-1 是笔者根据访谈资料整理而成,其中涵盖了南非较有影响力的华人社团,包括几个南非老侨社团(如南非中华杜省公会、约翰内斯堡梅侨公会等)。在下文的分析中,笔者主要对新移民社团进行剖析。

表 6-1 南非主要华侨华人社团一览

序号	侨团名称	成立时间	会员主要构成
1	全非洲中国和平统一促进会	2002 年	非洲华侨华人
2	南部非洲华侨华人工商联合总会	2009 年	经商的华侨华人
3	南非华人警民合作中心	2004 年	南非华侨华人
4	南部非洲中华福建同乡总会	1997 年	福建籍新移民
5	南非洲粤港澳总商会	1998 年	粤港澳移民
6	南部非洲上海工商联谊总会	1997 年	上海籍新移民商人
7	约翰内斯堡唐人街管理委员会	2004 年	唐人街商户及附近居民
8	南部非洲江苏总商会	2011 年	江苏籍新移民
9	南非洲吉林工商联谊总会	2004 年	吉林籍新移民
10	南部非洲浙江商会	2003 年	浙江籍新移民

---

① 〔美〕W. I. 托马斯、〔波〕F. 兹纳涅茨基:《身处欧美的波兰农民》,张友云译,译林出版社,2000,第 8 页。

续表

序号	侨团名称	成立时间	会员主要构成
11	南非香港紫荆会	1998 年	香港、广东籍移民
12	南非顺德联谊会	1997 年	南非老侨为主
13	南非客家联谊会	2005 年	客家籍移民
14	全非洲中国侨联青年委员会	2007 年	青年新移民
15	全非洲中华青年总商会	2007 年	青年新移民
16	南非中国大西南联谊会	2006 年	中国西南部新移民
17	非洲中华总商会	2010 年	华侨华人
18	南非湖南商会	2006 年	湖南籍新移民
19	南部非洲温州总商会	2006 年	温州籍新移民
20	南非齐鲁同乡会	1999 年	山东籍新移民
21	南非黑龙江同乡会	1998 年	黑龙江籍新移民
22	南非南通商会	2004 年	南通籍新移民
23	南非洲华人妇女联合总会	2007 年	华人女性移民
24	南非中华辽宁商会	2007 年	辽宁籍新移民
25	南部非洲中原总商会	2006 年	河南、河北、山西、安徽、湖北、江西籍新移民
26	全非洲华人女企业家工商联合总会	2007 年	华人女性移民
27	南非中国人高尔夫球协会	2000 年	高尔夫爱好者
28	南非中华杜省公会	1903 年	南非老侨
29	约翰内斯堡梅侨公会	—	南非老侨
30	南部非洲浙江义乌总商会	2011 年	义乌籍新移民
31	南非华人艺术团	1999 年	南非华侨华人
32	南非华侨联卫会所	1909 年	南非老侨
33	全非洲浙江企业家协会	2009 年	浙江籍新移民
34	南非华人狩猎钓鱼协会	2006 年	狩猎钓鱼爱好者
35	南非上海总商会	2008 年	上海籍新移民
36	南非宋庆龄基金会	2009 年	华侨华人
37	南非动漫华人羽毛球协会	2010 年	南非动漫行业华人从业人员
38	南部非洲吉林总商会	2004 年	吉林籍新移民
39	南非中华工商联合会	1996 年	南非华侨华人

资料来源：2011 年据南部非洲中华福建同乡总会秘书处提供的资料整理而得。

（一）新移民社团的宗旨概览

社团宗旨指的是组织组建与开展活动的主要目的，一个社团的号召力与影响力体现在其宗旨方面。这要求社团的宗旨要与所处环境相适应，与时代发展相适应，与成员的需求相适应。同时，社团领导必须具有较高的威望和影响力，具备一定的管理才能，能够凝聚成员的力量，促进社团的发展。① 综览南非中国新移民社团的组织宗旨，不难发现：由于各个社团的成员构成、规模、组建动因存在差异，这些社团的宗旨从行文到内容没有统一的模式，有的详尽，有的较为简略，有的专一，有的庞杂。就内容而言，社团宗旨往往都与南非社会环境、成员特征等因素有关。

规模较大的社团如南部非洲中华福建同乡总会的宗旨规定得比较详尽，涵盖的内容比较广泛。

南部非洲中华福建同乡总会由旅居南部非洲的福建籍侨胞组成，是一个以联谊、团结、友爱、互联乡亲、共谋发展为中心的民间服务团体。南部非洲中华福建同乡总会的章程中写道：同乡会为谋求旅居南部非洲乡亲的福祉，大力弘扬中华民族文化，团结旅南华人、华侨，凝聚侨团力量，提升华人在侨居国的整体形象和社会、经济地位，增进与侨居国人民的友好关系，为当地的公益事业和故乡的经济建设作出贡献，同时，也为支持、促进祖国和平统一大业，促进中南两国经济发展做更多的工作。② 南部非洲中华福建同乡总会的宗旨是：致力于维护福建籍侨胞的合法权益，努力营造会员良好的生存与发展环境，凝聚会员的力量、促进会员的团结、积极宣导公平竞争、有良好协助精神，使其健康、有序发展。增进与所在国人民的友好关系和经贸往来，提升会员的经济与社会地位。③

南部非洲华侨华人工商联合总会是由旅居南部非洲各国（南非、莱索托、安哥拉、纳米比亚、博茨瓦纳、肯尼亚、赞比亚、津巴布韦、坦桑尼亚、莫桑比克、斯威士兰、马拉维）的华侨华人组成的民间服务团体。南部非洲华侨华人工商联合总会的宗旨是：团结、务实、互助、共谋发展。④

---

① 李明欢：《当代海外华人社团研究》，厦门大学出版社，1995，第 200 页。
② 《南部非洲中华福建同乡总会章程》。
③ 《南部非洲中华福建同乡总会章程》。
④ 《南部非洲华侨华人工商联合总会章程》。

1996 年，中国新移民成立了南非中华工商联合会，该组织的宗旨是：认同一个中国，热爱中华民族；促进会员间事业发展；互助互爱；促进会员在中国与南非两国间积极开展经贸往来和文化交流，提高会员在南非的经济和社会地位。[①]

南部非洲浙江义乌总商会的宗旨是：致力于维护旅居南部非洲各国的浙江义乌籍乡亲的合法权益，广泛地团结旅居南部非洲乡亲，促进浙江义乌与非洲的经贸往来。增进和加强与所在国人民的友好关系，全心全意为义乌籍乡亲服务，为乡亲共谋发展、整体繁荣作出努力。[②]

南非华人警民合作中心的服务宗旨是：收摊、接报、跑外勤。该中心配有专职工作人员和华人预备役警察，强调"协助当地警方破获对华人社区的案件，并加强与华人社区与警方的沟通"。

尽管以上新移民社团的宗旨在行文上存在差别，总体而言，"维护权益""共谋发展""互助互爱"是商会、同乡会的共同主题。大多数南非的中国新移民远离故土，在异乡奋斗拼搏，遭遇困难在所难免，因此有着基本的生存与发展诉求，正基于此，许多新移民社团才得以组建。

南非宋庆龄基金会的宗旨是：继承和发扬宋庆龄女士毕生关心和从事妇幼保健、少年儿童文化教育福利事业的精神；广泛联络海内外友好人士和团体，募集资金，兴办妇幼保健、少儿文化福利事业；推动人类进步，维护世界和平。

约翰内斯堡唐人街管理委员会的宗旨是：致力于发展、繁荣唐人街，扩大营销市场，稳定唐人街秩序，维护商家合法权益，营造良好的经商环境，推动唐人街蓬勃、健康、有序发展，大力弘扬中华民族文化，增进与侨居国人民的友好关系和经贸往来。[③] 约翰内斯堡唐人街管理委员会成立的目的是：本着繁荣唐人街、服务华人、维护商家的合法权益，造福于中南两国人民，尽心、尽力、尽责热心工作。并经常与商家联系、沟通、反馈信息，加强管委会自身建设，逐步完善唐人街的管理。对外协调街区卫生、财务管理、处理突发事件。唐人街管理委员会属非营利性民间服务管理机构。经费来源于各商家缴纳的管理费。以取之于商家、服务于商家为

---

① 《南非中华工商联合会章程》。
② 《南部非洲浙江义乌总商会章程》。
③ 《约翰内斯堡唐人街管理委员会章程》。

原则。① 顾名思义，唐人街管理委员会主要是服务、维护唐人街商户的利益。同时，由于约翰内斯堡唐人街是非洲最大的唐人街，还承担着中国南非文化交流的任务。如每年农历正月在唐人街的春节和元宵活动，就是南非的一个全侨性的传统活动。

南非华人狩猎钓鱼协会属于休闲俱乐部性质，主要目的是凝聚、组织南非的华人钓鱼、狩猎爱好者在假日、闲暇时投身大自然。通过活动，丰富华人社区的业余生活，进而达到陶冶情操、修身养性、健体强身的目的。同时进一步加强同南非人民开展文化体育交流活动，尽快融入南非社会。

其他以休闲娱乐、兴趣爱好为基础而建立起来的社团，如南非中国人高尔夫球协会、南非动漫华人羽毛球协会等，则没有正式的章程，其社团建立的目标是将有共同兴趣爱好的人召集起来一起休闲娱乐。

综上所述，中国新移民所组建的社团的宗旨，基本可归纳为两个方面：第一，促进会员的交流与互助，是南非中国新移民社团最基本的宗旨，这主要是因为中国新移民生活在异质的环境之中，迫切需要在生活上相互帮助，在情感上相互交流，在事业上相互提携。因此，促进会员的交流与互助是这些新移民社团出现伊始最基本的宗旨。第二，开展丰富多彩的活动或项目。中国新移民迁移到南非的历史还比较短暂，大多属于第一代移民，他们的民族、文化之根还在中国。因此，新移民社团的文化交流活动也大部分集中在南非华侨华人之间，比如每年端午节在约翰内斯堡举行的"荣生杯龙舟大赛"、每年春节各社团举办的联欢晚会等活动。

（二）南非中国新移民社团的特点

根据南非华人社团的现状，南非中国新移民社团的发展具有如下五个特点。

第一，随着中国新移民数量的增加，南非华人社团的数量也逐渐增加。但社团的影响力不同，有的社团每年春节、中秋或其他重要节日都会举办会员活动，有的只是"一人会"，注册多年未见举办任何活动。因此，南非华人社团的数量迅速增加，但质量参差不齐。

---

① 《约翰内斯堡唐人街管理委员会章程》。

　　第二，中国新移民大部分从事经贸活动，因此，除了地域性社团较多之外，经贸社团数量也很多。社团创办人通过创办商会、工商联谊会等形式，为经商合作提供平台。但这样的社团门槛一般比较高，会员通常也都是创办人亲自审核的。移民的方式、经济实力或身份在很大程度上决定移民社团的性质，例如来自上海、浙江、江苏等地的新移民，他们整体上资产比较雄厚，因此他们的社团，如南部非洲上海工商联谊总会、南部非洲浙江商会，在性质上属于商业社团。而福建省的新移民人数多，经济基础、社会关系资源异质性比较高，因此该省新移民的社团主要还是以乡缘为纽带。

　　第三，根据南非社会现实情况而设立新移民社团，满足南非中国新移民的需求。其中最具代表性的是南非华人警民合作中心、约翰内斯堡唐人街管理委员会。由于南非治安恶化，针对华人的抢劫、绑架案件频频发生，加上南非警方对华人社区的特点不了解，在语言上也有障碍，这就对当地警方侦破案件造成了困难。在中国新移民与使领馆的推动下，2004年10月在南非约翰内斯堡正式成立南非华人警民合作中心。经过多年发展，南非华人警民合作中心是现在南非最大的全侨性社团，它聚集了南非所有华人社团的资源，主要为南非华侨华人提供服务。

　　第四，中国新移民社团与中国关系密切。无论是基于地缘关系建构的同乡会，还是南非华人警民合作中心，均与中国侨务部门及地方政府有密切的合作关系。南非华人警民合作中心在办案专业知识等方面得到中国公安部门的专业指导与培训。

　　第五，中国新移民社团在发展过程中，根据中国新移民的分布情况进行因地制宜的设计。如南部非洲中华福建同乡总会，由于福建籍新移民广泛分布在南非的9个省，因此，在组织的架构方面，南部非洲中华福建同乡总会进行了"省级分会"的设置，在应对突发情况时，能更好地服务于闽籍乡亲。2007年以后，南非华人警民合作中心借鉴了南部非洲中华福建同乡总会的这种"省级分会"的模式，根据中国新移民的人数与分布，至2019年，南非华人警民合作中心共设置了13个省级分会。从目前的合作与运作情况来看，"总会"与"分会"的合作有助于不同地方的社团之间进行合作。

二 中国新移民社团的社会功能

一般著述在探讨海外华人社团的社会功能时，大都是从政治作用、经济交流、文化传播等层面分析华人社团的功能。李明欢教授认为社团是人际关系结合的实体，并且总是运行于一定的社会关系网络之中，社团是某一特定群体与他们所处的整体社会之间架起相互沟通的桥梁。从这一基本点出发，李明欢"将海外华人社团的功能比喻成一座多层次的立交桥：在最低层次上，这座立交桥联结的是微观层面的海外移民个体以及他所处的华人群体之间的关系，借助社团以协调来自不同宗族、友朋等小群体之间的冲突关系；在中等层次上，这座立交桥联结的是华人族群与该国大社会之间的关系，为不同族群的相互交往建立正规的民间渠道；而在最高层次上，这座立交桥在政治、经济、文化诸方面联结起跨越国界的民间沟通网络，促进不同国度华人族群的相互联系与合作。在协调华人在异国他乡的人际关系、促进华人更好地融入当地国主流社会、建立起跨国经贸网络等方面，华人社团的作用都是不容低估的"①。简言之，社团从微观层面的个体到中观层面的华人群体、宏观层面的跨国联系，对移民个体、移民与移出地、不同国家的华人族群之间的关系都有影响。

鉴于南非特殊的国情以及中国新移民在当地的生存环境，南非的中国新移民社团在社会功能方面也有其自身的特点。笔者将其社会功能概括为以下几点。

（一）协助新移民处理各种社会治安事件

海外华人社团的首要目的，就是协助华人群体在移居国处理各种突发事件。由于南非治安状况恶劣，中国新移民经常成为受害者。面对高发的恶性案件，新移民社团经常为遭遇不幸的会员提供各种协助。其中南非华人警民合作中心与南部非洲中华福建同乡总会做的相关工作最多。

"南非华人警民合作中心的干部就像救护车，一天到晚看他们赶来赶

---

① 李明欢：《当代海外华人社团研究》，厦门大学出版社，1995，第332页。

去地去'救人'。我印象比较深刻的有两次，一次是2009年底，一位在西开普省附近开店的福建同乡被害，警民中心派主要干部前往开普敦帮助受害人家属料理后事，对于遭遇不幸的受害人家属来说，这种特殊时刻的帮助是非常重要的。还有一次是2014年，福建同胞林先生被抢匪枪击成重伤，生命垂危，躺在医院，没有医保，福建同乡会的干部帮忙筹集了20多万元的医疗费，帮他渡过难关。"①

"警民合作中心有时挺有用的，比如说老乡之间有矛盾，叫警民中心出面还是可以处理一些问题的。但如果是被黑人抢劫打死的，那就没什么用。"②

南非社会治安环境不佳，抢劫、盗窃、绑架甚至凶杀事件层出不穷，即使是南非警方也爱莫能助。南非的新移民社团在协助乡亲处理各种突发事件方面起了非常重要的作用。南非华人警民合作中心陈秘书长告诉笔者，在他担任秘书长职务期间，几乎所有与福建乡亲有关的凶杀案，他都亲自赶赴现场去做善后工作。如今，随着南非各省华人警民合作中心省级分会的成立，各省分会社团干部在处理突发事件中发挥了越来越重要的作用。以下两个案例是关于南非华人警民合作中心在抢劫案、地方骚乱中对中国侨民的协助与保护。

案例6-1 　　　　　　　　金佰利华人超市遭抢劫

2017年2月5日下午2点30分，在离金佰利50公里以外的一个小镇，一家华人超市遭抢劫，歹徒抢走若干现金逃离现场，幸好无人伤亡。

案发当时，有5名非洲裔抢匪假装去该华人超市购买食品，趁华商不注意之时，突然拿出4把枪，进行威胁抢劫。

由于华商店主外出进货，抢匪便强行押住女店主去卧室搜查，机警的女店主便带着抢匪到了自己员工的卧室，搜查结果一分钱都没找到。

不肯罢休的抢匪用剪钢丝绳的剪刀，夹住女店主的头颈，女店主感觉不妙，便告诉歹徒自己为应付不测预先准备的备用钱的藏钱之处，抢匪拿到钱后，便急匆匆开车逃之夭夭。

---

① 丁女士（批发店老板，1996年到南非），2016年12月20日，福州市侨联。
② 老林（贩卖中文影碟片，2004年到南非），2010年12月28日，约翰内斯堡百家商城。

抢匪离开后，华商便马上联系了北开普省华人警民合作中心金佰利地区林水平监事长，他马上采取了应急措施。

随后，北开普省华人警民合作中心主任陆明晖驱车480多公里，同金佰利地区常务副主任林勇、副执行长翁金莲、副理事长翁钟等干部看望了遭到抢劫的华商。同时也转达了开普敦总领事馆对当事华商的慰问。

在向当地警察局了解情况后，得知目前歹徒使用的作案车辆已经找到，目前在追查车主的信息，预计不久便可将作案歹徒绳之以法。同时，警民合作中心要求警方，确保华商在这个地区的经营和生命安全。

在此，北开普省华人警民合作中心提醒华商，务必提高自我保护意识，加强安全措施，一旦遇到危险情况，定要牢记冷静处置，把生命安全放在第一位。①

案例6-2　　　华人警民合作中心派出武装保护华商

2018年4月20日下午2时许，西北省德拉里维尔镇（Delareyville）突发大规模的骚乱事件，南非华人警民合作中心紧急派出武装保安前往该镇保护华商。

据了解，德拉里维尔镇距离西北省玛菲肯市约100公里，该镇有5家华人商铺，骚乱发生后，南非华人警民合作中心李主任第一时间联系了西北省警察总监，希望警方加派警力保护好当地华商的人身和财产安全。

南非华人警民合作中心执行长谢宇航及时派出狼眼保安公司的10名武装保安，一辆装甲车和一辆防弹车，并于下午时分抵达，安保人员彻夜守护在华商店铺门口，有效地保护了华商店铺免遭哄抢。当晚，游行暴民在附近一直等待机会，试图抢劫华商店铺，但他们看到全副武装的保安人员一直守候在店铺门口，随后他们转向去哄抢了一家当地商铺，5家华人商铺平安度过了惊险的一夜。在当地骚乱事件平息之前，这10名武装保安将会一直守护在这里，保护华商的人身和财产安全。②

---

① 《金佰利华人超市遭抢劫，女店主沉着冷静未遭伤害》，南非华人警民合作中心网，https：//mp. weixin. qq. com/s/oJV7rGyns7eXGTtlSv6C4g。
② 《西北省德拉里维尔镇突发骚乱 南非华人警民合作中心派出保安保护华商》，南非华人警民合作中心网，https：//mp. weixin. qq. com/s/2gO16UMWHHr2x_7e1waQOQ。

以上两个案例来自南非华人警民合作中心的记录，从中可以看到新移民社团在协助中国新移民处理社会治安案件中的重要作用。

（二）促进新移民之间的沟通、互助

新移民社团还有一个重要功能就是为新移民这个群体服务，帮助他们解决内部沟通的问题。新移民初到异国，在工作、生活上会遇到不少难题，需要快速建立人际网络以适应新生活。而社团能为新移民提供一个社会交往的平台，通过这个平台，既可以促进信息沟通与交流，丰富新移民的业余生活，消除异乡的孤单，又可以发扬互助友爱精神，解决新移民因为跨国迁移而产生的现实困难，协助新移民适应南非当地社会。

为了促进新移民之间的沟通与互助，满足新移民休闲娱乐的需要，新移民社团开展了各种类型的活动。活动大致可以分为如下两类：（1）逢年过节的规模较大的联欢晚会、茶话会，比如大部分新移民社团每年都举办的新春团拜活动，部分社团组织还会举办中秋晚会等。侨团主要干部通过组织抽奖活动激励会员参与集体活动，丰富新移民在南非的业余生活。（2）组织会员参加各种体育活动赛事，如端午节的"荣生杯"龙舟赛，以及各种排球比赛、高尔夫球赛等。

此外，新移民在经商过程中难免会因为竞争而产生矛盾。针对这种中国人之间的矛盾纠纷，各社团也经常帮助双方寻求沟通与解决之道。南部非洲中华福建同乡总会陈秘书长说："福建人在外围乡下开店，跟老乡产生纠纷，有时是经营范围的纠纷，合同纠纷、违约纠纷等，都是找我们同乡会处理。我们一般会通过找一些有威望、有影响力的人介入，帮助沟通协调。"这种通过社团介入协商的方式处理老乡之间的纠纷，在处理新移民之间的冲突时有一定的效果。

（三）推动中南两国之间的文化交流

南非中国新移民社团注重传承中华文化。南非中国新移民主要是第一代、第二代移民，新移民离开中国的时间不长，加之他们大都曾在中国接受过不同程度的教育，大部分人的直系亲属还生活在国内，因此他们与家乡保持密切的联系，对中国有着深厚的情感。这种中国情结自然而然地就折射到由新移民组成的社团。他们熟悉中国文化，在南非生活的过程中，对参与中国特色文化的活动非常积极。社团的活动通常在中国重要节日开展，并展示中国传统文化特点，这对南非中国新移民群体具有吸引力。从外部因素来看，南非是一个多元种族文化的国家，文化氛围较为宽松，中国新移民有开展文化活动的空间。对于南非当地人而言，外来的中国文化丰富了本地的生活，唐人街西罗町的中国传统活动也是南非当地人接触中国文化的重要场所。

此外，在推动新移民融入当地社会方面，新移民社团也做了一些尝试，不少新移民社团走出南非华人社会的小圈子，积极、主动地参与南非的政治活动和具体的济贫救灾活动。如与当地政府紧密合作，设立南非华人警民合作中心，共同为新移民营造一个比较安全的生存发展环境；南部非洲中华福建同乡总会、南部非洲上海工商联谊总会、南部非洲吉林工商联谊总会等还代表新移民参加 2009 年南非非国大党总统选举助选宣传活动；此外，新移民社团还参与南非当地的公益事业，捐款捐物给当地的贫苦居民、孤儿和预防艾滋病等社会团体。这些活动对促进中南之间的政治、经济、文化交流都有所裨益。华人社团积极参与推动众多慈善项目活动，有助于中国新移民与南非人之间的文化整合。通过文化的整合和参与社会事务来推进经济的融合，为中国新移民在南非的长远发展营造良好的环境。

在文化背景差异较大的不同民族之间，相互理解是友好共处的前提，真诚互助是增进融合的催化剂。新移民社团作为生活于异质文化环境中的代表，在推动新移民与南非当地其他民族的相互交往、相互合作方面能发挥特殊作用，这也将是今后众多新移民社团拓展其社会功能的主要方向之一。在具体实践方面可以看到华人社团的努力，如南非华人警民合作中心等社团积极参与针对南非当地民众的慈善捐赠活动，以此树立华人社团乃至华侨华人在南非的社会形象。

案例 6 - 3　　　　　警民中心捐赠物品给贫困警员

2014 年 12 月 19 日，南非华人警民合作中心向约翰内斯堡 Germiston 地区警察总局的 30 名贫困预备役警员捐赠了食品和基本生活用品。

当天上午 10 时左右，警民中心常务副主任吴朝阳，办公室主任陈长洲等到 Germiston 警局，在 Germiston 地区警察总监 Mdlankomo 准将和 Germiston 警察局局长 Thambo 准将的陪同下，向所在地区的 30 名家境贫困的预备役警员捐赠了食品和基本生活用品。

在捐赠过程中，Germiston 地区警察总监 Mdlankomo 准将向华人警民中心代表介绍了这些预备役警员的基本情况。她表示，预备役警员像正式警员一样正常工作，但是预备役警员没有任何工资，家境贫困的预备役警员生活都很拮据。警民中心的慷慨赞助解决了警员们的后顾之忧，让他们能够更好地投入打击犯罪的斗争中，同时也在基层警员中树立了华人社区的正面形象，大大提高了他们对华人的尊重的认知。Mdlankomo 准将还强调说，将在未来工作中加强同警民中心的合作，积极保护区域内华人商家和住户的生命财产安全。①

案例6 –4　　　　　　弘扬中华文化 增进中南友谊

2017 年 9 月 28 日，"庆国庆、迎中秋"，北开普省华人警民合作中心主任陆明晖在国庆中秋双节来临之际，受中国驻开普敦总领事馆的重托，向北开普省政府和警方送去中秋月饼和美好的祝福。

陆明晖主任向当地官员介绍说，2017 年是中华人民共和国成立 68 周年，也是中南两国关系有史以来的最佳期，在国庆来临之际，也正好迎来中国传统的中秋佳节。每年的中国农历八月十五这天，月亮是一年中最亮最圆满的，我们这些海外华人都会在这天晚上聚在一起，对着空中的圆月，相互祝福，或向远方的家人电话问候，体现华人对家乡和亲人的眷恋，体现中华民族团结友爱的优良传统！陆主任还向当地官员介绍，现在很多华人在南非安家落户，已经把南非当成第二故乡，融入了当地社会。

随后陆明晖主任在 Hartswater 市徐明文副主任的安排下和监事长林水平、理事长翁金莲一起走访了当地华商并带去佳节的美好祝福。

最后陆明晖主任一行又和王孝平、翁声云副主任，翁钟副理事长、翁天生副秘书长等主要骨干到 150 公里的华人聚集区 Galashewe 和当地警察局局长举行座谈，将上月签署的警民合作备忘录具体工作落到实处。

---

① 《紧密同当地警方关系，节前警民中心捐赠贫困警员》，南非华人警民合作中心网站，https：//mp. weixin. qq. com/s/H1c9mUSfEp8T3OqfPVcGCQ。

当日，陈敦德执行长和庄荣斌秘书长也代表中国驻开普敦总领事馆向阿平顿市市长和警察局局长赠送了象征美好愿望的中秋月饼。[①]

这种类型的活动，对于拉近中国新移民社团与南非当地人的距离颇有益处，也有利于提升中国新移民在南非的形象。

（四）社会地位补偿功能

"社会地位补偿"主要指国际移民在跨国空间下社会地位不一致性导致的补偿心理及采取的社会行动。[②]"社会地位补偿"并不是新概念，王春光在对巴黎的温州人的研究中指出，中国官方赋予华侨很高的地位与礼遇，在一定程度上补偿了温州人在巴黎所处的边缘地位的缺憾。[③] 以南非的中国新移民群体为例，对于新移民个体来说，虽然他们在南非拥有一定的经济地位，但往往没有获得相应的社会反馈与情感反馈。而一旦他们加入新移民社团并成为侨领，他们返回中国时就能得到在南非所没有的社会地位与政治声望。这种"社会地位"尽管无法用客观指标准确衡量，但它是能够被中国新移民和与之相关的一系列社会行动者所感知到的"社会事实"，因此会对移民的跨国实践产生实质影响。如南非华人警民合作中心的李主任、南部非洲华侨华人工商联合总会的庄会长，在采访中就对他们获邀参与中国国庆阅兵仪式而感到自豪。

大部分中国新移民在南非的社会地位并不高，处于主流社会的边缘位置。但由于南非经商致富的机会很多，中国新移民在南非的财富迅速增长。这极大地提高了中国新移民进行社会地位补偿的能力。

徐会长说："大家刚出国时要解决的是温饱问题，温饱问题解决后，就想着把生意做大。然后就要追求成就感了，比如说名誉和地位……社团是个很好的舞台，可以给大家提供施展的机会。"[④]

---

① 《弘扬中华文化 增进中南友谊》，南非华人警民合作中心网站，https：//mp. weixin. qq. com/s/gGtNqX9rbIUx－cSnfh_ F4w。

② 黎相宜、周敏：《跨国实践中的社会地位补偿——华南侨乡两个移民群体文化馈赠的比较研究》，《社会学研究》2012 年第 3 期。

③ 王春光：《巴黎的温州人——一个移民群体的跨社会建构行动》，江西人民出版社，2000，第 161 页。

④ 徐会长（南非洲某工商联谊总会会长），2010 年 12 月 29 日，约翰内斯堡西罗町。

钟记者说："有些会长功利性太强，他们入会就是为了在国内混个名声。这些新移民在出国以前连县长都见不到，但现在挂名某同乡会会长、副会长，回国就能见到省部级官员。华人社团应该是着眼于为侨民提供服务，团结侨民，而不是为了自己的名声。有些社团干部就想着回国为自己捞点政治资本。"①

从钟记者的讲述中，我们可以发现对于中国新移民来说，加入社团的好处显而易见，即能够得到中国政府官员的接待，是"荣誉的象征和信任的表现"。这不仅极大地补偿了中国新移民在南非的边缘境遇，也在某种程度上提高了中国新移民在家乡的社会声望。实际上，抱着这种心态的中国新移民并不在少数。一些中国新移民热衷于与政府官员保持密切的关系，热衷于炫耀自己与政治人物的合照，不少人以能拜会或受到侨乡各级政府领导尤其是国家领导人的接见为荣。很多人还会将与领导人的合照摆放在家中显眼的位置，以此显示自己的身份。周敏、刘宏在研究美国、新加坡等地的中国新移民时也写道："当代移民实现经济上的成功和社会地位的提升，往往更多地依赖于族裔社区的资源、组织以及跨国社会网络。"② 因此，中国新移民社团对那些具备一定经济实力的新移民来说特别有吸引力，他们可以通过在社团担任干部来实现自己的社会地位补偿。

三 中国新移民社团发展前瞻

综合最近30年来南非中国新移民社团的发展和变化，笔者依据对中国新移民社团领导人及成员的访谈，结合现有资料，对其未来的发展趋势作一前瞻。

（一）未来南非的中国新移民社团仍将继续发展壮大

在将来，南非的中国新移民社团仍将继续发展，并发挥其特有的社会功能。南非中国新移民的存在，就是南非华人社团存在的基础。一方面，在当前，由于中国与南非之间经济发展上仍有合作空间，再加上中南两国之间交

---

① 钟记者（某华文报社记者，2003年到南非），2010年12月31日，德班。
② 周敏、刘宏：《海外华人跨国主义实践的模式及其差异——基于美国与新加坡的比较分析》，《华侨华人历史研究》2013年第1期。

通便捷，只要南非市场仍然存在致富商机，从中国向南非的人口跨国流动还将会持续下去。另一方面，现已生活在南非的数十万华侨华人，依照人口繁衍的自然规律，这一人群的总数还会继续增长。因此，南非的中国新移民社团将长期存在，并且在社会生活等方面将继续发挥重要的作用。

（二）中国新移民社团会出现分化与整合

随着中南两国政治、社会、文化的发展，南非的中国新移民社团也将顺应时代要求而出现发展与分化。如，曾经是南非最有影响力的南部非洲中华福建同乡总会，如今影响力在逐渐下降。其主要原因是原先能干、有为的李会长卸任，接任的新会长在资历、工作能力、个人威望等方面都无法延续。南部非洲中华福建同乡总会逐渐走向衰落，取而代之的是应南非中国新移民安全需求而产生的南非华人警民合作中心。

陈华说："2013 年以前南非比较大的、全侨性的会就两个，一个是和平统一促进会，另一个就是福建同乡会（即南部非洲中华福建同乡总会，下同）。李会长是福建同乡会的核心人物。今年会长该换届了，可目前还没有有威信的合适的人选来接手。副会长虽然很多，但到现在都没有合适的能接任会长职务的人。

"李会长当福建同乡会会长的时候，福建同乡会是南非规模最大、最有影响力的同乡会。他卸任后，新的会长接任，福建同乡会的影响力肯定会逐渐下降。这是没办法的事，社团的性质跟公司不一样，公司里面大家有共同的利益。侨团则不一样，大家彼此之间没有直接的利益制约。福建同乡会现在这个蛋糕做得这么大，不管在南非侨界还是在国内影响力都很大，大家都想来切一块走。一个社团做得好，大家就会想来分一份。"①

梁记者："如果现在南非没有福建同乡会，福建人这个群体不知道会乱成什么样子。中国人需要组织，遇到问题了，他们需要福建同乡会出面帮他们处理一些事情。比如说出车祸了，遇到抢劫了，等等。但是福建同乡会太大了，他们疲于应付，很多事情也管不过来。再说，有些副会长只是为了自己的名誉，真心实意为侨民服务的人不多。"②

---

① 陈华（食杂批发店老板，1999 年到南非），2010 年 12 月 8 日，约翰内斯堡香港城。
② 梁记者（南非某华文报社记者，2005 年到南非），2010 年 12 月 28 日，约翰内斯堡伊登维尔。

2011 年，笔者在南非调研时，正值南部非洲中华福建同乡总会的发展处于转折时期。时隔多年，随着会长的更迭，南部非洲中华福建同乡总会的影响力日渐下降，但南非华人警民合作中心的发展则更加迅速，影响力更大。当然，这也跟南非新移民社团的整合趋势有关，地域性社团的功能日趋弱化。南非华人警民合作中心从目前的运作与影响力来看，更加适应当前中国新移民群体的需求。此外，其他商业合作社团、娱乐性社团的数量也可能继续增加，以服务于中国新移民的各种不同需求。总之，中国新移民社团的未来发展，还有无数可能性。

（三）中国新移民社团会受南非文化影响

随着中国新移民在南非生活的时间增加，未来的中国新移民社团可能会更多地被打上南非社会的烙印，受到南非文化的影响。如在社团机制上进行创新，南非华人警民合作中心就是一个典型的个案。南非华人警民合作中心开创了现代华人社团在移民安全、移民利益等方面的合作机制，对其他国家和地区的华人社团发展具有启发意义。此外，南非人的生活节奏比较悠闲缓慢，中国新移民中，年轻人有的成立更加小众、活泼的社团，如动漫协会；有的成立以强身健体为目标的羽毛球协会、排球协会；有的成立以个人爱好为基础的社团，如摄影协会等。

四 个案分析：南非华人警民合作中心

本部分将以南非华人警民合作中心（以下简称"警民中心"）为个案，重点分析该社团的形成及具体运作机制。该选择主要基于以下几个原因。第一，它的类型独特。警民中心创建的时间非常短，2004 年才成立，至2020 年也不过 16 年。但就其类型而言，它在全球华人社团中是独一无二的。第二，它的功能特殊。警民中心是由中国新移民倡导建立的全侨性社团，但又不同于欧洲等地的华人社团联合会，其建构的初衷是配合南非警方打击针对华人的犯罪，加强中国侨民与南非警方的联系，社团功能较其他社团有很大不同。第三，与该社团相关的研究较少。南非中国新移民群体在过去 30 多年里迅速增加，对该群体已有不少研究，但还没有关于南非新移民社团的深入探讨。警民中心不仅是南非华人社团的一个典型案例，而且从全球华人社团来看，它在类型、功能、影响力等方面都是非常具有参考价值的。因此，可以将警民中心作为独特个案进行深度的剖析。

在研究中，笔者提出了一个观点，即"共同体精神"在警民中心的建构与运作中发挥了重要作用。社会学家滕尼斯在《共同体与社会》一书中，提出了"共同体"与"社会"两个概念。① 其中，"共同体"是指那些有着相同价值取向、人口同质性较强的社会共同体，其体现的是一种亲密无间、守望相助的人际关系。共同体主要与家庭、邻里和一些类似的初级群体联系在一起。在血缘、地缘等初级群体里，人们彼此之间比较熟悉，有较强的信任关系，并在一定程度上形成一个具有较强凝聚力的整体。

共同体的形成，需要成员的凝聚力，以及共同体本身对成员具有巨大的影响。对于共同体生成的基础，学者们有不同的观点，但总体而言离不开三个要素，即共同的目标、认同、归属感。共同目标可以促进人们的合作；身份认同可以促进人们的团结；归属感则可以增大成员对所属群体的信任与依赖。对于在南非的中国新移民而言，凝聚共同体精神，参与族群社团，既可以弥补中国新移民在异国他乡的情感需求，也可以培育人们对华人社区的认同感和归属感，最终在异域华人社区中找到一种类似于"家"的共有感觉，感受共同体带来的安全感与认同感。

本部分内容的分析基于笔者在中国和南非两地的田野调查，以及对警民中心工作人员、南非华侨华人动态的追踪调查。研究运用参与式观察和个案访谈相结合的办法，实地参观警民中心的办公场所，并通过对南非中国新移民、南非华侨华人社团负责人的访谈了解警民中心的运作状况。回国后，笔者与警民中心的李主任、庄副主任、陈秘书长等主要干部保持密切联系，了解该中心的最新进展情况。2015 年 3 月，笔者对回国的警民中心庄先生进行关于警民中心发展现状及问题的深度访谈。2015 年 10 月，福建省世界恳亲大会在福建省厦门市召开，笔者又对警民中心的主要干部进行了深入的访谈。多次深入访谈为本研究积累了一手资料，有助于对警民中心的建构与发展机制进行颇有深度的探讨。

---

① 〔德〕斐迪南·滕尼斯：《共同体与社会》，张巍卓译，商务印书馆，2019。

（一）警民中心概况

1. 发展历程

据警民中心的陈秘书长介绍，警民中心是参照南非当地的"社区警民合作论坛"（Community Police Form）的模式而成立的。表 6 - 2 梳理了警民中心成立 10 多年来的发展历程和主要事件。

表 6 - 2　警民中心的发展历程和主要事件

年份	发展历程
2002	筹备警民中心的前身"南非华侨华人抵制犯罪互助会"
2003	"南非华侨华人抵制犯罪互助会"运行一段时间后停止
2004	正式成立警民中心
2005	中国公安部派警务联络官到南非，指导警民中心工作
2007	南非夸祖鲁 - 纳塔尔省警民中心（第一个省级警民中心）在德班成立
2009	建立第 6 个省级警民中心
2012	南非警方在约翰内斯堡唐人街设立警务室
2013	为华人聚集地辖区的南非警务人员开展中文培训
2014	荣膺世界华社十大"华社之光"荣誉称号
2019	建立第 13 个省级警民中心

资料来源：警民中心陈秘书长提供的文字资料以及警民中心官方网站。

如表 6 - 2 所示，2004 年，警民中心正式成立，并与中国政府部门展开密切合作。2005 年，中国公安部派警务联络官到警民中心指导工作。此后，警民中心迅速发展，规模不断扩大。南非共有 9 个省，中国新移民分布在各省从事商贸活动。为了有效提供服务，2007 年，警民中心开始在豪登省约翰内斯堡以外的地区设立省级分会。2012 年，南非警方在约翰内斯堡唐人街设立警务室，警务室工作人员协调南非警察出警。2014 年，警民中心获得世界华社十大"华社之光"荣誉称号。2019 年，警民中心设立了第 13 个省级中心。

警民中心的成立最早是由一些同乡会社团侨领提出的，但由于其目标是全侨性的社团，在规划中要将南非所有中国新移民社团纳入其中，联合、壮大侨界社团力量，这就需要有强有力的行政部门的支持。通过对访谈资料的分析，笔者认为以下几个条件促成了警民中心的成立。

第一，有部分热心的社团侨领乐于为侨界做事，为了保护与帮助侨民在南非的安全与发展，出面倡导、推动成立警民中心。

“2002 年，南非侨界发生了几起严重的刑事案件，几个华侨华人在事件中遇害。当时，南非中国新移民侨领 W 先生、Y 先生等人牵头成立当时第一个治安组织‘南非华侨华人抵制犯罪互助会’，但由于经验不足，（该组织）只运行了一段时间就停顿了。”①

“2003 年的时候南非有十几个新移民社团，主要以地缘为基础，比较分散，对侨民遇到的社会治安事件束手无策。因此，我们当时就想要团结所有华人社团的力量，一起来保障大家的安全。”②

2003 年上海同乡会的姒会长、福建同乡会的李会长、中国驻南非使领馆陈先生、李先生等人开会商讨，对成立警民中心达成共识。这次会议达成了许多共识，其中包括发动各侨团力量及侨民中的热心人士参与该组织，加强与南非警方的紧密联系，并将社团定性为服务侨民的非营利性民间组织。从访谈内容看，警民中心的筹建，得益于部分南非社团侨领的积极推动。

第二，中国驻南非使领馆的支持与配合。在访谈中，警民中心的主要干部反复强调“政府的力量”，认为只有政府才能将侨界力量整合起来。

“全侨性的社团需要强有力的组织者，除了热心的侨领，还需要有作为的使领馆推动、监督。”③

“一定需要政府出面去推动（社团整合），而不是由某个人去推，毕竟个人力量还是非常小的。”④

海外华人社团的整合，不仅需要热心的社团侨领推动，还需要与中国政府部门沟通与合作，才能实现以“社团共同体”来解决侨社的整合问

① 陈秘书长（南部非洲中华福建同乡总会、南非华人警民合作中心秘书长，2003 年到南非），2011 年 1 月 17 日，约翰内斯堡福建同乡会馆。

② 李会长（曾任南部非洲福建同乡总会会长，现为南非华人警民合作中心主任，1992 年到南非），2010 年 12 月 23 日，约翰内斯堡西罗町。

③ 庄先生（南非华人警民合作中心常务副主任，1999 年到南非），2015 年 3 月 18 日，福建省福清市融侨小区。

④ 陈秘书长（南非中华福建同乡总会、南非华人警民合作中心秘书长，2003 年到南非），2011 年 1 月 17 日，约翰内斯堡福建同乡会馆。

题。这一点，无论是警民中心成立的倡导者，还是中国相关政府机构，都予以默认。

第三，南非中国新移民各社团的会长均在警民中心兼任副主任，缴纳相关费用。如果有人拖欠会费，在反复催促无效的情况下，由中国驻南非使领馆帮忙督促。

"（警民中心）不仅有与警察联系的功能，还起到协调侨界的作用。它把所有中国新移民社团都联合在一起，促进了南非华侨社团的团结。在此之前，各省同乡会、商会是平级关系，你是会长，我也是会长，不像行政机关，上级可以管下级。现在统一到警民中心了，就可以把各社团的力量结合起来了。"①

因为各同乡会、商会之间是平行关系，只有使领馆出面组织，才能促成他们的合作。警民中心最大的特点，就是让南非各华人社团会长担任副主任一职，这不仅意味着警民中心拥有"全侨性社团"的地位，还督促各社团侨领要在实际工作中支持警民中心的运转。表6-3是警民中心不同职务缴纳会费的标准。

表6-3　第八届警民中心会费标准

单位：兰特

警民中心职务	缴纳会费
主任	50000
执行主任	40000
荣誉主任	20000
名誉主任	10000
常务副主任	30000
理事长	30000
监事长	30000
副主任委员（常务委员会班子）	20000
副主任	10000
副理事长、副监事长、副执行长、副秘书长	5000
理事、监事	3000

资料来源：南非华人警民合作中心网站，2020年11月4日。

---

① 李会长（曾任南部非洲福建同乡总会会长，现为南非华人警民合作中心主任，1992年到南非），2010年12月23日，约翰内斯堡西罗町。

2. 主要工作内容

据工作人员介绍，警民中心的事务有维权护侨、协助部门执法、开普法讲座、解决经济纠纷、组织捐赠等。笔者根据实地考察与访谈，将警民中心的工作分成三大类别。

第一，与中国政府部门互动，连接中国政府资源。警民中心是一个全侨性社团，其成立之初就得到中国驻南非使领馆的支持。在日常运作中，警民中心发挥了一个重要的桥梁作用，连接中国政府行政机构，为南非华侨华人提供服务。

（1）争取中国政府对社团的经费支持。警民中心作为服务南非华侨华人的非营利性机构，维持日常办公和运行的经费主要来源于警民中心理监事会成员缴纳的会费。此外，中国公安部、外交部及中国驻南非使领馆提供的资助和社会各界的捐赠，也是警民中心的重要经费来源。庄副主任说："日常经费主要来自我们（理监事会成员）交的会费，南非所有新移民社团会长都是警民中心的副主任，每人每年要交一定的会费，我们一年大概能收上来70万兰特。此外，大使馆还会给部分经费，大概每年20万兰特，总领事馆原来给的经费是每年2万兰特，现在每年5万兰特左右，公安部每年会给1万~2万美元，国侨办每年也会给2万~3万美元的经费。"①

（2）借助中国驻南非使领馆的行政权力，对南非华侨华人社团侨领进行约束与督促。警民中心陈秘书长说："如果主任、副主任拖欠会费，我们会把那个名单上交给大使馆，毕竟警民中心不是一个商会，这是一个全侨性的服务组织。所以一旦有个别副主任或理监事成员不交会费的话，我们会把名单上交给大使馆，让大使馆来跟他们对话。"

（3）与公安部等职能部门合作交流，它们对警民中心的日常工作进行专业指导。警民中心的主任、副主任、理事毕竟不是专业警务人员，在涉及办案等方面，需要专业的技术指导。因此，警民中心与中国公安部门的互动比一般社团更为频繁。

自2005年起，中国公安部派驻南非大使馆前后三任警务联络官为在日常工作中和涉及华人内部的犯罪案件提供直接的指导，并遣送10多名在南

----

① 庄先生（南非华人警民合作中心常务副主任，1999年到南非），2015年3月18日，福建省福清市融侨小区。

非犯罪的华人回国，接受中国法律的制裁。警务联络官起源于 20 世纪 70 年代的欧洲，指一国警察机构派驻到另一个国家或者双方进行固定联系的警官，目的是收集犯罪情报，寻求合作途径。20 世纪 90 年代以来，中国政府为加强国际警务执法合作而对外派遣警务联络官。针对境外中国公民和机构权益屡遭侵害的情况，驻外警务联络官主要协助外交部门加强对驻在国治安形势及针对华侨华人犯罪情况的调研和评估，切实维护海外中国公民和机构的合法权益。①

警民中心的资料显示，2007 年 3 月，外交部领事司和公安部出入境管理局联合组成领事保护课题调研组到警民中心调研；2010 年 11 月江苏省公安代表团访问警民中心；2010 年 12 月公安部刑侦局副局长率"中国公安代表团"访问警民中心；2013 年 5 月，中央政法委书记访问警民中心。2018 年 12 月，组织警民中心的 15 名业务骨干参加福建警察学院的培训班。② 他们参加了各种专业知识课程的学习，如急救、心理训练、防卫与反控制、安全风险识别与应对、突发事件处置等，全新的知识领域不仅开阔了他们的眼界，也为他们返回南非继续开展安全工作打下了坚实的基础。警务联络官的专业指导，提升了警民中心的办案水平。

第二，与南非警界等相关机构互动。警民中心，除了连接中国政府资源，还积极与南非当地政府机构、慈善机构、政党团体互动，开展多样化的交流活动。

（1）设立唐人街警务室。2012 年 6 月，豪登省警察厅设立专门为华人华侨提供服务的报警中心即唐人街警务室。该警务室由南非警察和警民中心工作人员 24 小时共同值班，豪登省华人可直接用中文报警，然后由警务室工作人员协调南非警察出警，为华人提供服务和保护。

（2）为华人聚集地辖区警察提供中文培训。2013 年，警民中心同南非警察部和中国驻南非大使馆合作，为华人聚集地的辖区警务人员开展中文培训，20 多位警员顺利通过中文初级班结业考试，并在 2014 年继续进修中级班课程。南非中国新移民群体整体的英语水平不高，对辖区警务人员进行中文培训，有助于华侨华人在报案时的沟通。

---

① 李志永：《中国警务外交与海外利益保护》，《江淮论坛》2015 年第 4 期。
② 《南非华人警民合作中心业务骨干培训班圆满结业》，人民网，http://world.people.com. cn/n1/2018/1219/c1002 - 30475031. html。

（3）警民中心与辖区警局进行合作。如 2013 年举办了南非华人社区禁毒宣传活动；同时，警民中心还积极参与当地事务。2013 年底，警民中心同非国大党伊库兰尼市党部，共同举办纪念曼德拉逝世的大型群众集会。2014 年，警民中心与辖区警局联手，共同向当地贫困社区捐赠。2014 年 4 月，警民中心与非国大党豪登省党部共同举办 2014 年华人社区参政促选大会；2018 年北开普省警民中心受 ZF 地区 Rosedale 警察局邀请，参加曼德拉国际日爱心捐赠活动。此外，警民中心还多次向当地贫困地区、学校举行捐赠，通过慈善活动扩大华人社团影响力。

第三，处理与华侨华人相关案件。警民中心成立的初衷是配合南非警方打击针对华人的犯罪，维护侨胞的权益。因此，处理与华侨华人有关的案件就是其最重要的工作内容，主要包括华侨华人被抢劫案件、华侨华人之间的纠纷，同时还负责发布社会治安信息，提醒华侨华人预防犯罪，并在必要的时候向侨胞提供法律咨询与援助服务等。

警民中心李主任说："警民合作中心的成立，使民间保侨护侨的方式更加规范，这种规范不仅有利于保障南非侨胞的利益，也有利于与南非当地警方的沟通与协作。"①

警民中心庄副主任说："不仅仅是治安，包括华侨之间的纠纷，都会向警民中心求助。我们现在每一年的求助电话都超过 300 件了。"②

经过 10 多年的发展，警民中心的权威性和影响力日渐扩大，一些南非老侨、中国台湾移民也会向警民中心求助。笔者在梳理警民中心通报的案件中，发现了这样一个案件：2016 年 1 月 29 日下午，警民中心接到报案，一位中国台湾籍女士于 15：30 左右在 Berea 街遭遇武装抢劫。据报案人称，事发当时，其正在开车回家的途中，突然一辆白色轿车超车将其拦下，车上迅速下来两名黑人抢匪均持长枪，在示意报案人下车后，抢车逃离了现场。警民中心工作人员在接到报案后立即将被抢车辆的信息向案发地区巡警进行了通报，并协助报案人向警方报案。③ 可见，警民中心的服

---

① 李主任（即前文所提李会长，曾任南部非洲中华福建同乡总会会长，现为南非华人警民合作中心主任，1992 年到南非），2010 年 12 月 23 日，约翰内斯堡西罗町。

② 庄副主任（即前文所提庄先生，南非华人警民合作中心常务副主任，1999 年到南非），2015 年 3 月 18 日，福建省福清市融侨小区。

③ 《南非华人女子驾宝马车出行被抢 警民中心提醒安全》，中国侨网，http://www.chinaqw.com/hqrh/2016/02 – 01/78694.shtml。

务对象不只是中国大陆新移民，还包括中国台湾移民等群体，其辐射范围遍及南非全体华侨华人。

（二）警民中心成立的原因分析

所有社团的成立，均与独特的社会环境有关，警民中心也不例外。笔者尝试从南非中国新移民群体的特征、中国新移民在南非的社会处境、海外华人共同体精神等社会结构性因素方面，分析该社团成立的内外部因素。

1. 南非中国新移民群体的特征

1990 年以后，中国大陆新移民逐渐进入南非，南非华侨华人群体迅速壮大。笔者综合李安山、朴尹正等学者的研究和笔者多年来对南非华侨华人群体的追踪与调研，将 1725 年以来南非华侨华人群体的人数变动整理出来（不包括契约华工[①]），具体如图 6-1 所示。据相关史料记载，1725年，南非有 2 名华人，其后 100 多年的时间里，华人群体缓慢增长。至1946 年，南非华侨华人群体突破了 6000 人。随后的 50 年里，南非华侨华人群体继续缓慢增加，直至 1995 年以后，南非华侨华人群体暴增，到2008 年，朴尹正估计南非华侨华人群体达到新的历史高峰——30 万人。截至 2015 年，南非侨领估计南非华侨华人群体仍在 30 万人左右。

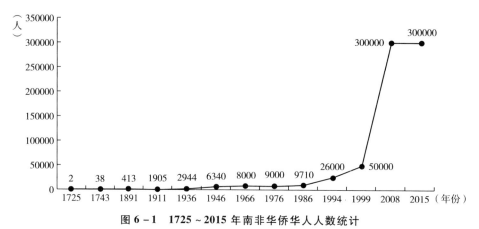

图 6-1　1725～2015 年南非华侨华人人数统计

资料来源：李安山：《非洲华侨华人史》，中国华侨出版社，2000，第 562 页；〔美〕朴尹正：《荣誉至上：南非华人身份认同研究》，吕云芳译，广东人民出版社，2014，第 1、12、15、153页；2015 年数据源于笔者对南非侨领的访谈。

---

① 因契约华工在合约满后返回中国，因此在统计中未将契约华工列入其中。

随着南非华侨华人数量的增加，华侨华人在南非遇到的各种治安案件数量也直线上升。2000年以来，每年都有20~30名中国侨民在南非被抢劫杀害致死。[①] 警民中心的王先生说："在南非，一些侨胞由于英语不好或缺乏经验，遇到问题时不知如何报警，不懂与警察沟通。警民合作中心成立后，可以给侨胞提供帮助，协助他们与南非警方的沟通。"为此，警民中心聘用4名中英文流利的专职警务工作人员，全天候24小时在警民中心办公。

当今的全球化是多类别、多层次的全球化，跨国迁移的不仅是拥有教育、资金、科技优势的高端人才，还包括受教育水平低下、外语能力较差的社会底层民众。[②] 南非中国新移民的整体受教育水平不高，英语水平较低，在处理治安案件时，需要专业人员介入提供协助。

2. 中国新移民在南非的社会处境

所有社团的形成都与当地的社会环境有关。南非社会贫富不均，失业率多年在25%的高位徘徊，非法枪支泛滥，各类暴力犯罪案件频频发生，针对华侨华人的各种犯罪和侵害事件更是屡屡发生。据统计，从2003年到2014年，共有130余名侨胞遇害，200多人受伤，中国公民在南非遭绑架、武装抢劫和敲诈勒索的现象更是时有发生。笔者将警民中心自2007年至2017年处理的案件数量汇总成图6-2。

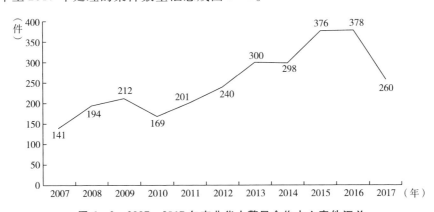

图6-2 2007~2017年南非华人警民合作中心案件汇总

资料来源：2007~2010年数据由警民中心林警员提供，2011~2017年数据来源于警民中心网站。

---

① 毛竹青：《加强领事护侨工作的若干思考》，《华侨大学学报（哲学社会科学版）》2011年第3期。

② 陈凤兰：《移民全球化与通婚地方化——基于对福州侨乡的实地研究》，《华侨华人历史研究》2015年第4期。

如此恶劣的社会治安环境，使在此经商、就业的华侨华人普遍缺乏安全感。笔者在调研中发现，几乎每个在南非谋生的中国新移民都有被抢劫的经历。因此，无论是社团领袖，还是普通民众，大家都愿意加入警民中心，期待在警民中心的帮助下获得安全保障。可以说，南非中国新移民群体的需求，是警民中心产生的原因，该社团的整合可以满足当地华侨华人的安全需要。社团的形成和发展，与移民群体迁移前的社会文化背景、迁移过程和移居国的总体环境有较大关系，这些因素共同塑造了移民在新环境中建构的社团模式。① 南非的中国新移民，大多是第一代移民，对中国社会的运作机制较为熟悉，对中国政府和华人社团组织有较强的信任感、亲近感。在南非恶劣的社会治安环境中，他们面临着共同的社会风险与安全威胁，因此通过族群的互动与合作，形成紧密合作的共同体，共同寻找各种社会资源，一起抵御充满风险的外部环境。

3. 海外华人共同体精神

大部分中国新移民是借助构建在血缘、亲缘和地缘之上的移民网络而迁移到南非的，② 并在各种社会网络的基础上建构了数十个社团。警民中心的成立，是以联合南非侨界各个同乡会、商会社团为基础，而各同乡会、社团以传统的血缘、地缘、业缘关系为基础。因此，可以说，警民中心的基础仍然是华侨华人的血缘、地缘、业缘关系，它是南非各华侨华人社团共同合作的结果。

想象的共同体是一个想象，但必须有一个现实的基础。社团是一个共同体，它的生成前提是身处其中的人们的共同目标。由于南非社会治安不好，每年都有数十名华侨华人受害。为了寻找安全感，南非社团侨领与新移民均有加入警民中心的意愿，借助这一平台保护自己。此外，中国人的身份认同是警民中心得以成立的基础。警民中心的成立，也是以"中国人"的身份联合为号召。李明欢教授在研究中发现欧洲华人社会的组织化趋势，仍然以"同为中国人"（或"同为华人"）的纵向族群性联合为号召，其所显现的依然是华人移民族群潜意识中根深蒂固的自成一体的共性。③ 南非华侨华人之所以愿意加入社团，是他们作为"中国人"的共同体精神的体现。这种共同体精神是历史与

---

① 牛冬：《"过客社团"：广州非洲人的社会组织》，《社会学研究》2015 年第 2 期。

② 陈凤兰：《文化冲突与跨国迁移群体的适应策略——以南非中国新移民群体为例》，《华侨华人历史研究》2011 年第 3 期。

③ 李明欢：《21 世纪初欧洲华人社团发展新趋势》，《华侨华人历史研究》2015 年第 4 期。

社会环境的产物，与他们在异国他乡的生活经历和社会体验息息相关。因此，加入警民中心，在熟悉的群体中寻求帮助，可以给普通的中国新移民带来"共享身份的安全感"①。

（三）警民中心模式的意义

警民中心在保侨护侨方面探索了一种新的形式。

1. 共同体精神想象与跨国移民的实践

移民进入移居国社会，在组织化上面临两种选择：要么选择加入当地社会的组织网络，适应他们的组织理念和价值规则；要么延续自身的组织资源，在内部从来源国搬用自己熟知的组织资源和组织方式。② 大部分中国新移民在南非属于第一代移民，在当地缺乏社会资源的积累，在需要帮助的时候得不到有效的社会资源，因此，他们通过主观能动的实践，整合有效的社会资源，为自己在异国他乡创造生存发展的"空间"。

在这个"空间"里，他们有着属于自身群体认可的行为规则、社交网络和价值观念，而且这些要素不断地"循环再生产"，成为一种新的社会结构或组织。迁移人口的规则创新并不是要改变原有制度，而是通过寻求各种社会资源，如通过族群共同体塑造自己的社会组织，形成自己的"社会活动空间"。具体而言，通过跨国实践而"整合"出来的警民中心，为南非华侨华人的人身安全提供了一个相对可靠的保障。至少，可以解决由于英语能力的限制，无法与南非当地警方沟通的障碍。通过这一平台，在南非的华侨华人可以与国内外相关机构建立有效的互动关系。

2. 中国海外公民安全保护工作的新思路

警民中心的最大特色，就是它将南非的华侨华人社团联合起来，整合侨社的力量，为中国海外公民的社会安全保护提供帮助。

"警民中心就是使领馆工作的延伸，其实很多事情是警民中心在帮使领馆做，因为说心里话，如果某个地方发生什么案件，本来应该由使领馆处理，但现在有的时候是由警民中心去处理，工作人员赶去现场处理（案

---

① 〔美〕孔飞力：《他者中的华人——中国近现代移民史》，李明欢译，江苏人民出版社，2016，第40页。
② 王春光：《华侨华人社团的"拟村落化"现象——荷兰华侨华人社团案例调查和研究》，《华侨华人历史研究》2010年第3期。

件），等处理好了再给使领馆打电话，汇报具体的案件。"①

警民中心成立之后，承担了一些原本由中国驻南非使领馆承担的工作，如保侨、与警方联系等。南非涉及华侨华人的治安案件频发，中国驻南非使领馆工作人员不足，因此，整合南非侨界各社团的力量，不仅有助于提升华人社团的形象与服务能力，对使领馆的工作也有裨益。而对于社团领袖而言，在全侨性的社团里担任职务，不仅能够在更大程度上为侨社服务，也能借此获得相应的社会地位认可，获得成就感。

目前，无论是在南非，还是在其他国家，中国在领事保护领域的人力资源、资金投入都不能满足迅速增加的海外侨胞的需求。领事保护是一项系统工程，在当前复杂的国际环境下，中国政府应该积极动员侨界民间社团力量的参与，发挥社团及侨领的社会网络优势，树立海外华侨华人"命运共同体"的意识，使社团和侨领积极参与中国海外公民的安全保护工作。

案例 6 –5　　　　　　　　警民中心进一步完善制度

警民中心的发展日益完善。2018 年 3 月 24 日，警民中心举行换届选举后的第一次会议，会议主要讨论了 10 多项重要议题，会议由新当选的李主任主持。会议讨论了以下议题：通过了建立主任不在南非时，授权代理主任机制；落实购买会址事项；常务干部成员分区域负责制；确立新一届理监事成员会费收费标准；建立财务监管和审批制度，公布警民中心每月财务收支状况；加大力度宣传动员更多的华侨华人加入警民中心；加强同约翰内斯堡公共安全局的联系与合作等。这些措施将使警民中心的发展更加规范、社团目标更加清晰、制度更加完善。

李主任表示，警民中心在南非各省设立分会，为各地遇到困难的侨胞提供了实实在在的诸多帮助。李主任在讲话中提出了进一步改进的目标。第一，警民中心的理监事成员们不仅要热爱祖国，更要热爱长期生活、工作的第二故乡南非；第二，为了预防犯罪，侨胞们要改变以往的住宿和工作都在店铺内的习惯；第三，警民中心成立后要积极与当地政府、警察、

① 庄先生（南非华人警民合作中心常务副主任，1999 年到南非），2015 年 3 月 18 日，福建省福清市融侨小区。

税务等部门密切联系，协助他们共同预防和打击各类犯罪行为；第四，警民中心还要努力融入当地社会，回馈当地社会，引导和鼓励大家雇用当地员工，为南非社会创造更多的就业机会。[1]

第二节　中国新移民在南非的个体适应方式

从群体适应方式来看，组建本族群社团是适应移居地社会的一种方式。从个体来看，个体的居住区域、通婚对象、社交范围等，是个体适应移居地社会的重要指标。

戈登提出，外来移民在移居地的融合过程包括七个重要维度，分别是文化适应、结构性融合、婚姻融合、认同性融合、态度接受融合、行为接受融合和世俗生活融合。其中，文化适应不仅包括衣着等外在表现，也包括语言、情绪表达、价值观念等。移民的融合状态也可能仅仅停留在文化适应阶段。结构性融合是融合过程中的关键，它预设其他领域的融合必然会随之发生。结构性融合是指社会结构的相互渗入或融合，是移民群体在与迁入地社会之间发生的亲密性交往，即能够加入对方私人生活空间的阶段。婚姻融合即移民群体与迁入地社会群体之间的族际通婚。[2]戈登认为，不同族群之间，可以通过通婚比例、家庭结构变化、移居国语言的掌握程度等来判断移民的同化程度。[3]

本部分内容通过对中国新移民在南非的居住空间、社交对象、通婚对象三个维度来呈现新移民个体在南非的适应状况。

一　居住空间的选择

列斐伏尔说："空间是由社会关系所充斥的；它不但由社会关系所支

---

①　《南非华人警民合作中心举行第七届一次会议探讨多项议题》，南非华人警民合作中心网站，https://mp.weixin.qq.com/s/Mv4w9W12xIf5_MByCGf7Hg。

②　刘程：《西方移民融合理论的发展轨迹与新动态》，《河海大学学报（哲学社会科学版）》2015年第2期。

③　梁玉成：《在广州的非洲裔移民行为的因果机制——累积因果视野下的移民行为研究》，《社会学研究》2013年第1期。

撑，而且由社会关系所生产与被生产。"① 居住空间是社会交往客观条件的一部分，通过居住空间可以考察各族群成员是否彼此聚居，各族群在空间上是否相互隔离。② 居住格局作为族际交往发生的一种场景、一个变量，决定了各民族间是否有进行信息传播和社会互动的机会。不同族群的人们之间的主要社会交往场所与类型可以被简单地归纳为居住场所、学习场所、工作场所、宗教场所、娱乐场所、公共活动与消费场所、私人个体交往等几个方面。其中最重要的就是居住场所里各族群的居住格局，即各个族群在一个城市、一个地区的空间分布特征。它直接反映了在居住方面族群隔离的程度，并间接反映了该地区族群关系的状况。20 世纪 90 年代初期至今，中国新移民在南非的居住空间发生了一些变化。20 世纪 90 年代初，南非的中国大陆新移民数量较少，主要选择靠近中国台湾、香港移民居住的区域，如希尔布罗街区的"上海楼"。随着约翰内斯堡市区治安状况的恶化和白人中产阶级、中国台湾移民的搬迁，中国大陆新移民也逐渐搬到西罗町附近。近些年，在约翰内斯堡，中国新移民居住的区域主要选择白人中产阶级社区和华人商业区；在德班，中国新移民居住区主要选择印度裔居住的中产阶级社区或公寓；至于分布在各个小镇的零售店店主们，则广泛分布在黑人区，部分小商人居住在店铺内。

从迁移理论来看，移民从祖国迁往异国侨居生活，他们在选择居住地时，通常会遵循着一定的法则。具体来说，移民选择定居地和居住方式的出发点是帮助他们更好地在新环境中生活。因此，通过对移民居住特征的考察，不仅能探究移民的生活适应状况，也能发现影响移民迁移和定居行为的各种因素。

中国新移民在约翰内斯堡的居住空间呈现"大集中，小分散"的特征。约翰内斯堡有新旧两条唐人街，其中新唐人街西罗町（Cyrilldene）附近是南非中国新移民居住最密集的地方之一。此外，笔者在调研中发现，Bedfordview（贝德福）、Edenvale（伊登维尔）、Fourways（佛维斯）和Sandton（森藤），还有位于中国批发商城的公寓，居住的中国新移民数量都不少。从地理空间来看，中国新移民主要居住在约翰内斯堡社会治安相

---

① Henry Lefebvre, "Space: Social Product and Use Value," in J. W. Freiberg (ed.), *Critical Sociology: European Perspectives*, NewYork: Irvington, 1979, p. 286.

② 马戎：《社会学的应用研究》，华夏出版社，2002，第 244 页。

对较好的东部和北部，在约翰内斯堡的西部和南部，也分布着相对稀疏的中国新移民。

（一）聚集在唐人街附近

笔者 2010 年在南非的田野调查中，发现南非的新移民群体集中居住的现象非常突出。以中国新移民最为集中的约翰内斯堡为例，中国新移民群体在居住空间方面呈现"大集中，小分散"的特征。该群体在约翰内斯堡地区主要集中在约翰内斯堡东部的西罗町、伊登维尔、贝德福等区域。由于中国新移民在南非的经济状况普遍比较好，如果在南非购置房产，大部分人首选这些区域。中国新移民的到来，推动了约翰内斯堡 Bruma 地区西罗町附近房价的飙升。虽然有个别受访者表示"在华人集中的区域人多嘴杂，是非较多，喜欢选择到远离华人的白人中产阶级社区居住"，但更多的人表示"喜欢居住在华人多的区域"。有个例子可以说明这个问题。2003 年前后，约翰内斯堡地区的住宅（面积 1000 平方米的独立别墅）的平均价格大约为 150 万兰特（1 万兰特约等于人民币 9000 元）。2010 年，其他区域的房价稍微有些上涨，然而，约翰内斯堡唐人街西罗町附近的住宅价格已经飙升到 500 万兰特，涨价幅度远高于约翰内斯堡其他地方。很多受访者表示，是中国新移民的到来推高了约翰内斯堡唐人街的房价。至于喜欢居住在西罗町附近的原因，除了华人多以外，"买菜方便""社会治安相对较好""中国餐馆多"等都是中国新移民聚集在此处的主要原因。[①]需要说明的是，西罗町街区的治安较好，是因为唐人街管委会雇用保安在此 24 小时巡逻，提升了该区域的安全系数。

约翰内斯堡西罗町有 140 多家店铺，还有许多华人旅馆，它是中国新移民在约翰内斯堡最重要的"采购"之处，也是众多中国新移民社团的总部所在地。中国新移民习惯去唐人街买菜，因为很多华人在约翰内斯堡附近经营农场，种植蔬菜，所以西罗町的蔬菜品种非常齐全。除了中国新移民经营的食品店、超市、美发店等之外，西罗町也有中国台湾移民经营的超市，品种也很丰富。

---

① 陈凤兰：《文化冲突与跨国迁移群体的适应策略——以南非中国新移民群体为例》，《华侨华人历史研究》2011 年第 3 期。

（二）选择白人中产阶级社区

森藤及其附近的米德兰（Midrand）是约翰内斯堡著名的富人区，这里聚集了约翰内斯堡的高档商场、金融机构等。一些中资企业也将办公地点选择在森藤附近，所以这里中资企业员工所占的比例很高。

中资企业的入驻，让森藤出现了一个全新的华人群落，他们的生活方式也呈现与其他华人社区完全不同的节奏和特点。在访谈中笔者了解到，上海籍的新移民更多选择居住在森藤。这里除了南非本地的高档餐饮之外，也有不少中餐馆。

贝德福，中国新移民称之为"白楼"，它周边交通便利，医院、购物街、私立学校等配套齐全。"白楼"的楼房主要是公寓，有公共的安保设施，相对比较安全。因此，这里曾经也是中国新移民在约翰内斯堡最青睐的居住地之一。然而，随着中国新移民商人的增多以及抢劫案件的发生，"白楼"的安全系数也逐渐下降。

伊登维尔位于约翰内斯堡东部，不属于约翰内斯堡市政的辖区，而是在伊库莱尼（旧称东兰德）的管辖范围内。这里离西罗町唐人街有 10 多分钟的车程。笔者在约翰内斯堡调研期间居住在这里。这个区域以白人中产阶级为主，也有不少中国台湾移民居住在这个区域。曾贤一家在此居住多年，据曾贤介绍，他来这里买房是受到台湾朋友的影响，2000 年前后到南非的中国大陆新移民有数百人居住在这里。

（三）开发商城住宅区

2013 年以后，中国新移民在批发商城内部开发了新的公寓，其中以"名人公寓"最为出名，它的卖点就是让住户"足不出户"就可以满足各种生活需求。这种公寓是根据中国新移民的居住需求而开发的，只提供给在南非经商、务工、求学的华人居住，它采取酒店的半封闭管理方式，公寓内部有小超市、健身房、餐馆、棋牌室等配套设施。出入公寓的大门需要钥匙、指纹认证，进入电梯还要另外刷卡，住户刷卡只能到达自己居住的楼层，不能到别人的楼层。这种批发商城的公寓每套租金约 1 万兰特/月。保安每个时段安排 4 个人，三班倒，每个班工作 8 小时。这是华人商城区配套的公寓，最大的特点是公寓跟商铺连在一起。中国新移民在这里居住、经商，可以满足基本的日常生活需求而无须外出。这种新的居住方式的出现，反映了中国新移民在南非为改善居住环境、获得安全保障所做的努力。

"中国商人如果在商城、公寓之间两点一线，基本没有什么安全问题。但商城外面的治安则不能保证。"①

"在南非经商，最大的问题是安全。但我感觉总体还好。现在我们主要租住在商城里的公寓，有安保配置，总体治安还可以。"2017年来的新移民商人郭先生在接受采访时说他首选居住在商城公寓，理由是"方便、安全"，因为他来南非就是为了做生意，不需要太多的外出。②

这种"商住合一"的商城内部公寓居住方式，具有中国特色。住在商城里面，虽然会减少生活中的享受以及与当地居民的社会互动，却能减少往返途中可能遇到的各种抢劫风险，而且方便商家更快捷地处理生意中可能遇到的问题。毕竟，在这座城市里，甚至在这个国家当中，无论个体如何小心谨慎，都不可能万无一失。因此，中国新移民商人发展出这种在"家门口做生意"的居住方式。"商住合一"的最大优点是方便、安全，缺点是导致中国新移民的社交空间和居住地点更加封闭，与南非本地人的交往机会更少了。

回顾过去30年中国新移民在约翰内斯堡的居住地点，从20世纪90年代初期居住在约翰内斯堡希尔布罗街区的"上海楼"，到新唐人街西罗町和附近的白人中产阶级社区，再到批发商城公寓，虽然居住地点发生了一些变化，但中国新移民在约翰内斯堡居住"相对封闭"的特点没什么变化，甚至越来越"封闭"。

二　社交圈子的特点

根据林南对霍曼斯互动理论的分析，个体互动越多，越可能共享情感；而共享情感越多，它们越可能互动和参与活动。③

①　严老板（监控设备批发店老板，2013年到南非），2017年3月5日，福清市融侨酒店。
②　郭先生（家具批发零售店老板，2017年到南非），2019年10月8日，福州市鼓楼区。
③　〔美〕林南：《社会资本——关于社会结构与行动的理论》，张磊译，上海人民出版社，2006，第37页。

　　然而，中国新移民与南非人的互动较少。"南非中国批发商城和国内的小商品商场一模一样，只是搬了一个地方，从国内到国外而已。很多中国人住在离商场不远的地方，所有的生活和在中国差不多。有些人来南非工作很多年了，仍然讲不来几句英文，也不会开车。除了赌场，不知道有什么地方去可以玩，抱怨生活'单调、苦闷'。当然，每个人的生活观念不同，体验也不同。"①

　　"南非有很多非常好的度假胜地，有在全世界都有名的景色，中国人比较宅，不太愿意外出旅游。像老外那种外出度假的中国人不多。"②

　　"中国新移民在南非打拼，这个过程是非常枯燥乏味的，就需要自己去调整。南非人对中国人的整体印象就是'有钱'，整天就忙着挣钱，生活比较乏味，也缺乏幽默感。中国人很少到商城以外的地方走走，觉得不安全，其实这是中国人自己内心缺乏安全感，对环境缺乏勇气去尝试。"③

　　"在国外不是你想交朋友就交朋友的，自己人生地不熟的，哪有那么容易啊？而且我一个打工的，也很难跟当地的人打交道。"④

　　谈及在南非生活的感受，很多中国新移民用"宅"来形容自己，因为日常的外出活动极少，娱乐休闲方式也很有限。从消费的角度来看，中国新移民与南非人存在"消费隔阂"。因为消费既是一种行动（即花费行动），又是一种文化（即消费文化）。⑤

　　"在南非总的来说，大家就关心一个问题，安全！其实也不完全如国内人们口中说的那么糟糕，我个人觉得任何事情都不是绝对的，也就是说，很大一部分不是天灾，而是人祸。如果自身能多注意一些，尽量避免去一些危险的地方，黑人区那种偏僻的角落安全系数确实很低。在主街道，镇里面，或者在主干道上开店还是安全的，我这家店就在主路上。安全性很好。"⑥

---

① 小杨（在南非乡镇经营超市，2008 年到南非），2010 年 8 月 6 日，福清市江镇。
② 梁记者（南非某华文报社记者，2005 年到南非），2010 年 12 月 28 日，约翰内斯堡伊登维尔。
③ 钟记者（某华文报社记者，2003 年到南非），2010 年 12 月 31 日，德班。
④ 严先生（批发店工作人员，2009 年到南非），2010 年 12 月 8 日，约翰内斯堡香港城。
⑤ 王宁：《消费与认同——对消费社会学的一个分析框架的探索》，《社会学研究》2001 年第 1 期。
⑥ 许先生（零售店老板，1999 年到南非），2010 年 12 月 28 日，约翰内斯堡百家商城。

林霖："在南非最大的问题就是生活太单调了，每天上班下班。因为治安不好，平时也不怎么出门。家里人平时都聚在一起打牌、打麻将，我有时也会坐在边上看。当然，我平时也会看书来打发时间，但南非能买到的中文书也很少。"①

"虽然我们的黑人同事、顾客、小贩口口声声说我们是他们的朋友时，我们表面上说'是'，但心里可从没有把他们当作朋友。我们不是一个世界的人。"②

"白人？唉！在南非没有几个中国人能和白人成为真正的朋友，我们也不屑和他们交朋友，很多白人其实很穷的，甚至沦为乞丐。"③

李先生："我们只有在做生意时才跟当地人有交往，私底下没有。可能华人第二代、第三代才会跟他们有交往。我们对南非人不了解，不了解人家的文化，怎么跟他们来往？"④

吴女士："所谓的融入当地社会，是不是指跟当地的白人或黑人交往？如果是这方面，我基本上没有。我还是喜欢找中国人玩，有些华人会找白人，那他的圈子可能就会有很多白人。像中兴、华为那些大公司的人，跟当地人的交往就会比较多。做批发零售的中国商人，一般社交圈还是以中国人为主。"⑤

福建省福清市北村的黄主任曾在南非德班生活了四五年，协助子女管理生意。他觉得德班治安不错，比较难适应的是生活比较简单，下午5点多下班以后，没地方去，一般在家看电视。他说："虽然南非的自然风景很漂亮，但看多了也会腻。语言不通，去哪里都没法沟通。"⑥

在国外的新移民因为忙于生意，没有什么时间像当地白人、黑人那样外出度假游玩，生活相对封闭。

笔者在江镇调查时，遇到在南非小镇开店的小杨回国探亲，他告诉笔者在南非生活的体验。他说："在南非生活，要有足够的应付寂寞、孤独、

---

① 林霖（批发店老板，2009 年到南非），2010 年 12 月 28 日，约翰内斯堡百家商城。
② 江滟（零售店老板，1998 年到南非），2010 年 12 月 9 日，约翰内斯堡中非商贸城。
③ 钱女士（经营中医保健药品，2005 年到南非），2010 年 12 月 13 日，约翰内斯堡香港城。
④ 李先生（服装零售店老板，2004 年到南非），2010 年 12 月 17 日，约翰内斯堡红马商城。
⑤ 吴女士（服装批发店老板，1991 年到南非），2010 年 12 月 28 日，约翰内斯堡百家商城。
⑥ 黄主任（2008～2013 年曾在南非德班经商），2015 年 1 月 10 日上午，福清市江镇北村。

静坐、发呆、面壁的能力。"① 具备这样的能力，才能在南非生存下去。曾贤也说："在南非，最大的敌人是寂寞。"曾贤说，他1998年至2000年在南非某矿区开零售店，回想起当时的状态，曾贤仍然觉得"可怕"。曾贤说："在南非乡下做生意，最苦的不是生活上的苦或者生意的累，而是寂寞，寂寞是最可怕的。有时候一个星期都找不到一个说话的人，除了生意上的往来。真的很苦！以前国际长途电话没现在这么便利，电话费很贵，跟家里人打电话也是赶紧说几句就挂了。"②

总体来说，中国新移民的娱乐活动单一，且好赌博。在南非乡镇开店的中国新移民之间居住分散，聊天、聚会、吃饭都要开车出去，由于治安不好，人们尽量避免晚上出门。他们大部分时间在家看电视、看报纸，很少去外面玩。而且每天下午5点后，南非大部分商店关门，周末下午2点后连超市里都空无一人，到了长假和公众假日，各个城市里不见人影，变成了一座座空城。"闷""无聊""没劲"是中国新移民形容南非生活最常用的词语。无聊，加上中国新移民在这里经商，整体上生活比较富足，很多人就迷恋上了赌博。"很多新移民在南非不是没赚到钱，而是因为赌博输掉了家产。在南非，赌博是合法的。所以中国商人被环境所诱惑。"③

2000年后，南非政府开放了博彩业，全南非共设立了40家赌场。单单约翰内斯堡地区就有凯撒、黄金城、嘉年华、蒙地卡西诺4家大赌城，这4家大赌城都是集赌场、购物商店、游乐设施、电影院、秀场、餐饮、旅馆等为一体的大型综合娱乐总汇。各个赌场豪华壮观，各具特色。说起南非的赌场，每个中国新移民都不陌生。去赌场消遣已成为南非中国新移民业余生活中的一部分，几乎所有在南非的中国新移民，即使没有去赌博，也一定去过赌场。

如果有人假期去凯撒赌场（位于约翰内斯堡东部，华人聚集居住区附近）看看，就会发现每个桌子上都有中国人，每个轮盘桌边上都站着中国人，VIP百家乐桌子的来宾以中国人为主。南非中文媒体一而再再而三地

---

① 小杨（南非乡镇经营超市，2008年到南非），2010年8月6日，福清市江镇。
② 曾贤（从事葡萄酒、通信产品生意，1997年到南非），2010年12月9日，约翰内斯堡伊登维尔。
③ 陈秘书长（南部非洲中华福建同乡总会、南非华人警民合作中心秘书长，2003年到南非），2011年1月17日，约翰内斯堡福建同乡会馆。

劝阻同胞"远离赌场",并举了几名赌客输光货款、赌客从赌场出来车被抢走、赌场中赌客之间因不服导致枪击事件、沉迷赌博导致家庭破裂妻离子散等例子,均被当作耳边风。中国新移民在南非创业不易,守业更难。南非单调、苦闷、压力大的生活,让一些新移民不同程度地染上了赌博的坏习惯,把辛辛苦苦赚来的钱转手送进赌场里。

跨国流动将不同文化背景、不同族群的人群推拉到朝夕相处的同一生活情境中,而且移民族群往往相对集中于某一经济领域,并因相似的生活习性而相对聚居,故而更有可能凸显其社会差异性。中国新移民进入南非也就30多年的历史,虽然因为从事零售业的缘故,部分中国新移民分散在南非的大城小镇,但大部分人还是集中在南非的几个大城市,如约翰内斯堡、开普敦、德班等城市。从事批发零售行业的中国新移民尽管与南非普通民众接触机会较多,但碍于语言方面的限制,社会交往的深度有限。大部分中国新移民的主要社交圈子还是局限在华人圈子。

三　通婚对象以华人群体为主

族际通婚是人类学、社会学族群研究的一个重要课题,一般认为族际通婚率是反映不同群体、阶层之间社会和文化距离的重要指标。如美国社会学家辛普森(G. E. Simpson)和英格尔(J. M. Yinger)认为:"不同群体之间的通婚率是衡量一个社会中人们的社会距离、群体接触和认同的强度、群体相对规模、群体异质性以及社会整合的一个灵敏的指标。"[①]

婚姻融合也是戈登提出的衡量族群融合的七个变量之一。只有通过大规模的通婚和混血后裔的产生,族群才会逐步实现血缘的融合。学者们在族际通婚方面关注的有:(1)通婚的绝对数量和相对规模。(2)通婚发生的时间和社会背景。(3)通婚史中是否有性别选择或事实上的性别倾斜。(4)通婚者群体与非通婚者群体在各方面特征(年龄、受教育程度、职业、行业、家庭经济水平和政治地位、是否移民)的结构性比较。(5)在两个以上族群共同居住地区,在族际通婚中有无族群选择。(6)通婚后所

①　G. E. Simpon, J. M. Yinger, *Racial and Cultural Minorities: An Analysis of Prejudice and Discrimination (Fifth Edition)*, New York and London: Plenum Press, 1985, p. 296.

生子女在族群身份认同方面的选择。（7）政府对于族际通婚的政策。（8）家庭或社区对族际通婚的态度。（9）混血子女在个人发展机会方面与各族群非混血子女之间的比较。（10）鼓励或阻碍族际通婚的各项因素（语言、生活习俗、宗教、交往机会、族群偏见等）。①

陈秘书长说："南非华侨华人群体中，跟南非当地人通婚的，主要是上海人和广东人，其他地方的人很少。据我所知，新移民与南非当地人真正因为感情结合在一起的比较少，大多数是为了签证而'假结婚'。还有的人在国内离过婚，如有的女性，在国内离婚了，来到南非想要发展事业，就想找当地人依靠。但这是错误的观念，这里的白人都很自私，婚后还实行财产独立。我认识一个人，跟当地白人结婚后生了一个女儿，她一个月只能拿 3000（兰特）作为生活费，其他事情她丈夫都不让她过问。还有一个女孩子，在南非这里读书，英文还不错，跟当地一个白人结婚，结果孩子生下来两个月那个白人就跟她离婚了，还不给抚养费，很惨。"② 陈秘书长特别强调了通过与当地人结婚而寻找依靠是一种"错误的观念"。持类似观点的人不在少数，这也体现了中国新移民与南非当地人通婚方面的隔阂。

"中国年轻人来这里跟当地人结婚的很少。如果有，一般也是 30 多岁的女人，在国内离婚了，到南非这里找个 50 多岁的男人结婚，这种人是极少数。我们这里跨国婚姻还是很少，因为当地人太不可靠了，不管是经济还是其他方面。我们中国人很现实，结婚不就想找个依靠吗？跟当地人结婚，连钱都拿不到，婚姻能坚持 5 年、10 年的都很少。中国人跟韩国人、日本人结婚，虽然也有离婚的，但概率不高。南非人是西方人思维，他们的生活方式、价值观跟我们亚洲人差太多了。包括穿衣、吃饭、旅游、价值观，都很难融合到一起。而且讲难听点，白人很自私，唯我独尊，很有优越感，瞧不起其他肤色的人种。像日本人、韩国人在世界其他地方，社会地位相对还是可以的，但在南非白人眼里，还是很受歧视的。"③

族际通婚的态度是影响两个民族个体成员之间缔结婚姻关系的重要因素，族际通婚率的高低在很大程度上取决于对族际通婚的态度，这一意愿

---

① 马戎：《族群关系变迁影响因素的分析》，《西北民族研究》2003 年第 4 期。
② 陈秘书长（南部非洲中华福建同乡总会、南非华人警民合作中心秘书长，2003 年到南非），2011 年 1 月 17 日，约翰内斯堡福建同乡会馆。
③ 可可（服装批发店老板，2003 年到南非），2010 年 12 月 8 日，约翰内斯堡香港城。

的表达在某种意义上被视为体现民族关系总体水平的重要标志之一，而且能深刻地反映出今后民族关系深层次发展的趋势。对族际通婚的态度来源于两个方面：一是婚姻关系中的个体，即与其他民族通婚的个人；二是通婚者的父母、亲属、家族等婚姻关系外的意愿表达者。就通婚者个人而言，在克服客观困难的前提下，需要接纳一个在民族感情和民族心理上有差异的人，才能与其达成婚姻关系。这样的婚姻也标志着把一个"异族人"吸收进"本族"的族群，正因为如此，族际通婚通常并不被本族群认为仅仅是通婚者个人的私事，①而受到本族群其他人的广泛关注。这种关注伴随着意愿的表达，对通婚者个人的决定有不小的影响。

在中国新移民中，有女性与当地黑人谈恋爱，但没听说有领结婚证的，有与南非白人结婚的，但数量也不多。据了解，生活条件好的一些白人在跟华人结婚的时候，有的时候会要求办理婚前财产公证。此外，白人的生活习惯与中国人不太相同，大多数比较乐观，持及时行乐的生活态度，对家庭未来的规划性不强，没有太多的存钱意识与危机感。

除了以上提及的一些原因，还有中国与南非在婚姻制度方面的异同。一些南非黑人的生活方式和文化习俗还保留着原始部落的特征，保持着古老的婚姻制度和习俗，如祖鲁族甚至还实行一夫多妻制。这对习惯了一夫一妻制的中国新移民而言，自然比较难以接受，甚至有些抗拒。因此，中国新移民与南非当地人尤其是与黑人的通婚并不多见。在谈及如果自己的子女要与南非人通婚，他们是否能接受时，大部分新移民表示反对。持支持态度的人则大多表示："如果我的孩子真的要跟南非人结婚，跟白人结婚可以，跟黑人就不行。"这种态度显示了对黑人的无形歧视与排斥。

陈华说："据我所知，没有江镇人跟南非的当地人结婚。江镇人很多年轻人通过'视频相亲'结识结婚对象。因为大多数福清人是通过非正规途径出国的，而且在国外工作繁忙，回国一趟很麻烦，用'视频相亲'比较简单。反正对象也都是七大姑八大姨介绍的，跟传统相亲差不多。"②

因为对族际通婚的排斥，在南非的年轻中国新移民群体中就流行起跨越国界的"视频相亲"。年轻人在亲朋好友的牵线下，通过"视频聊天"

---

① 李培林、李强、马戎主编《社会学与中国社会》，社会科学文献出版社，2008，第336页。
② 陈华（食杂批发店老板，1999年到南非），2010年12月8日，约翰内斯堡香港城。

来认识、了解对方，这在中国新移民群体中已经是一种比较普遍的相亲方式。在笔者 2011 年发表的论文中就详细阐述了这一现象。①

异民族之间的通婚，是考察两个群体相互融合的一个重要指标，可以反映家庭和群体对族际通婚的态度。以上访谈内容表明，在南非，中国新移民与南非当地人通婚的案例很少，他们普遍还集中在自己的圈子里寻找结婚对象。从族际通婚的角度来看，中国新移民目前在南非的社会融合程度并不高。除了在南非，中国新移民在非洲其他国家也同样如此。塞内加尔作家兼新闻记者盖伊是这样记录中国人与非洲当地的文化隔阂的："中国人不同当地人融合，他们生活在非洲的那种格局有点像种族隔离。他们只同同族人交往，如果实在必要，才与当地人接触，比如做生意的时候。中国商人大多能说几句蹩脚的英语或法语，能够应付出售商品就足矣。中国人从不娶嫁当地人，这也说明他们对非洲民俗和文化没有很大兴趣。"②

以下是笔者在调研时收集到的访谈对象的观点。

江镇的小陈说："江镇的年轻人视频相亲的很多，这很正常呀。因为很多人在南非开店，忙于生意，没有身份回不去，要找对象也只能这样了。大家都是靠亲戚朋友介绍的，没什么不好。我老婆比我大两岁，我们是在南非认识的，也是亲戚朋友介绍的。她跟父母来这边做生意。我们现在有两个小孩，大的两岁，小的几个月，都在中国，我妈在带。南非治安这么差，怎么能把孩子带过来呢？"③

刘先生在南非是一位事业有成的年轻商人。他说，现在的婚姻已经不仅仅为了传宗接代了，更重要的是找一个能够在精神和事业上都产生共鸣的伴侣。他说："我对终身伴侣的要求之一，至少是能沟通得来，有相同的价值观和人生观。南非人跟我们中国人的价值观差异太大。"④

在子女的婚姻上，许多中国新移民父母也形成了一种观念。蒋先生来南非经商超过 20 年，他说："我儿媳妇一定要是华人，这样比较好沟通，家人

---

① 陈凤兰：《文化冲突与跨国迁移群体的适应策略——以南非中国新移民群体为例》，《华侨华人历史研究》2011 年第 3 期。
② 马欢、黄昌成：《另类崛起：中国商人在非洲》，《时代周报》2010 年 2 月 21 日，时代在线网，http://www.time-weekly.com/post/7180。
③ 小陈（批发店老板，2008 年到南非），2010 年 12 月 8 日，约翰内斯堡香港城。
④ 刘先生（批发商城大股东，2001 年到南非），2011 年 1 月，德班。

之间不会有隔阂。"①

　　周先生表示："我希望我的家人都是华人，不与异族通婚。无论是跟白人还是黑人结合，彼此的差异实在太大，婚姻很难长久幸福。因此，就我个人来说，我不希望子女与当地人通婚。"②

　　曾源说："我们福建人在国外的人很多，难免有与外国人通婚的年轻人。从我知道的情况来说，有听说过两三个中国女孩跟南非白人结婚，但结局都不太好，都离婚了。我认为结婚还是要找中国人。跟白人结婚，婚姻关系比较不稳定。基本没听说有跟黑人结婚的情况。我们中国人还是比较难接受黑人。"③

　　由于族群隔阂以及中国传统文化的优越感，中国新移民与南非人通婚率很低。如果有，也是与白人通婚的比较多。有与黑人谈恋爱的，但极少有人走入婚姻。隔阂主要体现在几个方面：（1）与父母辈的沟通；（2）财产关系方面，财产公证，万一离婚，没有保障；（3）日常生活观念差异，如储蓄等问题；（4）子女教育选择问题。

　　中国人迁移到他国，在婚姻对象的选择方面，无论是新移民中的父母辈，还是年轻人，都倾向于与华人乃至大陆人通婚。这种保守、封闭的通婚圈子反映了中国新移民在南非的社会融入程度不高，因为恋爱、婚姻是一种深度的社会交往。从当前南非中国新移民群体跨国通婚率不高的情况来看，该群体对南非的社会融入程度有限。他们对南非白人婚姻模式难以接受，难以接受婚前财产公证。对黑人则持有优越感，有与黑人谈恋爱的案例，却极少有通婚的个案。

　　段先生说："我有个朋友与南非白人结婚，婚姻只维持了一年多。因为他妻子虽然是白人，但家境一般，不仅不会做生意，还有酗酒习惯，所以他们的婚姻维持不下去。"④

　　笔者在调研中了解中国新移民与南非人的通婚状况时，听到的都是比较不成功的案例，它们也是南非中国新移民圈子里流传比较多的故事。更多人谈论的是年轻人的跨国"视频相亲"现象。以下是笔者在福建省福清

---

① 蒋先生（福州批发店老板，1997年到南非），2019年3月19日，福建厦门华侨酒店。
② 周先生（服装批发店老板，2009年到南非），2010年12月09日，约翰内斯堡香港城。
③ 曾源（批发店老板，1995年到南非），2010年12月7日，约翰内斯堡百家商城。
④ 段先生（葡萄酒批发店老板，2010年到南非），2017年6月19日，广州沙面。

市调研时所撰写的论文部分内容，其中主要灵感来自福清市年轻人与同乡人的"跨国视频相亲"。

20 世纪 90 年代以来福州侨乡的本地化择偶偏好

在福州侨乡地区，青年男女倾向于与本地人通婚，在传统婚姻圈内择偶，即通过亲朋好友或媒人为其选择配偶。与本地人通婚，有助于家庭的稳定，并可以通过婚姻增加家庭的海外社会网络资源。对于侨乡地区的民众来说，出国赚钱是该地区普遍的共识。出国意味着将来可能会有较高的经济社会地位和较为优越的物质生活，因此，福州侨乡地区的青年男女普遍愿意与出国者联姻。即使在婚前男方没有出国，婚后也会想尽办法出国务工或经商。所以，对于福州侨乡的家庭而言，无论是父母还是子女，与"万八客"联姻都是一件荣耀的事。即使是新一代的年轻人，如"90后"，他们也能接受父母的建议，在本地寻找结婚对象。

如福清的朱某："我们这边（福州人）都喜欢找本地人，大家方言、习俗一样，跟家人沟通比较方便，比较容易相处。"在侨乡地区，人们的交流圈相对比较紧密，可以通过各种社会关系清楚了解到其他人，甚至是整个家族的情况。这样，家长倾向于让子女在本地寻找结婚对象，以减少子女婚后的不确定因素。出于对长辈的孝顺和区域文化的影响，年轻人在择偶的时候，一般也会遵循家长们的意见。

2000 年以后，随着全球化进程的进一步加速，中国新移民也以更加开放的步伐走向世界。据估算，2007~2008 年，中国新移民可能达 1030 万人。其中，来自中国大陆的约 800 万人；在大陆新移民中，有 100 多万人来自福建省，[①] 他们广泛分布在美洲、非洲、欧洲等国家和地区。与福州新移民全球化迁移现象相伴随的是，该地区存在极具地方特点的"本地通婚"现象，即无论福州新移民走向何地，大多数人将通婚的对象确定在福州侨乡地区，形成了该地区独特的"移民全球化，通婚地方化"现象。

移民远赴他乡，在遭遇了种种文化冲击以及融入、适应的困难后，其对家乡的认同反而更加深刻，于是有了种种具体的跨国互动与实践。这群

---

① 庄国土、张晶盈：《中国新移民的类型和分布》，《社会科学》2012 年第 12 期。

放眼世界的福州人，其择偶圈子却明显地集中于福州，并在网络时代发展出了一种新的择偶方式——视频相亲，借助网络来实现其"本地婚姻"的建构。这表明，福州侨乡的婚姻特点不再是跨国分居，而是"跨国恋爱"，进而"海外团聚"。

"移民全球化"指的是福州侨乡地区新移民的迁移范围是"全球性"的。跨国迁移是最近30多年来大多数福州侨乡年轻人普遍的选择。在福清、长乐、马尾、连江等侨乡地区，无论是家长还是青少年，大多并未将读书、升学当成一件重要的事情，很多年轻人在初中毕业后即筹划着出国，他们不在乎迁移到发达国家还是发展中国家甚至不发达国家，他们看重的是在该地区的发展前景与财富积累机会。因此，他们广泛地分布在世界各国，从东南亚到北美，从欧洲到非洲，处处都有福州新移民的足迹。从跨国主义视角来看，福州的年轻人具有明显的全球性迁移行为。

"通婚地方化"指的是迁移到世界各国的福州新移民，仍然将结婚对象确定在福州地区。新移民主要通过三种途径来实现本地化通婚：（1）在每年的重大节假日（如春节、中秋节等），海外的新移民返乡到福州本地寻找结婚对象。（2）在海外寻找同乡人，因福州新移民广泛分布在世界各国，外出的青年男女在国外与老乡恋爱、结婚。（3）通过"视频相亲"来寻找对象，所谓"视频相亲"，指的是分隔两地（一方国外，一方国内）的未婚青年男女通过网络视频认识对方，代替传统面对面的相亲方式来进行择偶。在福州侨乡地区，这种视频相亲在10多年前伴随着网络视频聊天工具的普及而兴起。其盛行的主要原因是福州有大量的未婚青年通过合法或非法的方式出国务工或经商，因为签证不便或工作繁忙等无法随时回国相亲。为了完成个人的终身大事，在国内外媒人或亲朋好友的介绍下，未婚青年男女通过视频认识潜在结婚对象，以实现结婚的目的。前两种相亲方式是传统的本地化通婚方式，而"视频相亲"最具时代特点与侨乡特色。"视频相亲"的主体，大多为"80后""90后"的青年，他们熟悉网络，习惯于利用网络来联系、结交朋友。因此，即使远在异国他乡，他们也能与家乡的异性结识、恋爱。

"视频相亲"模式满足了侨乡父母与子女在挑选结婚对象的双重需求：一是相亲的对象经过家长的挑选，并获得认可；二是通过视频进行聊天，相亲的双方可以看到对方的长相，并进行基本的沟通，避免婚后的隔阂与冲突。虽然这种借助网络进行相亲的形式与以往的相亲模式不同，但其本质是侨乡传统本地通婚模式的延续。

1. 福州侨乡"安土重迁"的文化传统

孔飞力认为中国人的"海外迁移"只是一种生存策略，"安土重迁"的中国文化属性从未改变。对此，他做了双重解读：一是"安土重迁"并不意味着固守乡土，而是表现为即便远离家乡仍然保持着与故乡故土从情感到物质的关联；二是"安土重迁"的另一面是"衣锦还乡"，迁移群体希望能在故乡的群体中获得认可。① 郑振满在研究闽南华侨时，也发现"尽管他们的经济活动主要在海外，但他们的根却始终留在原籍，侨乡才是他们安身立命的最后归宿"②。移民在异国他乡立足之后，总要设法向家乡人展示自己在异域的成功，以提高自己及家庭在原居地的社会地位。③福州侨乡青年闯荡世界是他们的一种生存策略，他们奔赴世界各地是为了获取经济层面的满足，并非为了在海外"落地生根"。尤其是那些前往阿根廷、巴西、南非等发展中国家的新移民，更是将自己视为移入地的"过客"，始终将家乡视为自己的根。在福州侨乡地区，一幢幢豪宅比邻而立，当地人最大的经济开支就是盖房子，对家庭而言最重要的也是房子，房子关乎家庭、家族的面子问题。至于吃、穿等方面，能省则省。这样的消费特点，除了展示自己在海外奋斗的成果，更多的是对故乡、对"家"的认同与归属。无论他们身处何方，总是与家乡密切联系着。因此，他们愿意遵循传统，在本地寻找结婚对象，将婚姻、家庭扎根于故乡。

2. 风险社会下的理性抉择

现代意义上的"风险"社会有两个特点：一是风险的"人化"，随着人类活动频率的增大、活动范围扩大，"人为不确定性"增加；二是风险的"制度化"，人类具有冒险的天性，但也有寻求安全的本能。④ 从海外迁移者微观个体的角度来看，寻求"家"的稳定是为自己在充满"风险"的社会中找寻安全感的一种努力。跨国移民青睐于本地通婚，主要是从两个方面来规避"风险"，进行自我保护。

---

① 李明欢：《海外华人移民的现代篇》，《读书》2009年第8期。
② 郑振满：《国际化与地方化：近代闽南侨乡的社会文化变迁》，《近代史研究》2010年第2期。
③ 陈达：《南洋华侨与闽粤社会》，商务印书馆，2011。
④ 杨雪冬：《风险社会理论述评》，《国家行政学院学报》2005年第1期。

第一，规避"对外通婚"的风险，提高婚姻稳定性，保障家庭财产安全。在调研过程中，笔者发现，无论是老年人，还是年轻人，大家在谈及为什么要在本地寻找结婚对象时，都强调了"知根知底""有保障"这些因素。

社会大环境的变迁和个体的生活经历影响个人的婚姻观念和择偶标准。跨国的流动性和生活的不确定性使出国的年轻人更加追求婚姻的稳定性。由于侨乡出国风气的影响，年轻人婚后要面临一方出国、妻子留守问题，或者夫妻同时出国，孩子交由家人抚养等现实的家庭问题。这就使他们在事实上对本地通婚存在偏好，对与外地（福州以外地区）人的通婚持消极态度。因此，这些年轻人即使迁移到世界各国，择偶范围仍然非常小，大多局限在福州地区。

第二，规避"留守家庭"的风险，合力照顾留守的老人与小孩。由于大量的青壮年出国务工经商，福州侨乡的老龄化现象比较突出。以江镇为例，截至2013年10月，江镇60周岁以上老年人口占12%以上。与国内其他农村地区一样，该地区有大量的老年人和留守儿童需要照顾，亲家之间的互相关照在福清侨乡地区尤为重要。

3. 扩展侨乡社会资本的需要

在全球化的背景下选择本地化的通婚，可视作侨乡人的一种家庭发展策略。因为福州侨乡海外新移民众多，与本地人联姻，意味着联姻者可以实现家庭海内外资源的共享。在这里，海外资源指的是移民网络、国外的经商网络等，本地资源则指双方家庭可以一起照顾留守的老人、小孩等。

在侨乡的通婚圈内，亲友网络起着重要的作用。因为在福州侨乡，许多出国信息、出国行动、出国资金是通过亲友的互帮互助而传播和实现的，李明欢教授称其为"侨乡社会资本"。侨乡社会资本通过各种姻亲关系的建立而越来越大。通过家族婚姻关系的建立，亲友们建立起了跨国互助网络，帮助自己的亲戚筹钱出国，在国外提供工作、住宿等帮助。同时，有关适婚男女的话题也就会在各种亲友网络中传播扩散，那些有嫁娶需求的个人或家庭可以从中获得信息，借此选择通婚对象。①

---

① 陈凤兰：《移民全球化与通婚地方化——基于对福州侨乡的实地研究》，《华侨华人历史研究》2015年第4期。

四　宗教信仰与活动

陈达在研究南洋华侨与闽粤社会时提到，我国的海外移民行动实质是生存竞争的一种方式，需要与环境进行三个方面的调适，分别是自然调适、社会调适与心理调适。[①] 心理环境是虚无缥缈的，因此，在移民心中，往往感觉到神明的存在。对于这些神明，移民是愿意祈求的，以期得福免祸。宗教信仰活动可以为他们在不可知的境遇中提供精神上的安慰。

（一）南非华人的宗教信仰

南非早期的土著居民都有各自部落的图腾信仰，崇拜天体、万物生灵，并将祖先神圣化。白人殖民主义者把基督教带到南非，传播给当地人民，经济与文化兼施，强制与信仰并行。现在有超过一半的南非黑人信奉了基督教。其中索托人、斯威士人大部分已信仰基督教，少部分人保持传统信仰。祖鲁人、茨瓦纳人、佩迪人、恩德贝莱人、聪加人、文达人则大多保持传统信仰，部分人信仰基督教。恩德贝莱人中还有部分人信仰天主教。由于教会各派的宣传与传教的影响，在黑人中也产生了宗教的分化，出现了如洗礼教派的信徒、安息日耶稣再生论教派的信徒等。仅在第二次世界大战期间，南非就有500多个"独立"教会。[②]

20世纪50年代以后，皈依天主教/基督教成为非洲华人社区的一种趋势。南非华人教会较早的有约翰内斯堡中华浸礼教会、约翰内斯堡中华天主教公会、约翰内斯堡中华上帝大会、约翰内斯堡中华基督教团契和伊丽莎白港中华天主教公会。1976～1977年的研究表明，被采访的南非华人中，60.9%的人称自己信教，其中，29.4%的男性和31.5%的女性信仰英国国教，23.5%的男性和25.9%的女性信仰罗马天主教，4.1%的男性和2.5%的女性属于浸礼会。少数受访者信奉儒教或佛教，或是属于使徒信心会教会。另一项1970年的研究表明，信奉罗马天主教的华人比例高达50.5%。[③] 此

---

① 陈达：《南洋华侨与闽粤社会》，商务印书馆，2011，第265页。
② 夏吉生主编《南非种族关系探析》，华东师范大学出版社，1996，第13页。
③ 李安山：《试析二战以后非洲华人宗教意识的变迁与融合》，《华侨华人历史研究》2017年第3期。

外，佛教在华人中一直有所影响，如崇拜佛祖和敬重观音。20 世纪 70 年代在南非的调查表明，当地华人中仍然有佛教徒。虽然华人保留了自己的文化传统和宗教习惯，在人生的各种主要关头仍以中国传统宗教为主要祭祀方式，但相当多的华人特别是华裔逐渐皈依天主教。

（二）南非南华寺概况

南华寺是距约翰内斯堡 130 公里的一个寺庙，占地 6 公顷，是非洲地区最大的一组中国传统式的仿古建筑寺庙。南非南华寺自 1992 年开始兴建，2005 年 10 月 23 日举行大雄宝殿落成暨佛像开光仪式。南华寺是非洲最大的佛教寺庙，也是佛光山在非洲的总部。

图 6 - 3　南非南华寺（Nan Hua Temple）
资料来源：笔者摄于 2010 年 12 月 25 日，南非约翰内斯堡南华寺。

南华寺除了主体寺庙大雄宝殿之外，还有南华佛寺宾馆、非洲佛教神学院、大会厅等建筑。三尊皮肤黝黑、身型巨大的三宝佛庄严地坐在大雄宝殿上。刻意选择黑色表示对当地族群的尊重，期待佛教能早日融入非洲当地人的生活。南华寺成立非洲佛教神学院招募本土青年，让他们吃素诵经，学习中文与中国武术，并时常举办相关活动，让不同种族肤色的有缘人接触佛法。自 2001 年起，南非南华寺每逢春节举办中华文化嘉年华会，让异乡游子感受年的气氛，也让当地人借此机会了解中华文化的博大精深。

（三）中国新移民参加宗教活动情况

南非中国新移民的宗教信仰多元化，既有信仰基督教，也有信仰佛教的，还有一些人信仰移民家乡的地方民间信仰。因为南非有南华寺，在南非的调研中，笔者侧重了解中国新移民的佛教信仰情况。

1. 参加佛教活动的动机

在调研过程中，笔者会询问中国新移民去南华寺参加宗教活动的原因。大多数受访者的回答是：

"社会治安不好，想要去寻求心情的平静。"

"生意不太顺利，需要一个地方解压。"

"南非适合游玩的地方不多，并不是都值得反复去游玩。但寺庙不同，我在国内也会去寺庙，南非最大的寺庙就是南华寺了，所以我有空就会过来转一转。"

"家人朋友节假日会约着一起去寺庙，经常去就习惯了。"

"南华寺经常组织慈善活动、文艺演出，工作人员大部分是华人，会讲中文，参加这种活动比较方便，能沟通。"

"每逢传统节日，南华寺的义工就会在商城派发斋饭，我会去吃。如果有空，我也会去帮忙做义工。"

总体来看，南非中国新移民去南华寺参加宗教活动，既是基于获得心灵安宁的需求，也有社会交往的需要。当然，跟中华传统文化的影响也有关系。

2. 参加宗教活动的频次

参加宗教活动的频次，反映的是中国新移民信众在宗教信仰方面的时间投入与经济投入情况。南非南华寺的宗教活动丰富多样，包括供养、礼拜、诵经、念佛、禅修、慈善活动等。

由于生意繁忙，中国新移民在宗教活动的参与频次方面总体较低。由于问卷调查不涉及宗教信仰方面，笔者主要在个案访谈中询问他们参加南华寺宗教活动的频次。通过访谈得知，大部分人每年前往南华寺2～3次。这些人大部分是以个人名义前往寺庙，较少参加集体举办的宗教活动。

谈及对寺庙的经济捐赠，大部分访谈对象表示"数额不多，量力而行"。

2010 年笔者在约翰内斯堡调研期间，恰逢圣诞、元旦两个节日。这两个节日，华人批发商城统一放假，因此，笔者就跟随房东曾贤一家到南华寺参观。据曾贤介绍，每逢南非的节假日和中国传统的节日，南华寺人山人海，华侨华人都到这里来拜佛祈求平安。

有一些中国新移民会热衷于到南华寺抢新年"头炷香"，如来自福清的小高说："心诚则灵吧！我们在福建老家时，从小就跟着大人到庙里烧头香。"他说："我们远在南非，更要祝愿家里的老人身体健康，我们在海外的人事业顺利，家庭平安。"① 秉持这样的信念与习惯，小高在南非每年都去抢"头炷香"。

此外，南非南华寺还备有灵骨塔，一些在南非不幸遇难的中国新移民，其家属朋友一般也会将其骨灰暂时寄放在南华寺，等机缘成熟再运回故里安葬。这对中国新移民的亲属来说，是一个心理上的寄托。

华人佛教徒在南非乃至非洲弘扬佛法，从事慈善事业，广结善缘，在当地颇受民众欢迎。②

董先生一家经常在节假日前往南华寺参加宗教活动，他说："2005 年对外开放的南华寺，很多华人会去那里求平安，我在南非时也经常会去南华寺。南非信奉佛教的不太多。南华寺有招收黑人僧侣，但平时中国人还是主要的参与者。"③

南非南华寺立足本土，力图实现"法传非洲"，吸纳了不少南非和周边国家的黑人参与寺庙的活动。但从社群互动的角度来看，中国新移民即使到南华寺参加活动，也与南非本地僧侣较少互动。

宗教有助于建立某种跨族群的认同。反之，宗教信仰的不同也会影响到不同族群之间的认同。就中国新移民与南非人的族群关系而言，宗教信仰方面的差异在一定程度上也影响了中国新移民对南非人价值观的认同与理解，进而影响到两个族群的深度交往与认识。

相比中国新移民在经济层面积极、主动寻找市场，了解南非消费者的消费偏好，在居住、社交、通婚、宗教信仰等方面，中国新移民整体局限

①　小高（2014～2018 年在南非华人超市当收银员），2019 年 7 月 8 日，福清市江镇。

②　李安山：《国际政治话语中的中国移民：以非洲为例》，《西亚非洲》2016 年第 1 期。

③　董先生（留学生家长，2010 年到南非），2011 年 1 月 18 日，南非约翰内斯堡大学。

在华人圈子中，这不利于他们对南非当地社会的深度融入。中国新移民个体在选择结婚对象时，主要局限在华人圈子。从个案访谈来看，中国新移民群体似乎也不太在意是否能融入南非当地社会。这与中国新移民群体的受教育程度、语言能力有关，也可能与南非当地的文化对中国新移民群体的吸引力不足有关。

第七章　中国新移民在南非的
挑战与潜在机会

几乎在每一项新移民研究中，研究者都试图通过对新移民现状的分析，来预测新移民在移居国的未来命运。中国新移民在南非社会的未来发展状况受到多方面因素的影响，不仅有来自政策和法律因素的制约，也有来自国际关系和南非自身社会经济结构变迁因素的影响，而且中国新移民自己的个人因素或中国新移民群体的构成等因素，都是影响其未来发展趋势的重要因素。仅仅根据某一方面的现状而作出任何性质的预测都是不可靠的，所以，当我们关注南非中国新移民的未来时，只能从移民发展的一般趋势角度，根据中国新移民面临的问题及潜在的机会，探讨中国新移民在南非的发展走向。

第一节　中国新移民在南非面临的挑战

中国新移民迁移到南非已有30多年的历史，随着在南非生活时间的增加，其面临的挑战也日益增多，如恶性抢劫事件频发、与南非警察矛盾尖锐等，而文化差异所引发的社交隔阂也日益明显。

一　缺乏安全感

马斯洛需求层次理论将人的需要划分为五级，由较低层次到较高层次依次为生理的需要、安全的需要、社交的需要、尊重的需要、自我实现的需要。这五种需要还可以分为两大类,其中生理的需要、安全的需要和社交的需要都属于基础需要,这些需要通过外部条件来满足;而尊重的需要和自我实现的需要是高层级需要,主要是通过内部因素来满足的。笔者在调查中发现,生活在南非的中国新移民普遍缺乏安全感,也就是说,在南非该群体基本的安全需要无法得到满足。

(一) 社会治安恶劣

"如果没被抢过,就不是南非华侨。"对在南非生活的 30 万中国新移民来说,"抢劫"是个司空见惯的词语。笔者 2010 年 12 月 8 日第一次到约翰内斯堡的香港城调查,就听说了这样的故事:一名黑人在前一晚趁某中国店主不注意,钻到仓库里藏了一晚,把店主藏在店中的几十万兰特货款揣到怀里。早晨店主刚开门,就有数名黑人到店里接应,想把同伙趁乱挟带出来。被店家识破后,携带武器的接应者打伤保安并抢走数万兰特逃走。

在南非,这样的事情每年都有发生,对中国新移民而言已不再是新闻。案发后不到半小时,华人批发商城就恢复了平静,商人们忙着与顾客讨价还价,早已忘记了身边刚发生的抢劫案。因此,生活在这样的环境下,中国新移民所面临的最大困扰就是缺乏安全感。

李会长说:"南非社会治安状况确实不尽如人意,犯罪率比较高,华人生命财产安全面临不小的威胁,华人遭袭击、被抢劫的情况时有发生,这是一个不争的事实。发生在南非的一些劫杀案并非有意针对华人,南非社会的各个群体都是社会治安欠佳的受害者,当地黑人和白人等本国公民也都面临这个问题。但华人对此有特别深切的感受。"①

梁记者说:"我们报社在去年曾做过一次调查,结果显示 90% 以上的华人遭遇过抢劫。实际上,在华人圈子里,抢劫算不上新闻,只有在抢劫过程中杀死了人,才算得上新闻。"②

---

① 李会长(曾任南部非洲中华福建同乡总会会长,现为南非华人警民合作中心主任,1992 年到南非),2010 年 12 月 23 日,约翰内斯堡西罗町。
② 梁记者(南非某华文报社记者,2003 年到南非),2011 年 1 月 4 日,约翰内斯堡伊登维尔。

　　除了社会治安恶劣以外，中国新移民之间的恶性竞争、低度信任感，与南非警察之间的矛盾也是造成中国新移民普遍缺乏安全感的主要原因。

　　根据国际劳工组织（ILO）提供的年均失业率数据，作为非洲最大经济体的南非是世界50大经济体中失业率最高的国家，近10年的失业率一直维持在25%左右，2019年的失业率更是高达28.47%。[①]由于失业和贫困，加上帮派争斗和党派内的冲突，南非谋杀案的发案数相当高。1997年，南非平均每天有65人被杀。谋杀、抢劫、暴力袭击等重大犯罪集中在约翰内斯堡、开普敦、德班等大城市。另外，治安情势恶劣的另一个原因是打击不力。南非警察破案率低，只有16%案件的作案人被捕。[②]许多犯罪嫌疑人从拘押场所逃走。在审判时，证人常常不愿出庭作证，因为政府无法为他们提供必要的保护。所以，许多犯罪嫌疑人无法定罪。南非的检察机关效率不高，年轻一代的检察官拒绝无偿延时工作，案件候审期延长。

　　警民中心的工作人员林警员告诉笔者："警民中心2007年处理141件各类案件，其中有13名华人华侨不幸被杀，多名华人华侨重伤；2008年警民中心共受理案件194件，有17名华人华侨不幸被杀，多名华人华侨重伤；2009年，警民中心共受理案件212起；2010年，警民中心共受理案件169件。"[③]

　　警民中心的数据只是部分地反映了中国新移民在南非所遭遇的案件，真实数据可能更多。因为很多中国新移民往往都选择忍气吞声，尤其是那些遭遇抢劫的店铺如果损失不大，一般不愿意报警，怕影响生意。当笔者询问访谈对象南非哪个地区比较安全时，很多人这么回答："整个南非都不太安全，如果要说哪里比较安全，可能是白人、印度人的社区会比较安全。但那也不是绝对安全的，这个国家，连总统府都会被抢劫，还有安全的地方吗？"南非中国新移民的生存环境之恶劣可见一斑。

　　在这种高风险的社会环境下生存，中国新移民特别谨慎。金先生说："中国人在南非谋生真的很苦，即使开车也担惊受怕的，怕有人跟踪抢劫。

---

① https：//www.ilo.org/gateway/faces/home/ctryHome? locale = EN&countryCode = ZAF& _ adf. ctrl - state = 15eiwqlmvt_9.

② 温宪：《闯荡南非》，当代世界出版社，2002，第237页。

③ 林警员（南非华人警民合作中心工作人员），2010年12月28日，约翰内斯堡西罗町。

我现在上车都要看看有没有人跟踪，这都成为一种习惯了。"①

来自福州市的徐女士向笔者说起她的经历时，忍不住掉下眼泪："我们一家三口（夫妻与儿子）是亲戚介绍来南非做生意的。在这边当然觉得辛苦，连基本的自由都没了。南非的钱是比国内好赚一点，但在这里，今天赚钱明天有没有命花钱是个问题。每个来南非的人都有一部辛酸史，有时候想想过去都害怕，都不愿意再去回想。人只能看前面，不要想后面。每个新移民在这里都有辛苦过，都有自己的故事。有的人愿意说出来，有的人不愿意说出来。总的来说，南非就是治安不好，其他都还行。在南非，听到或看到有人被抢劫、被枪杀，已经见怪不怪了，觉得是很正常的事。"② 徐女士的丈夫曾经被劫匪劫持，身上财物和汽车都被劫走后，被扔在马路边；她的独生子也经历过一次绑架。因此，徐女士说她有时都不敢想以前的事情，"想多了怕自己会崩溃"。

而经营小本生意的钱女士，则希望自己的孩子以后不要再在南非谋生。钱女士说："这里治安不太好，我们平时都提心吊胆的，一回家就把门反锁，不敢出来。我在南非没有买房子。一来没这个实力，二来没这个计划，我不想在这里长期定居。我还在考虑，看南非周边其他国家的治安会不会比这里好，如果好的话我还是希望去其他国家做生意。我希望儿子去个安全的地方做生意，稳稳当当的，不要像我这样在南非吃苦。"③

访谈对象可可告诉笔者："这里的劫匪在抢劫的时候，一般会先用他们开的车子来撞别人的车子，然后把枪拿出来再把别人的车劫走。所以开车撞别人的车他们不心疼车会被撞坏，反正都不是自己的。劫匪一般开到半路再把车扔掉。"④

黄英说："我曾经亲眼看见在高速路上两辆小货车围堵一辆银行运钞车，把运钞车堵死了，然后一辆小车从后面过来，上面的人都拿着 AK47（冲锋枪），抢完钱以后就扔一个炸弹走人。后面跟着很多车，大家都不敢动。这种事情见多了也就习惯了，现在都不会害怕了。我在去南非之前就知道这种情况了。南非的生活过得很简单，就上班、下班，很简单。正常

---

① 金先生（服装零售店老板，2004 年到南非），2010 年 12 月 17 日，约翰内斯堡红马商城。
② 徐女士（服装批发店老板，2004 年到南非），2010 年 12 月 8 日，约翰内斯堡香港城。
③ 钱女士（经营中医保健药品，2005 年到南非），2010 年 12 月 13 日，约翰内斯堡香港城。
④ 可可（服装批发店老板，2003 年到南非），2010 年 12 月 8 日，约翰内斯堡香港城。

情况下也没那么多抢劫案件，如果碰到抢劫了，就给他东西。一般不反抗就没什么事。"①

在调查过程中，一些中国新移民再三地告诫笔者要注意安全，并向笔者传授他们的应对经验。

"在南非，如果碰到抢劫了，一定要把手举起来，把钱交出来，能保命就行了。千万不要想着保钱，那会连命都没掉。"②

"在（南非）这里，被抢钱是小事，给他（劫匪）钱就是了，关键是护照不能被拿走。护照被拿走就太麻烦了，还有就是人要没事，人在都可以再慢慢赚钱。所以出门都要放 2000～3000 兰特在身上，遇到抢劫就给他们，这里的抢匪打人都非常狠。"③

"在南非碰到抢劫的，就把钱给他们，保命要紧啊。上次有个南通女孩，用塑料袋装着饭盒提在手上，碰上劫匪了，人家以为她提的是钱，要抢她的袋子，她居然还回抢了一下，结果就被劫匪枪杀了。在南非，遇到抢劫的情况，只能给钱。"④

中国新移民来南非是为了挣钱，但在这恶劣的治安环境中，他们又只能通过"给钱"来"保命"，其中的心酸与不易可见一斑。因此，在谈及未来的规划时，很多访谈对象表示："我再赚点钱就回国去，肯定要回去的。"

"我们辛辛苦苦赚的钱不知有多少人觊觎着，有次被持枪匪徒抢劫，我的车的四个轮胎全被打爆，硬是用汽车钢圈开回家，才保住了性命。很恐怖！我情愿在国内（每年）赚 20 万元，也不愿在这里冒险（每年）赚 100 万元，太不值得了，过两年，我一定回家！"⑤

"中国人在南非谋生真的很不容易，我爸很多朋友被抢怕了，赚点钱就回国了。很多人辛辛苦苦赚一年，在圣诞节的时候被抢劫了，等于一年

① 黄英（开发批发商城、兼营服饰批发店，1999 年到南非），2010 年 12 月 22 日，约翰内斯堡中国商贸城。
② 老林（贩卖中文影碟片，2004 年到南非），2010 年 12 月 28 日，约翰内斯堡百家商城。
③ 曾贤（从事葡萄酒、通信产品生意，1997 年到南非），2010 年 12 月 9 日，约翰内斯堡伊登维尔。
④ 江玲（批发零售店老板，1999 年到南非），2010 年 12 月 15 日，约翰内斯堡中非商贸城。
⑤ 吴先生（中餐馆老板，1998 年到南非），2010 年 12 月 11 日，约翰内斯堡伊登维尔。

的工作都白做了。"①

谈及今后的人生规划，"回国"是一个经常被提及的选项。

"我 10 年后可能会在中国。在南非主要是看在钱的分上，不然谁愿意在这个地方待啊？即使能加入南非籍我也不愿意。我们中国人很多在南非拿到居留权了，但就是不申请南非国籍。大多数中国人有一种'根'的情结，老了还是要回国的。在南非的人，都是想赚了钱就回去。当然，如果南非的治安好一些，我可能会考虑把家里的人接到这边，但南非的治安实在太差了。"②

"我没想过加入南非国籍，我都这个年纪了，还什么国籍不国籍了？我都想回去养老了。我没在这里买养老金，我们做生意的，随时都准备着收回去。"③

在南非，被抢劫的中国新移民数不胜数，几乎无人幸免，为什么中国新移民会成为劫匪的"重点照顾对象"？李会长分析了几个原因："第一，中国新移民做生意有一个很不好的习惯，就是喜欢现金交易。因为不从银行走账能够逃税，所以他们结束生意回家的时候经常带着数万、数十万兰特的现金。这不等于让人家来抢吗？我们一直告诫同胞把这种坏习惯改改，但效果并不好。第二，南非社会大环境不好，失业率高企，外来非法移民数量众多，这些对社会治安造成了影响。第三，跟南非的司法制度有关系。南非的法律是英美法系，奉行无罪推定原则，对于证据要求非常严格，客观上造成对犯罪嫌疑人比较宽松。"④ 李会长认为南非政府这种政策客观上纵容了犯罪，另外，非法移民给南非带来很大的安全隐患，许多非法移民从事违法犯罪的行为。

在此背景下，一些华人保安公司应运而生，保安公司是可以合法申请枪械保护平民的公司，类似中国古代的"镖局"。在约翰内斯堡，每个大型中国商品批发城（包括唐人街西罗町）都雇用了数十名武装保安 24 小时守卫，这使这些地方遭抢劫的概率大大降低，为中国新移民的经商营造

---

① 林霖（批发店老板，2009 年到南非），2010 年 12 月 28 日，约翰内斯堡百家商城。

② 小陈（批发店小老板，2008 年到南非），2010 年 12 月 8 日，约翰内斯堡香港城。

③ 老林（贩卖中文影碟片，2004 年到南非），2010 年 12 月 28 日，约翰内斯堡百家商城。

④ 李会长（曾任南部非洲中华福建同乡总会会长，现为南非华人警民合作中心主任，1992 年到南非），2010 年 12 月 23 日，约翰内斯堡西罗町。

了一个相对安全的环境，但这种"安全"不仅是相对的，而且局限在约翰内斯堡等大城市的批发商城和唐人街，那些分散在南非乡镇开零售店、加油站、酒吧的中国新移民，他们的安全无法得到有效保障，经常成为犯罪分子袭击的目标。

（二）新移民之间的恶斗

除了南非社会治安状况不佳，中国新移民群体内部的恶性竞争也令一些新移民苦恼不已。陈秘书长谈起新移民之间的内斗，很是感慨："中国几千多年封建文化的熏陶，孕育了中国人能共患难的优秀品格，所谓患难见真情，同时，也派生出最大的陋习——唯己和散漫。这种陋习使在海外的华人只能共患难，不能共富贵，难以抱成团形成合力。"①

一些中国新移民在创业阶段能互助合作，但赚了钱后，不能共富贵的本性便暴露无遗，合作伙伴之间表现出不信任，开始明争暗斗，甚至反目成仇。中国新移民同行之间的竞争也几乎到了白热化的程度，压价、造谣贬低对方等不良手段用得淋漓尽致。说起中国新移民之间的关系，黄英叹息道："中国人在南非不敢和白人斗，也不敢和黑人斗，只会搞窝里斗。"②

小陈说："有次中国商贸城的货被偷了，监控摄像头显示是一个中国人带着一帮黑人去偷的。还有很多绑架中国人的案件是中国人指使黑人做的。早期黑人抢劫中国人，如果你没钱或者给一点钱，他们也就走了。但后来他们跟中国人学会了用刑，没有钱你就要回去拿，或者说钱在哪里，真的没钱就会被打得半死。"③

唐人街的某餐馆在 2010 年南非世界杯期间曾发生了中国新移民之间的枪战。一伙中国人在就餐时与邻桌的中国人一言不合，竟拔枪相向，当场打死两人，致使原来门庭若市的餐馆变得门可罗雀。这个新闻在 2010 年世界杯期间被多国媒体报道转载，对南非的华侨华人、唐人街形象造成很大的负面影响。

---

① 陈秘书长（南部非洲中华福建同乡总会、南非华人警民合作中心秘书长，2003 年到南非），2011 年 1 月 17 日，约翰内斯堡福建同乡会馆。
② 黄英（开发批发商城，兼营服饰批发店，1999 年到南非），2010 年 12 月 22 日，约翰内斯堡中国商贸城。
③ 小陈（批发店小老板，2008 年到南非），2010 年 12 月 8 日，约翰内斯堡香港城。

（三）新移民好赌

很多中国新移民在南非赚钱了，但最后还是将钱送去了赌场，因此在南非才有"不赌不是华人"这种说法。"碰上周末或其他假期，赌场里最多的就是中国人……这么多年，我见过不少因赌博倾家荡产的。更有甚者，有些进口批发商为了还赌债，以低于成本很多的价格贱卖货柜，最后把市场价格体系冲得乱七八糟。"① 在南非待了多年的记者钟先生告诉笔者，中国人来到南非，很多人赚到钱了，但是也有很多人最后没有留下多少钱，因为他们都将钱送去了赌场。

在南非，随便向中国新移民打听赌场在哪儿，哪个赌场有什么特色，大多数人会如数家珍地告诉笔者他们的体验与偏好。去赌场消遣是大部分中国新移民业余生活的一部分，不去赌场，则在家看影碟。西罗町一家影像店的老板说："在南非的华人，喜欢看当地电视节目的人不多，而且晚上没有什么娱乐活动，基本上是租一些录像带来看，在我店里赌神系列的片子出租率最高。"②

在约翰内斯堡、德班调研期间，笔者曾跟随访谈对象到赌场参观。在约翰内斯堡、德班和太阳城的赌场里，笔者亲眼看到有许多华人在赌。赌法也多种多样，轮盘赌、老虎机、虚拟赛马、赛车等，玩什么的都有。在太阳城赌场门口，笔者看到几个刚从约翰内斯堡赶来的中国新移民赌徒，顾不上去下榻的酒店，将行李箱往黑人侍者手中一扔，便匆匆下场一试身手了。

在约翰内斯堡的蒙蒂卡西诺赌城，当曾贤夫妇带着笔者去赌场的时候，VIP 室门口的保安立即投来热情的笑容，并利索地开门。笔者明白，他肯定是将我们当成来赌钱的中国游客了。曾贤说："在赌场，中国人的脸就是金卡！因为来这里豪赌的大部分是中国人，所以这里的服务生都将中国人当作'上帝'，任由中国人出入 VIP 室。"笔者问曾贤是不是也会去赌场赌博，曾贤回答道："我偶尔会过来玩一把，但我每次只玩 1000 兰特，输光了就马上离开。在赌场玩怎么可能发达呢？最后赚钱的都是赌

---

① 钟记者（某华文报社记者，2003 年到南非），2010 年 12 月 31 日，德班。
② 安老板（音像店老板，2005 年到南非），2010 年 12 月 29 日，约翰内斯堡西罗町。

场，近些年南非的赌场一年比一年多，一家比一家豪华。其中可是有很多中国人的贡献呢。"①

但并不是每个中国新移民都像曾贤那么冷静理性。约翰内斯堡的华文报纸常常写文章劝当地的中国人远离赌场，但是赌场中的中国人从来就没有少过。钟记者说："中国人在南非成为被抢劫的主要对象之一，其中一个原因是太多的中国人在赌场挥金如土。而且在唐人街发生的新移民内部之间的很多绑架、勒索、凶杀案，也都和赌博有关。"

谈及南非中国新移民好赌的原因，钟记者分析了几个原因："一是因为华人比较节俭，在南非经商赚钱快，商人手里都有一定的赌资；二是华人不习惯当地南非人传统的娱乐方式，只好到赌场'小赌怡情'了；三是好赌似乎是华人的天性，来南非发展的华人好像多少都有点儿赌徒心理，比较爱冒险，有人还指望着以此致富呢。这么多年还真有孤注一掷而暴富的华人，当然更多的人因嗜赌成性而倾家荡产！"②

"华侨在南非赌博赌得很厉害，有的中国人在赌场里面一个晚上就玩掉一两百万（兰特）。为了招徕顾客，南非赌场经营很灵活，在赌场里的消费可以积分，这些积分可以用来住宿、吃饭、消费等，这种形式中国人很喜欢。"③ 有些受访者甚至在访谈过程中向笔者"炫耀"他们在赌场中的VIP卡等级以及积分状况，以证明他们在赌场中的"实力"。

因为好赌，一些中国新移民消耗掉他们辛苦累积的资本，不仅无法使自己在事业上更进一步，有些人甚至一无所有地返回国内。在福清市江镇，严女士就告诉笔者她的表姐一家四口在南非辛苦经营数年，因表姐夫沾染上赌博恶习，一家人返回国内时甚至连机票钱都是找人借的。④ 然而，更多的中国新移民仍然在南非的赌场里前赴后继。笔者认为，华人好赌是制约这个群体进一步发展的原因之一。并且，因为好赌的人很多，中国新移民之间在交往中心存疑虑，缺乏信任感。"在南非，出入都要很小心，交朋友也要特别小心，这里有很多赌场，很多人一夜之间钱就输光了。没

---

① 曾贤（从事葡萄酒、通信产品生意，1997 年到南非），2010 年 12 月 9 日，约翰内斯堡伊登维尔。

② 钟记者（南非某华文报社记者，2003 年到南非），2010 年 12 月 31 日，德班。

③ 曾贤（从事葡萄酒、通信产品生意，1997 年到南非），2010 年 12 月 9 日，约翰内斯堡伊登维尔。

④ 严女士（福清机票店老板娘），2009 年 8 月 6 日，福清市江镇。

钱的时候自然就会想到'朋友'，所以交朋友要小心，不然一不小心就会被朋友算计了。"① 这是在南非经商多年的徐新的感慨。

"我姑姑 1998 年去的南非，可惜因为喜欢赌博，并没有攒下很多钱。中国人在南非会赌博，那边赌场很多，我姑姑、叔叔每年都会给赌场'贡献'好多钱，因为我们中国人在那边没有什么娱乐活动，也不会出去玩，有名的景点可能会去一下，一般都不会出去玩，周末没地方去，只有去赌场，赌场的治安会比较好一些。"②

（四）与南非警察的冲突

在约翰内斯堡，中国新移民与南非警察的矛盾日益尖锐，有些中国新移民无照驾驶、没有合法身份、经营假名牌商品、语言不通、花小钱了事等成为产生矛盾冲突的原因。但南非警察队伍素质参差不齐也是一个重要原因。几乎每个在南非的中国新移民都有被警察敲诈的经历，有时开车在路上，警察会以种种理由截停车辆，如果没有身份或驾照，给个几百兰特是免不了的。因此，中国新移民与南非警察的关系非常紧张。

"南非的警察就是流氓，明着抢劫的。在南非这个地方，没被抢劫、没被警察勒索过才怪呢？这个国家很糟糕，因为警察都这么糟糕了，这个国家能有什么好呢？"③

"南非的警察非常坏，每次碰到就要被敲诈。有次我身上带了 8000 兰特现金，碰到警察说要搜身，我只好趴着配合，结果就被警察'摸'走4000 兰特。而且因为南非政府办事效率低下，我的工作证延签手续一直没办下来，现在没有工作签证，每次见到警察，被敲诈勒索更是免不了的。"④ 2009 年从义乌来南非的周先生是持商务签证来南非的，他已经在国内做了多年的男装衬衫批发生意。在他商务签证临近期限的时候，他去南非内政部延签，可是由于南非政府工作效率低下，他的延签手续在商务

① 徐新（中国城小商品批发店老板，1995 年左右到南非），2011 年 1 月 5 日，约翰内斯堡中国城。

② 郭女士（从事金融借贷行业，2011 年到南非），2019 年 7 月 18 日宁德访谈。

③ 陈华（食杂批发店老板，1999 年到南非），2010 年 12 月 8 日，约翰内斯堡香港城。

④ 周先生（服装批发店老板，2009 年到南非），2010 年 12 月 9 日，约翰内斯堡香港城。

签证过期以后仍未申请下来，于是他从"合法工作签"变成了"非法滞留移民"，每次见到警察他就非常苦恼。"南非除了警察很恶劣，海关也不行。我的第一个货柜被海关压了几个月，一直无法清关，严重影响了生意。这是最让人郁闷的，因为这样的拖延对生意的影响很大。"① 周先生来南非后不久，就在香港批发城附近的 M2 路上遇到抢劫。因此，他平时晚上都不敢出门。周先生经常会想起在国内的生活，觉得那种想出门就出门的"安全感"很幸福。

笔者详细了解了中国新移民与南非警察的关系如此紧张的原因，发现双方都有需要检讨的地方。首先，从中国新移民群体身上找原因，南非警察之所以经常刁难、敲诈勒索中国新移民，在于中国新移民自身的问题。如有些中国新移民在批发商城贩卖假名牌、没有合法居留身份、没有驾照却开车外出、违法携带大量现金却没有纳税证明、语言不通，以及习惯贿赂让南非警察一再尝到"甜头"。其次，南非政府对警察的监管也做得不到位。南非警察的平均收入处于南非社会的中下水平，而且因为社会治安不好，他们的安全也缺乏保障。因此，形成了中国新移民与南非警察如此紧张的关系。

"中国商城确实有些人做假名牌生意，如果被警察抓到了这就不算被敲诈，商城的警察有权力检查。警察检查货物一般是在卸柜的时候检查，他们会拿着剪刀在边上笑呵呵地看着你。即使他们不敲诈，包装袋一个一个剪过去也够麻烦的，重新包装多麻烦呀，所以很多人就会塞给他们几百兰特了事。"② 做假名牌生意以及怕麻烦给警察塞钱了事，长此以往，也难怪南非警察在商城查货的时候会"笑呵呵"的了。

"我 2005 年来南非的时候警察还没像现在这么坏。以前要是跟警察说身份证忘记带也没什么事。现在的警察一听到你忘记带身份证了，那就两三千兰特随便叫价了。"③ 近年来大量涌进南非的中国新移民，很大一部分是通过各种非正规途径进入的，因为没有合法身份，见到警察只好塞钱了事。

"警察对我们做生意当然有影响啦，比如中国批发城就是被警察搞倒

---

① 周先生（服装批发店老板，2009 年到南非），2010 年 12 月 9 日，约翰内斯堡香港城。
② 可可（服装批发店老板，2003 年到南非），2010 年 12 月 8 日，约翰内斯堡香港城。
③ 黄云（服饰批发店老板，2005 年到南非），2010 年 12 月 27 日，约翰内斯堡中国商贸城。

的。中国城有三个入口，警察经常堵着三个路口，看到一个中国人就拦一个，他们甚至还会比赛，看谁拦的人多。现在中国人都不去中国城打货了，去那边打货的一般是南非邻国的黑人商贩。香港城也一样，下班的时候警察看到中国人就会拦。他们也许只是正规执勤，但拦的人80%是中国人。因为中国人有钱啊，把中国人拦下来他们就可以赚钱了。"①

在中国新移民群体中，也有一些人会坚决反抗警察的敲诈勒索，但这个"反抗"的前提是英语好、拥有合法居留证和驾照等。

"我被警察拦下来的时候都不给钱的，因为我有签证啊，我不怕他们。我不管他们，反正就跟他们吵，吵了他们也就放了。但是有些中国人，如果他们没有营业执照，或者没有合法身份，他们就怕，就会给钱。当然，即使你证件齐全，如果让警察看到你身上带了很多钱，他也要问你钱是从哪里来的，然后再查看你运货的发票，说怀疑你偷货。你跟他说你的雇主在香港城也没用，因为他们就是要找各种各样的理由来敲诈。有一次我爸出去，碰到警察，一下车一个警察就用枪对着他的脑袋，另外一个对他进行搜身，然后把他的钱包里的钱都拿光了才放人。有一次有个人被警察碰到了，不仅身上的钱被抢了，警察还要跟到他家里去抢。"②

"南非的警察执法的时候对本地人还可以，对中国人很恶劣。主要是因为中国人吓一吓就有钱出来。很多中国人没（合法）身份没驾照，遇到警察都想塞钱了事，所以给他们形成了一个惯性思维，就是拦中国人都可以有钱。有时候明明身上带着护照，警察却会说你这是假的。中国人都有种花钱了事的观念，所以让警察形成这种习惯。南非的警察这么恶劣，很大一部分也有中国人自己的原因。很多中国人不想跟他们抗争，怕麻烦。"③

小陈在谈到南非警察问题时，也反省了中国新移民群体自身存在的问题。"有一次我被警察拦下来，他要检查驾照，这个我有，没问题；然后他就要检查货物，其实他没有这个权力的。他说他怀疑我的货物是偷的，我说我的雇主在香港城，如果你有任何怀疑你可以打电话过去问。但他就是不肯。他说他要我现在跟他去警察局，然后打电话给我的雇主让他过来

---

① 小陈（批发店小老板，2008 年到南非），2010 年 12 月 8 日，约翰内斯堡香港城。
② 小王（批发店老板，2008 年到南非），2010 年 12 月 10 日，约翰内斯堡香港城。
③ 徐锋（批发零售店老板，1998 年到南非），2010 年 12 月 8 日，约翰内斯堡香港城。

认货。如果我不配合，他的态度会更恶劣，我赶时间，没办法，也只好给他塞点钱了。这其实就是敲诈。有一次我真的跟他上了警车，他大概开了50米就把我放下来了。警察要的是钱，跟其他没关系。"①

"有一次我们店里一个人被警察抓了，警察打电话过来，我说我们过去警局接，结果他们说不行，你们要带钱过来。他们开车把人送到香港城来，我们给了几百兰特他们就把人放了。人在他手上有什么办法？所以只好塞钱先把人放了再说。所以说警察态度很恶劣。"② 中国人在面对经商以外的事务时，总是选择妥协，不愿招惹麻烦。

"每个月这样的钱要花两三百兰特。我们的店开在批发商城里面，风险主要是在回家的路上，如果是那些外围乡下来进货的人，那些经常在外面跑、搞营运的人，他们面对警察的风险就更大一些。搞营运的还好，因为警察知道他们身上也没什么钱。那些进货的人，他们的风险就更大一些。我也有碰到好警察，比如说你的车有什么问题，你跟他们说一下，他们也会给你一些帮助，但这是非常非常少的。大多数的南非警察很坏。"③

"在南非外出身上多少要放点钱，万一碰到抢劫的给钱一般没事，否则有时候后果会很严重。碰到警察也一样，如果没钱也会打你。南非这里的白人、印度人如果看到中国人被警察欺负，他们也会打抱不平，但没有用。南非这里的制度，警察有权力搜你的身，如果你携带的金额超过一定数量，他也有权力问你这钱是从哪里来的。所以说为什么中国人喜欢塞钱，这也是没办法的事，多一事不如少一事，不然一不小心可能几万兰特都会没了。而且这里银行收费很贵，存钱取钱都要收费（14‰的手续费），所以没几个人办银行卡。"④ 虽然众多中国新移民指责南非警察过问携带大量现金的事，但事实上，这是南非警察的权力，并不算是侵权。

"警察对我们经商没有帮助，只会害我们。南非的警察工资太低，他们会对普通民众敲诈勒索，要是遇到不法分子了，对方只要给一点钱，他们也照样会放走。反正只要给警察钱，好人坏人对他们来说都一样。当然，我们中国人很多人没有合法身份，所以也容易成为被敲诈的目标。有

---

① 小陈（批发店小老板，2008 年到南非），2010 年 12 月 8 日，约翰内斯堡香港城。
② 陈华（食杂批发店老板，1999 年到南非），2010 年 12 月 8 日，约翰内斯堡香港城。
③ 严先生（批发店工作人员，2009 年到南非），2010 年 12 月 8 日，约翰内斯堡香港城。
④ 许先生（零售店老板，1999 年到南非），2010 年 12 月 28 日，约翰内斯堡百家商城。

很多时候，证件齐全也没有用，因为我们英语也不是很好，警察总是会找各种借口说你这里那里不合法。面对这种情况我们也没办法，有的警察还直接跟你说要钱买可乐的，遇到这种情况我们也只好给个十块二十块兰特。听说除了约翰内斯堡，其他地区的警察还不错，但我没去过其他地方，具体情况怎样并不很清楚。"①

"全非洲最糟糕的机场就是约翰内斯堡机场了。有个游客在约翰内斯堡转机，他身上带了4000美元被警察看到了就被偷走了，他回国后打电话来投诉，三个警察被撤职了。但这没有用，警察被撤职几天后就又复职了，南非的制度就是这样。腐败每个国家都存在，但是南非的警察太明目张胆了。像我们英语很一般，普通交流没问题，往深的讲我们就没办法了，这样他们就找我们的茬。我们中国人对外国人多好啊，一般都很文明，不会对他们这样。"②

"我在西罗町还看到过，警察像抬猪一样把中国人扔到警车里面去。真正碰到劫匪了，警察跑得比兔子还快。也不能说他们只欺负中国人，其他国家的人他们也欺负，只不过（欺负）中国人比较多而已。上次Bruma（布鲁玛）有人抢车，打电话给警察，他们一个小时后才到。等他们到了，劫匪都跑了。"③

来自福建省三明市的春辉和她姐姐在约翰内斯堡唐人街卖蔬菜多年，姐妹两人在南非吃了不少苦头。"在这里不比中国，出入都得开车。但是开车就容易碰到警察，我们打货的人身上经常要带很多钱，经常要被抢钱的。像我们女人，钱实在没地方藏了，只好藏在裤裆里，那些男警察搜身的时候不敢乱碰我们。有时候我们去进货，早上3点多就要出发，我们都胆战心惊的，碰到好的警察给点钱就可以了，碰到不好的，用枪打你的头打得半死。在南非，进货很危险，不然开店谁都会开。白天还好一点，只是搜身点一点钱，但钱经警察一点都会少掉几千兰特。这里的法律秩序比较混乱。就算我们把警察抢钱的整个过程用手机拍下来去打官司，他都要一两年才处理好，你哪有那个精力跟他去耗？"④

---

① 金先生（服装零售店老板，2004年到南非），2010年12月17日，约翰内斯堡红马商城。
② 可可（服装批发店老板，2003年到南非），2010年12月8日，约翰内斯堡香港城。
③ 洋铭（服装批发店老板，2004年到南非），2011年1月9日，约翰内斯堡百家商城。
④ 春辉（蔬菜食杂店老板，2002年到南非），2010年12月7日，约翰内斯堡唐人街。

"在这里还是经常会被歧视的，特别是警察，看到我们语言不通，也不太懂法律，就经常敲诈我们。碰到勒索只好自认倒霉，只好给钱了。钱给多给少就看警察的胃口了，胃口小的给几十兰特就可以了，胃口大的要给几百几千兰特。有从乡下上来进货的，身上有时候会揣几万兰特，所以警察一看到小货车就会拦下来，要求搜身。其实如果你懂南非法律就会知道，他们根本没有权力搜身，但是很多人不懂只好配合警察搜身。你一趴着警察一摸你的口袋，你也没觉得钱少了，但是后面一点，会发现少几千兰特。这可以说是偷，也可以说是抢，所以我们华人在这里很受委屈，但也没办法，总不能半路就跑回去吧？有的人在这边投资很大，不可能就这么收回去。"①

"在南非如果到银行开账户需要有（合法）身份，我们很多中国人刚来这里的时候没身份，所以没办法开账户。还有就是南非银行收的手续费太高了，存1万块钱都要被扣100多块钱，又没利息。所以大家都不喜欢把钱存到银行里面去。像我们这种卖菜的，都是现金交易，现金量大，风险就高。"② 由于没有合法居留身份，很多中国新移民没法到银行开账户。而且基于南非的银行管理方式，在银行存款的手续费偏高，这与中国人在国内的储蓄习惯不同。

"现在中国人越来越多了，警察能从中国人身上捞到的油水也越来越多了。特别是香港城出去的这条M2路，每天下班时间从下午2点到6点，警察天天在那边看到中国人就拦。如果你开的是小车，他可能看不清楚，如果是开货车，那肯定会被拦下来。"③ 笔者在约翰内斯堡调研期间乘坐的是房东曾贤的小轿车，并未遇到过被警察拦下来的情况。但每天傍晚总能看到打货的货车被警察拦下来搜查。

"南非警察对其他国家的人态度相对好一点，比如对印度人可能会好一些。警察对邻国来南非做生意的人也会敲诈，我那些客户都会在口袋里留几十兰特，说是给警察敲诈时用的。但南非警察对本地人还是挺好的。"④

---

① 刘女士（服装批发店老板，2004年到南非），2010年12月29日，约翰内斯堡西罗町。
② 春辉（蔬菜食杂店老板，2002年到南非），2010年12月07日，约翰内斯堡唐人街。
③ 温先生（服装批发店老板，2008年到南非），2010年12月8日，约翰内斯堡香港城。
④ 林月（服装批发店老板，1997年到南非），2010年12月28日，约翰内斯堡百家商城。

"关于南非警察敲诈勒索，我觉得当地华人也有很大责任，动不动就花钱消灾，而且任意把价格抬上去，这是国人的通病……中国人身上总有大笔现金，最后沦为抢劫的目标……这完全是双方的问题，不能把责任全推给南非警察，这是不公平的。"①

从以上诸多访谈内容可见，中国新移民与南非警察关系紧张，双方都有责任。南非的中国新移民商人主要从事服装鞋帽等商品的批发和零售，经营方式普遍粗放无序，其间需要大量的流动资金。还有很多人为了逃避税费，宁愿冒险采用现金交易而不愿从银行过户；更有一些非法移民，没办法在南非的银行开户，做生意只能随身携带现金。中国新移民这些使用现金的习惯给劫匪、警察以可乘之机。从访谈内容看，除了中国新移民的问题之外，南非警察队伍素质也确实不高。因为知道中国新移民群体中有许多非法滞留者、中国人怕麻烦、不熟悉南非当地法律，南非警察在一再尝到甜头后，对中国新移民的敲诈勒索也就更加有恃无恐。中国新移民如果想在未来摆脱南非警察的刁难，还得从改变自身做起，如通过合法途径进入南非、学习英语、了解和遵守当地的法律，改变使用现金进行交易的习惯，以及拒绝贿赂。只有这样，才能从根本上改变南非警察对中国新移民的敲诈勒索行为。

二 对未来发展缺乏明确规划

一些中国新移民在谈及未来发展时，总觉得自己"要回中国"，缺乏在南非长期经营的规划。同时，由于商业规范还没建立起来，在进行小商品生意时，有些华商并不遵守商业规矩，这导致华商群体在南非市场中的商业形象并不好。

在南非的经商活动中，中国新移民在南非的发展整体上缺乏长远的规划，具体表现在部分中国新移民商家缺乏诚信。如访谈者谈到中国商人之间的毛毯价格竞争，同行之间进行价格火拼，为了降低成本，产品的质量越来越差（床罩五件套只卖 15 兰特，用的布料比纱布还透明，毛毯分量

---

① 梁记者（南非某华文报社记者，2005 年到南非），2011 年 1 月 4 日，约翰内斯堡伊登维尔。

不够重就洒点水来混淆）。这种恶性经营方式既损害了消费者的权益，也损害了自己的利益。

"一些商人来势汹汹地抢占毯被市场时，为了拼价，品质越做越差，产品无固定商标，今天是'金狮'，明天是'银狮'，后天是'铜狮'。商标不断更换，品质却没有提升，最终把中国毛毯的形象都毁了。"①

"南非人比较憨直，头脑比较不会转弯。比如说他们去加油站加油，我们中国人怎么跟他算他都不会怀疑。比如给他加 11 兰特油，收他 20 兰特，他也不会发现，他根本就不会去看加了多少油钱，也没想到中国商人会占这种便宜。所以外国人根本不知道中国人到底是怎么想怎么赚钱的。"②

梁记者说："目前南非没有什么反华情绪，因为他们还需要中国人在这里做生意。南非人还需要中国的廉价商品。南非当地制造的商品价格非常高，不适合黑人的消费。比如说南非以前的电视机非常贵，可是中国货进来了，只要两三百兰特，黑人就可以看上电视了。南非贫富差距太大了，60% 以上是穷人，所以他们还需要中国的产品。"③ 廉价的中国商品让普通的南非人可以用有限的购买力过上物质丰富的现代化生活，即便质量并不能让中产阶级多么满意。但是，2000 年以后，南非底层消费者完成了消费品"从无到有"的阶段，对消费品的要求逐渐多元化。随着南非消费者对商品质量的要求和品牌意识的提高，南非的消费市场也会发生变化，"中国制造"的质量应该趁此机会进行提升，中国新移民商人要树立诚信经营理念，提高产品质量与档次，才能继续获得南非消费者的青睐。从长远来看，如果华商还想继续在南非经营，就必须提升产品质量，转变竞争方式，以便获得南非乃至南部非洲国家消费者的信任。

中国新移民在南非的商业经营缺乏长远规划可以从三个方面来探讨其深层次的原因。一是社会结构性因素的影响。南非社会治安环境不好，经济发展前景不明、汇率多变，导致在此经商的中国小商人对未来发展缺乏信心，以致产生"赚一把就走"的短视心态。二是中国小商人群体性的原因。这个群体在过去 30 多年的零售批发经营过程中，商业素养仍有待提

①　程女士（批发店老板，1992 年到南非），2010 年 12 月 19 日，约翰内斯堡百家商城。
②　老严（超市老板，2010 年到南非），2014 年 8 月 16 日，福清山镇。
③　梁记者（南非某华文报社记者，2005 年到南非），2010 年 12 月 28 日，约翰内斯堡伊登维尔。

升，要克服急功近利的短视问题。部分中国新移民商人商业素养较低，进行"一锤子买卖"，不重视商业信用的积累。三是该群体的身份认同问题。过去30多年，从国家宏观发展的角度来看，南非与中国经历了一个此消彼长的发展过程，南非的社会治安环境与经济环境日益恶化，而中国社会稳定、经济蒸蒸日上，这使中国新移民商人在南非缺乏身份认同感，有些人选择回国，还有些人在观望中。对南非缺乏认同感与归属感，尤其是第一代新移民总是惦记着要回国。

因此，南非社会结构性问题、华商群体商业素养不高和在南非缺乏身份认同感，导致了中国新移民群体在南非的商业发展缺乏长远目标和规划。这也影响到那些希望能长期在南非经商的中国新移民的商业形象。

第二节　中国新移民在南非进一步发展的困境与压力

在南非，中国新移民凭借吃苦耐劳的品质与各种社会网络的支持，总能找到发展之道，即使一个小商店每年也能进账数十万兰特。在访谈中，每位新移民都会谈到南非的社会治安状况，几乎每个月都有人被抢劫、被警察勒索，但问到是否愿意马上回国，大部分人表示还是愿意留下。只是，随着中国新移民商人之间竞争的日趋激烈和全球经济形势的变化，中国商人在南非所面临的发展压力也日益增大。根据对南非华商的长期追踪调研，笔者认为，南非华商经过30年左右的快速增长与扩张，当前和未来在商业领域存在发展的困境与转型的压力。因为小本生意依靠勤劳节俭可以获得财富的初步积累，但随着经营时间的增加，生意要扩大规模，这不仅需要大量资金，还要有敏锐的市场意识，了解当地消费市场的变化趋势；此外，可能还要进军高档市场，与南非本地商家、欧美品牌展开竞争。这对中国新移民商人而言，是一个巨大的挑战。

一　对高端商场运作不适应

中国新移民群体中，小商人人数众多，原先面向南非中下层消费者群体的市场策略已经不能满足日益激烈的竞争，而要扩大市场，必须扩大目标消费者群体，包括南非中上层消费者。但南非的中上层消费者习惯在连锁商场、超市消费，要争取这个消费者群体，必须把商店开到高级商场，提升原有的经营模式。

在调研过程中，很多商家告诉笔者，约翰内斯堡的一些高档商场如桑藤（Santon Mall）、东门（Eastgate Mall）等地卖的服装其实也有一部分是向他们拿货的，但这些来自中国批发商城的服装在那些高档商场一摆，价格立即翻了几番，利润特别高。有一些华商也想到市区的高档商场开店，可是能实现这一目标的人并不多。因为南非的商场有一套自身的运作逻辑，商家要具备相应的条件才能进驻，其经商理念与华人不同。

南非某华文报社的何记者给笔者讲了这样的故事：有一位华人老板想要在约翰内斯堡一家著名的购物中心开店，计划销售女性时尚用品，在向商场管理方提交申请后，她被要求出具详细的营业计划书，介绍计划销售产品的来源、价格和产地标识等。管理方指出，此举是为了保证商场的整体经营水平，即为消费者提供高质量、高档次的商品，以保障其他商家的利益。也就是说，她的商品必须符合商场对自身的定位标准。如果商品质量、档次无法达到商场的标准，商场就不会同意其申请。对此，华人老板颇感头痛，因为华商在南非的经营总体还比较粗放，所谓的经营策略也就是"降价"，并没有深层次地考虑过产品的定位以及差异化，因此，她的申请被商场拒绝了。[1]

还有一位中国新移民张先生告诉笔者，2010 年他想在某小型购物中心开服装店，该购物中心只有十几家铺位，但人气很旺，租金每月需 15000 兰特。购物中心原先只有一大一小两家服装店，其他店经营面包、烟酒生意等。张先生认为自己的申请应该没什么问题，却遭到管理方拒绝。原因是目前商场已有两家不同风格的服装店，商场需要保持经营种类的多样性。管理方认为，由于空间有限，只有容纳尽可能多种类的经营项目，才能在最大程度上为附近居民提供方便，这对商场、商家和消费者来说都是共赢的选择。最后，张先生看中的店面被经营太阳镜的商家申请了。[2]

其实，南非很多大型购物中心会采取类似的保护主义形式，比如在已有

---

① 何记者（南非华文报社记者，2001 年到南非），2010 年 12 月 27 日，约翰内斯堡西罗町。
② 张先生（零售店老板，2009 年到南非），2011 年 1 月 4 日，约翰内斯堡东方商城。

相当数量商家经营某一类型的商品时，就不再接受同类商家进驻。有些高档商场干脆不接受中国人的申请，以防止廉价商品拉低整体价位，损害其他商家的利益。这种经商理念与中国商人的"扎堆竞争""降价竞争"完全不同。因此，习惯于同类经营的华商在申请进入大型购物中心的时候遭遇到了挑战。

大部分中国新移民在南非开店取得了一定程度的成功，但他们积累的是在约翰内斯堡市中心的街面、"外围"小镇，以及在华人批发商城开店的经验，在这些区域开店，没有统一的商场运营和规划管理，商家对店面装潢没有统一标准，对经营的产品类型也没有具体的要求。因此，大家就可以互相模仿，进行同质竞争。然而，在南非当地的高档商场里开店，对商家的要求则高得多，除了必须是货品的专卖店之外，对于每家店的橱窗布置、装潢风格都有严格的要求。很多中国新移民商人不了解其中的规则，或者即使知道了，也不能很好地遵守。

2013年圣诞前，林女士的一个朋友在一个白人商场一家快要经营不下去的儿童用品专卖店里放个柜台卖电子表，两天就赚了几千兰特。不过，不到一星期，该商场的物业经理就因为他不遵守商场经营规则而把他从商场里赶了出去。

"这里不是卖'香蕉'的!"商城的经理这么对他说，其弦外之音就是："不能什么东西都拿到这里来卖。地摊货回到地摊上摆去!"

受英国等殖民宗主国的影响，南非具有较长的商业发展历史，形成了一套较为成熟的商业运行规则。但中国新移民商人对此不甚了解，这反映了该群体虽然大部分人在南非经商，却对南非的商业文化了解有限，在商业文化的跨文化适应方面表现得不好。

有些中国新移民商人对此颇有微词，因此，前些年很少有中国人在大型购物中心（Shopping Mall）里开店，就算有，也是开在市中心或各城镇专做黑人顾客生意的商场里。而且，绝大部分卖服装鞋帽、电视机、脚踏车和游戏机等商品。高端商场则鲜见中国新移民商人的店铺。

有个别中国新移民商人谈到南非高端商场的店铺难以申请时，说这是南非人对中国人的歧视。笔者认为这种现象反映了两个方面的问题：第一，大部分中国新移民商人所贩卖的商品主要走中低端路线，无法达到高端商场的认可；第二，大部分中国新移民对南非商场的管理规则还不适应，即无论是申请程序、商品种类还是经营内容，得严格按照程序来运作。虽然在调查期间笔者听到很多访谈对象抱怨他们无法进入南非当地的高档商场开店，可喜的是，随着一些中国新移民对南非经商环境的逐步适应，近年来也有个别人将商店开到了较高档的白人社区商场。

如访谈对象吴女士告诉笔者，她有一个客户是福清籍的女孩，曾在南非读大学。她把商店开到了白人商场 Killarney Mall。这个福清女孩的服装专卖店，店面装修非常精美，生意也很好。吴女士说她很惊讶，现在的年轻人居然可以把生意做得那么好，能在那么好的白人社区商场开店。作为一个在南非经营多年的中国新移民商人，她表示很欣慰，觉得未来中国人在南非也可以进军高端商场。[①]

笔者联系到这位福清女孩，她叫林巧。林巧告诉笔者，她父母在服装批发城做批发生意，她从南非比勒陀利亚大学毕业后就自己筹划到白人社区开店。谈及成功经验，林巧说："在白人社区商场开店其实很简单，关键是要把商业计划书做好。只要商业计划书能说服商场管理方，让他们相信开店后能给商场和消费者带来好处，基本上就没有什么问题。"林巧计划今后继续在白人社区商场开分店，因为白人社区商场的利润要远高于普通零售店。

林巧说："我在白人社区的商场里面开了两家店。商场管理部规定每种类型的店只能开一个，只能有一个服装店。所以开在购物中心的服装店利润就比较高，比如说进价 50 兰特的衣服，至少能卖 100 兰特。"[②]

虽然南非的商城由私人拥有，但这里的经商规则是"互斥性"，商业目标是"共赢"，即每种类型的店只能开一家，一个商城不能同时开两家同类型的服装店，这样可以避免恶性竞争。现在进入白人社区商场经商的中国新移民越来越多，那些无法进入的中国新移民商人，大多因为语言能力限制、经营理念无法适应当地规则。

南非的商业环境受西方国家，尤其是英国的影响，想要在高利润的高端商场经营，商家要学习西方市场经济学培育的"商业分享"精神，在经营方面进行互补与合作。而大部分中国新移民缺乏成熟的商业知识，在商业领域的创新性不足，开店、营销只是简单地模仿和局部创新，这不利于

① 吴女士（服装批发店老板，1991 年到南非），2010 年 12 月 28 日，约翰内斯堡百家商城。

② 林巧（Killarney Mall 女性服饰店老板，2005 年到南非），2010 年 12 月 30 日，约翰内斯堡 Killarney Mall。

商业成长。经历了30多年的高速增长后，中国新移民商人在南非的商业适应出现了瓶颈，较难突破原有的经营领域和模式，在南非经商的利润也逐渐下降。该群体在南非的长远发展将面临严峻考验。

"华人经济是一种移民经济，具有双重性，一方面，就其经济实质而言，它是移民所在国经济的一部分；另一方面，从事这种经济活动的移民本身在经济上、思想上、感情上，还和母国存在着千丝万缕的联系，还不认同于他们所移居的国家，导致容易出现相互矛盾的现象。这种移民经济的两重性影响了移民群体对移居国的融入。"[1] 为了未来长远的发展，中国新移民还需尽快学习适应当地的经商规则，学习现代性的商业分享精神，树立中国制造产品的品牌形象，与消费者和商业同行实现共赢。只有这样，中国新移民才能进入南非中产阶级市场，与欧美等高端品牌和连锁商店竞争。

二 南非经济环境不稳定

南非的经济发展速度在过去十几年整体呈现缓慢增长趋势。如表 7 - 1 所示，2009 ~ 2019 年，南非国内生产总值的最高增长率是 2011 年的 3.6%，2018 年、2019 年的增长率分别为 0.8%、0.2%，[2] 发展速度缓慢。

表 7 - 1　2009～2019 年南非国内生产总值增长率

年份	2009	2010	2011	2012	2013	2014	2015	2016	2017	2018	2019
增长率	- 1.5%	3.1%	3.6%	2.5%	1.9%	1.4%	1.3%	0.3%	1.3%	0.8%	0.2%

资料来源：2009～2014 年数据来源于 IMF，Regional Economic Outlook sub - saharan African Staying the Course，2014，p. 63；李安山：《2014 年非洲经济形势与展望》，载中国国际经济交流中心编著《国际经济分析与展望（2014～2015）》，社会科学文献出版社，2015，第 187～204 页；2015～2019 年数据来源于中华人民共和国驻南非使馆经商处官网。

受新冠肺炎疫情的影响，根据国际劳工组织提供的南非 2020 年第一季度失业率数据，南非的失业率高达 30.8%。[3] 居高不下的失业率，增长缓

---

[1]　丘立本：《从世界看华人：华人研究新探》，（香港）南岛出版社，2000，第 45 页。

[2]　《南非 2018 年全年经济增长率为 0.8%》，南非华人网，http://www.nanfei8.com/news/caijingxinwen/2019 - 03 - 06/62778.html。

[3]　https：//www.ilo.org/gateway/faces/home/statistics？ _ adf.ctrl - state = 15eiwqlmvt_9&locale = EN&countryCode = ZAF。

慢的国民经济，直接影响了南非消费者的购买力，影响了华商批发零售业的发展。

"很多中国人在南非抱着过客心态，他们想在南非捞一把就走，不愿意在这里进行固定资产的投资。"①

此外，南非货币汇率很不稳定。兰特在 2001 年经过一次大贬值。2002 年至 2005 年，兰特曾经是世界上兑美元升值最快的货币。2005 年后兰特又随着南非经济增长速度放慢而走软，这种情况持续至今。南非货币汇率波动大，对经商负面影响很大。"举个例子，一个货柜从广州运来南非快的要 21 天，慢的要二十四五天，从进港、下港到清关，大概需要 30 天。如果人民币升值，或者兰特贬值，那进口商每天都要亏钱。货在海运的路上，还没到南非就开始贬值了。所以说南非货币问题对南非的经商环境有很大的影响。"②

近 10 年来南非兰特汇率变动频繁且持续贬值，2010 年底笔者前往南非的时候，当时的汇率是 1 兰特兑换人民币 0.9 元；2020 年，1 兰特兑换人民币 0.45 元。在南非，出货量虽然比在中国国内做生意更大，但是转换成人民币的收益越来越低，与在中国国内做生意比起来优势已不明显。

图 7 - 1 是 1992 ~ 2020 年南非兰特兑人民币汇率变动情况。笔者根据财经网站"英为财情"的汇率兑换数据，整理出 1992 年 2 月 1 日 ~ 2020 年 2 月 1 日南非兰特兑人民币汇率。从图 7 - 1 的折线可以清楚地看到，在过去 28 年中，南非兰特的汇率整体呈现下降趋势。

"我们在这里做固定投资是不可能的，我们是做外贸的，在南非办工厂不太现实，这里政策不太稳定，而且我担心南非以后会不会像俄罗斯那样发生排斥华商事件。"③

南非金融市场不稳定，汇率波动幅度大，这也给从事小商品买卖的批发零售商带来巨大挑战。"去年赚 300 万（元），今年变成 150 万（元）。"④

据翁先生介绍，南非批发零售业鼎盛时期有超过 40 万名华商，任何行

---

① 周先生（服装批发店老板，2009 年到南非），2010 年 12 月 9 日，约翰内斯堡香港城。

② 曾贤（从事葡萄酒、通信产品生意，1997 年到南非），2010 年 12 月 9 日，约翰内斯堡伊登维尔。

③ 林建（小商品批发商，1999 年到南非），2010 年 12 月 31 日，德班。

④ 翁先生（电器批发零售店老板，2005 年到南非），2011 年 1 月 15 日，南非约翰内斯堡香港城。

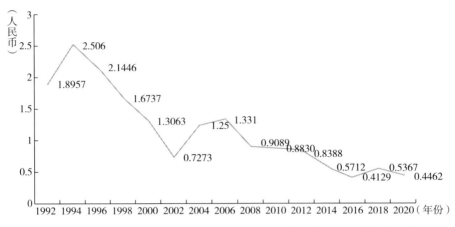

图 7-1　1992 年 2 月 1 日~2020 年 2 月 1 日南非兰特兑人民币汇率变动

资料来源：英为财情 1992 年 2 月 1 日~2020 年 2 月 1 日的南非兰特兑人民币汇率。

业都有人做，光约翰内斯堡的批发商场就有十几家，租金很贵，但处处爆满。这样的情况在 2010 年之后便渐渐消失了，最主要的原因就是汇率贬值。

"拿 100 万元来投资，后来变成了 30 万元，商家利润再怎么高，也抵不过汇率贬值。"翁先生说，1 兰特兑换人民币 0.7 元、0.8 元的时候，大家还没觉得什么，贬到 0.3 元、0.4 元的时候，从事批发零售业的人都受不了。在生意最好的时候，翁先生的店一年能赚 250 万~300 万元。南非货币贬值之后，虽然商店的营业额没有减少，但是翁先生赚到的钱比以前缩水了一半，2010 年赚 300 万元，2011 年变成了 150 万元。连续 5 年的货币贬值让南非华商损失惨重，许多小商户熬不住，一些人已经撤离南非，前往非洲其他国家，留下来的都是经济实力比较强的商家。而且这些年中国的房地产不断升值，与留在国内发展的亲戚朋友相比，有些人甚至觉得"来南非亏了"。

对此，南非某工商联谊会会长于先生说："大家的生意都在坚持，利润很薄，以进口为主的华商总体上面临转型。怎么转型，大家还在尝试。主要是产品转型和经营模式转型。"① 在南非投资设厂生产的华商的日子还相对比较"滋润"，因为他们使用本地货币结算，受影响较小。这涉及中国新移民在南非的"本地化"问题，在南非本地投资，用南非货币结算，

———————
① 于会长（南非某工商联谊会会长，2004 年到南非），2019 年 10 月 5 日，福州市鼓楼区。

可以弥补汇率变动带来的损失。

案例 7－1　　　　多元化尝试：开厂、开发房地产

来自江苏的王先生在距离约翰内斯堡几百公里的地区买地，投资 1000 多万兰特建了一座灯泡厂，这座灯泡厂并不直接生产灯泡，而是从中国进口整个货柜的灯泡（只剩一个工序未完成），在灯泡厂里面找当地黑人把商标清洗掉，把螺丝口跟灯泡合成一体，然后印上注册的南非本地商标。这样做有两个好处：第一，中国的劳动力成本较低，而南非的劳动力成本很高，工人流动率很高。因此，从中国进口过来，即使加上运费也远比在南非生产便宜很多。第二，这些灯泡是以"零件"的名义低价进口到南非，本身成本很低，然后再以低于南非本地制造商的价格大量批发给华人小超市。据说，第一年王先生就把投资的 1000 多万兰特赚了回来。

笔者长期追踪关注的研究对象林女士，在 2015 年后主要从事南非红酒贸易，将南非红酒进口到中国，当兰特贬值时，她的红酒成本也随之降低了，有助于在中国销售，以此来消除南非兰特贬值带来的风险，利润很高。同时，她还与中国旅行社合作，向中国游客推广南非旅游。这些新的经营模式，是她对跨国商贸转型所做的尝试。此外，南非侨界比较有名的李会长在南非办拖鞋厂，并与地方政府合作廉租房开发项目；吴会长主要投资批发商城。这都是中国新移民商人应对南非汇率贬值所做的一些尝试。①

三　市场竞争日趋激烈

曾几何时，"南非暴富"的神话传遍各地，似乎这里就是遍地黄金的经商天堂。然而时过境迁，中国小商人"日进斗金"的时代已成为一种美好的回忆。现在在南非的中国新移民商人，他们面临日趋激烈的市场竞争。南非市场竞争日趋激烈主要有以下几个原因。

从宏观层面上看，中国新移民在南非的经济活动面临宏观经济环境、

---

① 王先生（灯饰厂老板，1999 到南非），2019 年 1 月 5 日，福建省福州市西湖酒店；林女士（曾贤之妻，从事南非红酒跨国贸易，1999 年到南非），2014 年 2 月 9 日，福建省福州市最佳西方财富酒店。

政治氛围、语言、经商文化等层面的挑战。这意味着中国新移民所面临的困境是全方位、多层次的，而且在短期内难以改变。中国新移民经济是在南非社会经济发展的历史背景下出现的，因而，南非中国新移民所面临的挑战具有特殊性。经历了30多年的粗放、快速发展，中国新移民在南非经商的挑战日益严峻，这既有内部群体竞争的影响，也有经商观念的问题，但更重要的是，随着全球经济发展速度的放缓以及中国制造产品成本的上升，中国商品如何在南非保持竞争力和吸引力，是未来中国新移民面临的重大问题。

（一）中国新移民商人数量增多

"这两年的生意比以前差很多。我1999年刚来的那个时候，背个箱子装着手表到处卖，那样都能一天赚1000美元。现在生意不好的原因有几个，一是南非的中国人越来越多，竞争太激烈了；二是南非的经济不好，以前靠挖金矿发展，可是这种资源毕竟是有限的。现在南非得寻找新的经济增长点才能有出路。"[1]

关于南非经商环境的变化，黄英说："以前从国内进货柜需要较强的经济实力，一个货柜动辄上百万兰特，很多人没这个实力，批发的利润很高。但现在可以散柜拼装，即使价值2万兰特的货也可以从国内直接进货。这样大家都可以从国内进货做批发。批发商的利润就降下来了。"[2]

"以前一套质量不错的西装，批发价五六百兰特，现在一套西装批发价才160兰特左右。现在国内的人工成本、运输成本都在上升，这衣服卖这么便宜，我们中国人能赚什么？都是中国人自己打价格战，把价格压下去的。"[3] 一些商人在反思利润下降的原因，但为了眼前的利益，大家仍然是通过压低价格来提高销量，从而影响了整体的利润。

（二）中国制造成本上升

在中国新移民商人数量在南非增加的同时，南非的经商成本也越来越

---

[1] 陈荣（零售店老板，1999年到南非），2010年12月22日，约翰内斯堡香港城。

[2] 黄英（开发批发商城、兼营服饰批发店，1999年到南非），2010年12月22日，约翰内斯堡中国商贸城。

[3] 江滟（零售店老板，1998年到南非），2010年12月9日，于约翰内斯堡中非商贸城。

高。例如 2010 年在百家商城，一个面积 50 平方米左右的店面，每个月租金高达 7 万兰特（约 6.3 万元）。一些商铺老板甚至打算结束批发生意，将店面出租。

"今年的生意很不好，现在的生意一年不如一年。零售店还好，批发比较差，因为很多做零售的人都转行做批发，批发竞争太激烈了。"①

批发零售行业的利润逐渐下降，有很多新移民开始寻思到非洲其他国家去寻找商机。然而，其他国家也并非遍地黄金，民众的消费力、经济环境、政治环境暂时还难以与南非相比拟。

"我们家人有去津巴布韦和安哥拉考察，想把生意做到那边去。但是那边的政治环境不稳定，消费力比南非差，所以也没在那边做。"②

"我也有去其他国家考察，但周边国家都不如南非，虽然那些国家的治安环境可能比南非好，但是经济不行。我弟以前在南非做生意，现在去了坦桑尼亚，但我们比较了一下，还是南非市场大。整个非洲还是南非市场大，有潜力。"③

（三）南非本地商业发展

虽然南非本地人的商业意识并不强烈，然而，在市场经济环境的熏陶下，也有越来越多的南非黑人加入零售业，并给中国新移民商人带来很大的冲击。中国新移民就是冲着"高利润"来南非的，利润下滑后，南非对他们的吸引力就逐渐降低了。

近几年总有很多商家抱怨南非经济环境不好，但主要问题其实是南非的中国商人数量太多了。很多人刚来南非的时候是在亲戚朋友店里帮忙，后来自己摸着门路了，就自己开店。最好做的是百货和服装，早期来南非的移民都做这两样。中国商人同质性太高，大家都做一样的商品，商家多了，利润自然就下降了。这是市场过度饱和造成的。

"虽然这几年南非人的购买力稍微有点下降，但也没下降太多。毕竟

① 华先生（南非批发商城杂货店老板，2002 年到南非），2011 年 1 月 25 日，南非约翰内斯堡中非商贸城。

② 小曾女士（德班电子监控、礼品店老板，2011 年到南非），2019 年 8 月 25 日，福州市仓山区。

③ 庄先生（南非华人警民合作中心常务副主任，1999 年到南非），2015 年 3 月 18 日，福建省福清市融侨小区。

南非人口总量是相对稳定的，一直是 5000 多万。但中国新移民商人人数增加了，所以中国商人在南非的经商利润下降的主要原因还是自己人的竞争太激烈。中国商家在南非进行价格恶战，赢家是南非消费者。"①

"以前在南非开店可以发财，现在仅能混口饭吃，很难发大财。"②

"中国人开零售店现在遭受到黑人的挑战，黑人卖东西卖得很便宜，进价 20 兰特的东西他们 25 兰特就卖了，如果是中国人同样进价就要卖 40 兰特、50 兰特才认为有钱赚。所以现在中国人开零售店赚的钱也没有以前多了。"③ 南非黑人商人逐步成长起来，他们的商品售价便宜，秉持薄利多销原则。与此同时，白人经营的连锁店也不断扩张，他们的连锁店信誉好、装潢设计比较讲究，商业经营也比较规范。因此，在外围开超市的华商也逐渐受到了冲击。

"南非今年的经济比往年差很多，如果接下去经济不能变好，再过几年我们也没得做了。现在南非的批发商城太多了，竞争很激烈；国内布料的价格也一直在上涨，而且人民币对兰特的汇率一直在提高，成本太高了。现在有些白人的连锁店发展势头很猛。他们有些连锁店卖的也是中国货，连锁店来中国商城进货可以把价格压得很低，因为量大嘛。虽然连锁店卖的东西跟我们一样，可是顾客会觉得他们的东西比较好。所以从我这里进货的那些中国人做零售就竞争不过连锁店。外国人一般都觉得连锁店卖的东西质量比较好。"④

连锁店指的是南非比较有名的 pick'n pay、Woolworth 等大型零售商家，这些商家向中国批发商进货，但因其品牌效应，其利润远高于中国商家。

2020 年 4 月，南非的两大超市连锁品牌 pick'n pay 和 Shoprite 开始进军小城镇，并在城镇里开设自己的杂货店。这些大品牌带来的价廉物美的优势会为消费者提供一定的便利。

这些大型超市进军小城镇经营小杂货铺，究竟会带来哪些冲击？南非

① 梁记者（南非某华文报社记者，2005 年到南非），2010 年 12 月 28 日，约翰内斯堡伊登维尔。
② 黄英（开发批发商城、兼营服饰批发店，1999 年到南非），2010 年 12 月 22 日，约翰内斯堡中国商贸城。
③ 朱先生（工艺品批发商，2008 年到南非），2011 年 1 月 12 日，约翰内斯堡香港城。
④ 庄先生（南非华人警民合作中心常务副主任，1999 年到南非），2015 年 3 月 18 日，福建省福清市融侨小区。

华商老陈的回答是："相比于一般的杂货铺，这些大型连锁超市开设的杂货店肯定具有价格优势。因为他们财雄势大，可以谈判到比较好的供货合同。现在这些大超市的杂货店进入之后，小的杂货店就会面临着非常严重的竞争。"①

江苏南通的黄英说："我在南非主要销售床上用品，这是我们南通纺织的优势。我家人在国内负责原材料采购和产品生产，我在南非负责销售。南非最大的问题是社会治安问题，2008年圣诞节前，我被抢劫了300多万兰特的货款，那是整个圣诞节的销售款，损失惨重。但我还是坚持下来了，经营的批发产品包括儿童玩具、婴幼儿用品、学习办公用品等。因为生意不错，我在2011年跟朋友合作开发了中国批发商贸城。总结我的经验，那就是要心理强大。在南非生存，钱是好赚，但压力大，尤其是社会治安压力，有些人受不了就离开了。我当然也害怕，但是目前也不可能撤走，毕竟这里的生意还能做，还有比较高的利润。至于我孩子，还是建议他留在中国，或者去治安环境好的国家发展。"②

中国新移民对南非商业环境的适应，从短期来看，总体上还是比较成功的。其成功最重要的原因是该群体发扬了华人吃苦耐劳的精神，利用中国轻工业商品生产的优势，找准消费者群体，连接中国的制造业与南非中下层消费者群体。

中国新移民的经济适应有几个特点：第一，在经商过程中，具有吃苦耐劳的品质。他们出国是为了寻找更好的发展机会，为此可以不计劳苦、拼命工作，如摆地摊、上门推销、批发零售等，就像韦伯所说的那种"清教徒"的勤奋工作精神。③ 第二，该群体总体受教育程度不高，英文水平有限。南非是英联邦国家，社会阶层相对稳固，受教育程度不高的中国新移民在南非难以进入专业阶层。即使在南非接受高等教育的中国新移民子女，也大多回归经商领域。第三，受中国发展的影响，对中国有深刻的认同与依恋，秉持"过客"心态，对当地社会文化"保持距离"。

总体而言，在过去30多年的时间里，中国新移民在经济方面的适应态

---

① 陈会长（德班商城老板，2001年到南非），2017年1月6日，福州。

② 黄英（开发批发商城、兼营服饰批发店，1999年到南非），2010年12月22日，约翰内斯堡中国商贸城。

③ 〔德〕马克斯·韦伯：《新教伦理与资本主义精神》，马奇炎、陈婧译，北京大学出版社，2012。

度是积极而主动的。从整体来看，该群体成功嵌入南非经济结构之中，并获得经济回报。从他们从事的行业来看，因为同行竞争激烈、整体的利润下降、同质化经营，群体相互之间的互补性不足。

南非社会阶层分化严重，与之相对应的消费市场也高度分化。中国小商人在较低层次的消费市场中找到了经商的机会。然而，南非还有一个高层次的消费市场，与之相对应的是南非规范化、成熟化的商业运作模式。从目前的状况来看，中国新移民由于语言、文化等方面的障碍，还没有真正进入高端的销售市场。

因为同质化经营，中国新移民商人之间展开了激烈的竞争，这体现了"非精英群体"的局限性。中国新移民商人在南非的商业经营流程大致是：在亲戚或朋友的商店学习一两年，然后寻找店址自己开店。由于他们缺乏正式的商业知识培训，在迁移到南非之前很多中国新移民也没有商业经验的积累，加上语言障碍，对南非大环境不熟悉，很难进入南非高端销售市场或其他行业。不仅南非的中国新移民有同质竞争的问题，其他移民群体也有类似的特点，即晚到达的新移民受雇于先到达的移民的企业，这样的雇佣关系超出了现代资本主义一般的雇佣关系。员工利用这种雇佣关系来学习和熟悉批发零售店的各个经营环节，为自己将来创业当老板做好准备。[①]中国新移民在美国的餐馆行业从业者、意大利的皮衣制造业者，都有类似的特点。中国新移民的职业市场显然是有限的，具有一定族群特色，且与南非当地的主流劳动力市场隔绝。新到来的中国新移民受到先来者经商氛围的影响，大家通过各种社会网络进入批发零售店学习经商，就这样将批发零售业发展下来。

高经济回报吸引大量中国新移民进入南非市场，同行竞争日益激烈导致投资红利下降。南非市场消费力有限，中国新移民商人面临市场饱和的困境，竞争不断加剧，经营开始走向惨淡。受访者惠先生表示，自己在 10 年前去南非商城区经营服装批发时，盈利丰厚，但近 5 年来服装行业的发展面临越来越大的困境。"现在华人商城太多了，南非各地加起来有二三十家大中小型综合性批发商场，但香港城、百家商城等都生意惨淡。2014 年一家

---

① T. Bailey, R. Waldinger, "Primary, Secondary, and Enclave Labor Markets: A Training System Approach," *American Sociological Review*, 56, 4 (1991): 432–445.

店旺季一个月营业额二三十万兰特，利润达50%，而现在只有10%～20%利润，我认识的不少批发商都打包回国了。"①

"我回国之前在一家华人超市做收银员，店里的营业情况很差，每个月营业额都在下滑，因为其他商店为了招揽抢生意，不惜低价卖东西，其目的就是把我们的店挤垮。就这样顾客被抢了，我们没生意了，老板也不想再开店了。"②

有学者提出"大鱼小池塘"理论，这一理论认为人们在短期没有提升人力资本的情况下，通过迁移来换取人力资本的"相对提升"。如南非的中国新移民在出国前，很多人是农民，但迁移到南非后，他们迅速适应当地环境，进入商店学习经商，并成长为大大小小的"老板"。③

目前，大部分中国新移民商人所经营的商业贸易规模还较为有限，大多数人经营中小规模的商品批发和零售业务，还属于维持基本生计的职业。

四　"一家两国"的压力

以青壮年为主的南非中国新移民，或在迁移南非前就已结婚，或经过几年的奋斗陆续进入结婚和生育阶段，中国新移民在南非普遍生育多胎。然而出于各种原因，年轻的父母无法亲自抚育在南非出生的子女，这些孩子基本上在出生后不久就被抱回国内寄养，有的回国与祖父母、外祖父母一起生活，有的则被寄养在亲戚的家中，形成新移民父母与孩子"一家两国"的现象。

这种年轻夫妇与年幼子女暂居两国的家庭在南非中国新移民群体中屡见不鲜，南非社会治安不好、经济不稳定，以及在南非的工作和生活压力大是主要原因；此外，南非也缺少比较好的中文学校。从学习中国传统文化，加强第二代移民对祖国与故土的认同感的角度出发，大部分新移民选择让小孩从小就接触家乡的生活习惯和传统习俗，让他们学习和掌握中国

---

① 小曾女士（德班电子监控、礼品店老板，2011年到南非），2019年8月25日，福州市仓山区。

② 小高（2014～2018年在南非华人超市当收银员），2019年7月8日，福清市江镇。

③ Edwin Lin, "'Big Fish in a Small Pond': Chinese Migrant Shopkeepers in South Africa," *International Migration Review*, IMR Volume 48, Number 1 (Spring 2014): 181–215.

的传统文化，以增强日后竞争的"文化资本"。

"我很多朋友把小孩带回国内老家抚养。把小孩留在南非，一是消费太高了，二是我们也没什么时间照看，而且这里不太安全。我们认为小孩应该在国内学中文，如果先学英文再学中文，小孩是学不会中文的。中文比英文难学，所以小时候要先学中文。"①

"我3年多没见过小孩了，我有一儿一女，一个7岁，一个8岁，都在国内读小学。我们夫妻当然会挂念小孩，不过时间长了也就习惯了。刚过来那一两年，小孩子在电话里哭，说想我，我也会跟着哭。现在时间长了，小孩子也习惯了，习惯跟奶奶一起生活，心里没那么挂念我们。我们也是，小孩不哭，我们也不哭，如果他们哭，我们就比较揪心。现在在这里出生的小孩也挺多的，但一般到读书的年龄都会送回去。很少人把小孩留在这里读书。因为很多人英语也不是很好，小孩在这里读书要学英语的，怕以后跟家里人沟通不来。"②

"我有三个小孩，有两个是在南非出生的，本来三个孩子都是跟我们住在南非的。有一次我被抢劫了，觉得很后怕，想想还是把孩子送回国内比较安全。"③

当然，也有人觉得国内小学、中学教育水平高而将孩子送回国内接受教育。"对小孩的教育，暂时我还是希望他们在国内接受教育，毕竟我们是那里的人。国外的教育，从小学到高中基本都没学什么东西，都在玩，国内的小学、中学教育还是比较实在的。中国的初等教育底子比较过硬，包括为人处世方面，小孩也可以学习不少。如果小孩学老外'头脑简单'那一套，那以后要跟中国人玩怎么玩得过？中国人的思想很复杂，不像老外那么简单。老外做事一板一眼的，比如说他们排队不会想到插队，中国人满脑子就想着找个通道插队，可以节省多少多少时间。比如说办理证件，该怎么样就怎么样，不用托关系什么的。如果我的小孩子学习中国的方式，以后在社会上的生存能力会强一些。我希望小孩在国内高中毕业后，到西方发达国家去学习，这样可以保证他把国内的精华部分至少学习了2/3。"④

---

① 林霖（批发店老板，2009年到南非），2010年12月28日，约翰内斯堡百家商城。
② 谢女士（饰品批发店老板，2003年到南非），2010年12月9日，约翰内斯堡香港城。
③ 严女士（小商品批发店老板，2001年到南非），2010年12月13日，约翰内斯堡香港城。
④ 陈华（食杂批发店老板，1999年到南非），2010年12月8日，约翰内斯堡香港城。

由于身在南非，年轻父母会更认真地思考南非与中国的教育差异，为孩子的教育作出选择。但父母与孩子长期两地分隔，也造成了一些父母的困扰。如在约翰内斯堡唐人街经营蔬菜批发的徐氏夫妇，他们的儿子在 15 岁以前一直由国内的爷爷奶奶抚养，孩子非常内向而叛逆。2009 年他们把儿子接到南非，由于长期没有在一起生活，儿子跟他们的隔阂很大，无法进行有效沟通。而且孩子不喜欢念书，他们夫妇对此颇为头痛。"南非这里的学校下午放学很早，我儿子每天放学后就坐在店里发呆，看到我们在忙也不愿意主动帮忙。他在学校里怎么样也不跟我们说……唉，也不知道该怎么办。"

"我们虽然赚了些钱，可是也付出了代价。我小孩出生 3 个月就抱回去让公公婆婆带，现在小孩都 10 多岁了。我们错过了孩子的成长，这是个永远的遗憾。2009 年我把大儿子接来南非上学，现在高二了；小儿子 10 岁，过完年我也准备把他接过来，但是他不想过来呀。我大儿子也反对他弟弟过来。他说来这边读书没有朋友，放学就回家，很无聊。所以他反对弟弟过来。"① 2011 年 3 月，小吴把小儿子接到南非，孩子适应还不错，这让她稍感欣慰。

陈日升在《福建亭江的"小美国人"：一个跨国寄养的新移民子女群体》中，以中国新移民在美国生育的、具有美国国籍并于出生后不久就被送回亭江寄养的婴幼儿为研究对象，考察了"小美国人"在亭江的寄养状况，并分析"小美国人"的跨国寄养对侨乡社会经济和文化教育等方面的影响。笔者将南非的中国新移民送回国内接受教育的子女与美国的中国新移民送回国内接受教育的子女进行比较，发现两个群体既有共同点，也有区别。两个群体的共同之处在于，在南非出生的中国新移民子女与在美国出生的中国新移民子女一样，都具有出生地国籍。南非与美国一样，其国籍法都是遵循"出生地主义"，只要在南非出生，就可以获得南非国籍。因此，这些在国外出生的中国新移民子女对家乡人而言都是"小外国人"。两个群体的差别在于，在美国出生的新移民子女，无论其父母是否有合法身份，都可因此获得在美国抚养其"美国籍子女"的权利，待子女成年后则可通过"家庭团聚"申请其父母"入籍"。因此，那些夫妇双方都在美国且尚未获得合法身份的中国新移民，纷纷以在美国生育子女为转换身份

---

① 小吴（零售店老板娘，1999 年到南非），2010 年 12 月 22 日，约翰内斯堡伊登维尔。

的途径。① 而由于南非社会动荡不安，南非国籍对中国新移民的吸引力远远不如美国国籍。因此，虽然在南非出生的中国新移民子女可以获得南非国籍，但很多中国新移民还是将孩子送回国内接受教育，并设法为孩子获取国内户籍。当然，在实际操作过程中，许多拥有南非国籍的新移民子女在获得国内户籍后并未注销其在南非的国籍。目前国内对双重国籍并未出台有效的管理措施。未来，该群体的受教育与发展走向值得进一步关注。

五　文化冲突难跨越

中国新移民在经济上嵌入南非，但文化方面的冲突依然存在，他们因文化难以融入当地而对未来的选择感到进退两难。

（一）文化隔阂

亨廷顿认为，文明共性会促进人们之间的合作和凝聚力，而文化的冲突却会加剧分裂和冲突。第一，每个人都有多种认同，它们可能会互相竞争或彼此强化，如亲缘关系的、职业的、文化的、地域的、体制的、党派的、教育的、意识形态的，或其他的认同。第二，文化认同日益凸显在很大程度上是个人层面上的混乱和异化造成的。第三，任何层面上的认同只能在与"其他"的关系中界定。文明之内的行为与文明之外的行为的差别来源于：①对被看作与我们大相径庭的人的优越感（和偶尔的自卑感）；②对这种人的恐惧和不信任；③由于语言和文明的不同而产生的与他们交流的困难；④不熟悉其他民族的设想、动机、社会关系和社会行为。②

中国新移民迁移到南非，他们的文化价值观与当地环境不相适应是必然的，如何克服其中的种种限制，不但需要积极的态度，也要有认识、融入当地文明的意愿。学会吸收新知识，接受当地文化传统，不仅能丰富、拓展自己的生活，还能从中领略到别样的人生乐趣。只是，南非与中国的文化差异实在太大，很多中国新移民仍然无法适应。

---

① 陈日升：《福建亭江的"小美国人"：一个跨国寄养的新移民子女群体》，《华侨华人历史研究》2006 年第 2 期。

② 〔美〕塞缪尔·亨廷顿：《文明的冲突与世界秩序的重建》，周琪等译，新华出版社，2002，第 133 页。

老薛是哈尔滨人，访谈时 50 岁左右，他是哈尔滨某高校毕业的大学生，单身未婚，在南非主要从事五金生意，他的公司有 30 多个员工，其中只有一个是华人，其他是南非白人或黑人。老薛喜欢旅游、运动，人也挺幽默的。按理说，像老薛这样的人，适应当地社会应该没有什么大问题，可他告诉笔者："我是 1992 年来南非的，现在可以说基本适应了这里的生活。我在语言方面没有障碍，平时也跟当地人来往，但不知道为什么，跟当地人总有那么一些隔阂。我以前不会跳舞，现在学会跳舞了，参加当地人的 Party（聚会）也能玩到一块儿，但不同文化的人总感觉有那么一些隔阂。举个例子吧，南非人很幽默，很爱讲笑话，但那些笑话在我看来并不好笑。这可能就是所谓的文化隔阂，人与人坐在一起，虽然讲的是英语，都能理解，但就是理解不了他们的笑点。这可能就是所谓的文化差异吧。我的朋友还是中国人比较多，跟中国人在一起就没有那种隔阂感，比较轻松随意。"① 为了增加与中国人的交往机会，老薛加入了约翰内斯堡的华人排球协会。会员既有中国台湾的新移民，也有大陆新移民。每周六固定与排球协会的队友一起打球、聚餐，他说，与中国朋友一起玩让他觉得特别放松自在。

"对南非的中国新移民来说，娱乐活动非常少，不外乎几个朋友小聚吃顿饭、打麻将、进赌场……南非的白人每天下班后都待在家里，周末也就上教堂，到跳蚤市场逛逛，在家修整花园……但是每到假期（这儿假期很多，特别是周末长假），这儿的白人都会外出，到山里或者海边晒太阳，而且白人的度假跟中国人不一样，他们没有一个明确的目标，一般只到一个地方，一把椅子坐那儿发呆。他们认为这是充电……而中国人往往在这几天假日里，安排很多地方，每到一处，停下拍几张照片，接着奔向下一站，结果是度假比上班还累……其实南非有很多好玩的地方，可以登山、钓鱼、潜水、打猎、蹦极……说到底，看你怎么认识生活，享受生活。"②

中国新移民漂洋过海，在异域他乡辛苦创业，无非希望能够过上更好的生活。但中国新移民在工作之余，文化娱乐生活相对单调贫乏，这不仅与语言沟通障碍有关，也与中国新移民自身教育背景及与南非文化的交融

---

① 老薛（从事五金批发，1992 年到南非），2011 年 1 月 7 日，约翰内斯堡大学排球馆。
② 贾女士（使领馆工作人员，2002 年到南非），2010 年 12 月 31 日，德班。

度、认同感不强有很大关系。

"平时，围在电视机前看影碟就是我们全家最为常见的休闲方式。"拥有三间零售店铺的刘先生说。节假日，刘先生偶尔也会开车带家人出去逛一逛。但南非治安不好，加上受语言能力的限制，且对当地的文化娱乐活动及场所不是十分了解，刘先生一家人通常去的地方就是约翰内斯堡的商场，或者到西罗町等华人聚居的地方和朋友吃吃饭。

刘先生认为，"与其花钱在南非观光，还不如买张飞机票回国探亲访友、过过熟悉热闹的家乡生活。"①

文化方面的隔阂，不仅影响了中国新移民与南非当地人的交往与融合，也影响了一些商家的经济活动。来南非经商已有十几年的小吴告诉笔者，因为她不了解南非的宗教文化，她从国内进了三个货柜的鞋子都卖不出去，亏损严重。究其原因，是她的鞋子以"蛇"为商标，而"蛇"在南非当地的宗教文化中是个禁忌。小吴的鞋子长时间无法卖出，一直堆积在仓库里。②

此外，南非人的环保意识非常强，而中国人动物保护意识比较薄弱，这也造成了彼此的隔阂与冲突。在对野生动物的保护方面，南非人做得非常好，无论白人还是黑人，保护野生动物已成为共识。虽然南非海鲜的品种非常丰富，但由于约翰内斯堡是高原地区，当地法律规定不许贩卖或食用活海鲜。但一些中国新移民不遵守当地的法律规定。唐人街的中国新移民餐馆违法偷卖活螃蟹、活鱼、活鲍鱼等海鲜，更是一个公开的秘密。

关于偷卖活海鲜，约翰内斯堡唐人街的餐馆老板蔡大姐也有自己的理由："川菜最受欢迎的就是水煮活鱼，如果我店里不养活鱼，生意要怎么做？我当然知道环保很重要，可是在开普敦、德班卖活海鲜都是合法的，为什么到约翰内斯堡就成了非法的？归根到底，还是南非人太死板了。"③持这种观点的中国新移民不在少数，在很多中国新移民商家和食客眼里，在店里饲养活海鲜根本就不是违法的事。这也反映了中国新移民在饮食习惯方面与当地人的冲突，以及法律观念的淡薄。因为无论新移民经商者有多少理由，在当地谋生最基本的一条就是要遵守当地的法律。

除了在约翰内斯堡违法贩卖活海鲜之外，中国新移民非法偷猎大象、

① 刘先生（批发店老板，2001 年到南非），2011 年 1 月 1 日，德班。
② 小吴（零售店老板娘，1999 年到南非），2010 年 12 月 22 日，约翰内斯堡伊登维尔。
③ 蔡大姐（唐人街川菜馆老板，2008 年到南非），2010 年 12 月 21 日，约翰内斯堡西罗町。

犀牛、海豹等新闻更是常见于南非各种新闻媒体。这也成了南非人包括老侨批评中国新移民的一个重要原因。

（二）去留两难

随着移居时间的增加，当有些中国新移民在南非达到了移民之初所追求的财富目标时，鉴于南非恶劣的社会治安环境，有些中国新移民就筹划着回国发展。但是，当他们真正回到国内时，却反而发现自己早已不能习惯国内的生活方式了。例如，在南非一旦习惯了当地的自然环境与居住环境，回国后就很难接受空气污染、嘈杂、拥挤的城市环境；习惯了遵守交通规则，回到国内却不敢过马路。于是，有人会语重心长地说："移民是一条不归路。"这句话对一般人而言，不会有什么特别含义，但对于亲身经历移民之路的他们来说，却有特别深的体会与感受。

"我们也想过慢慢把生意转移到国内，但是国内也不好做啊。毕竟在国内做生意也不容易，即使有资金也很难做。而且现在在国内，资金都要上亿的才叫资金。"①

"我来南非差不多20年了，我认为南非的经商环境还是比国内好，至少办手续比国内简单多了。南非唯一不好的就是治安不好。很多在南非赚了钱的人去澳大利亚或者回国了。现在有一个问题很麻烦，就是如果我们回国了不知道要做什么，你说像我这样的年纪，回国重新创业，哪里经得起折腾？在南非办营业执照是很简单的，你只要给会计师1000兰特，他就会帮你都办好，就是这么简单。而在中国，我不知道要怎么办理这些手续。"② 陈发在约翰内斯堡有自己的工厂，自产自销，生意不错。他说虽然自己有回国的意愿，可是一想到回国的重新适应，他就觉得很麻烦。如今在南非的生意还能盈利，他也就继续坚持下去，走一步看一步。

"如果做大生意还是在国内赚得多，但做小生意南非还是不错的。这里消费力很强，利润当然也高一些。"

"我在南非买了房子。我在这里过得挺舒服的，其实有时也挺想回国，但回去后又怕挣不到钱。在这边其实是一种习惯。我觉得这边的消费不比

---

① 徐锋（批发零售店老板，1998年到南非），2010年12月8日，约翰内斯堡香港城。
② 陈发（经营鞋业批发，1994年到南非），2010年12月10日，约翰内斯堡香港城。

国内高，国内物价高，房子比南非贵。比如厦门随便一套两室一厅的房子要几百万元，南非很好的房子折算成人民币才几十万元。"①

林女士是南非某华文报社的财务主管，已来南非 10 多年了，她是国内大专学历。2008 年，林女士跟随丈夫曾贤回国，当时曾贤创办企业，她在家当全职太太。她告诉笔者："2008 年回国的时候，我发现自己什么事情也做不了。虽然我在南非有几年的报社工作经验和广告设计经验，但回国后根本就找不到适合我的工作。一来年纪大了，二来学历也不是很高。在国内我只能在家带孩子，那样的生活完全无法体现出我的个人价值。"② 后来曾贤的工厂经营不善，仅仅 9 个月就亏损倒闭。无奈之下，夫妻二人再度远赴南非，林女士重新返回报社工作，她觉得只有在南非，自己才有用武之地。虽然曾贤仍然计划着再回国创业，可林女士表示，她再也不愿辞职回国了，等再过 10 多年退休了才会考虑回国居住。

"社会融入"被普遍用于对移民在移居国的生活状态的研究。相应地，回流的移民由于再次迁回自己的母国，他们在母国的社会融入过程又被称为再融入（reintegration）。因此，多数研究倾向于将再融入看成移民的融入过程的重复，认为回流者和移民一样会经历从初入异文化环境的欣喜到不适再到适应的"U"形过程，并将融入和再融入的适应过程称为"W 曲线模型"。③ 多数再融入研究强调回流者难以适应母国社会，容易出现所谓的回流文化休克（reverse cultural shock 或者 reentry shock）现象。④ 对从英国回流爱尔兰的移民的研究发现，他们普遍对爱尔兰社会越来越浓的个人主义和物质主义感到失望，他们难以结交新朋友，比较孤独，感到失去自主权以及缺少隐私权；⑤ 一项针对从巴西回流日本的移民的研究则指出了

---

① 黄英（开发批发商城、兼营服饰批发店，1999 年到南非），2010 年 12 月 22 日，约翰内斯堡中国商贸城。

② 林女士（曾贤之妻，从事南非红酒跨国贸易，1999 年到南非），2010 年 12 月 10 日，约翰内斯堡伊登维尔。

③ 朱迪斯·N. 马丁、特里沙·哈勒尔：《学生和专业人员重返本国文化：理论与实践》，载〔美〕丹·兰迪斯、珍妮特·M. 贝内特、米尔顿·J. 贝内特编《跨文化培训指南（第三版）》，关世杰等译，北京大学出版社，2009。

④ N. Sussan, "Testing the Cultural Identity Model of the Cultural Transition Cycle: Sojourner's Return Home," *International Journal of Intercultural Relations*, 26, 4 (2002).

⑤ C. Ni Laoire, "The 'Green Grass of Home'? Return Migration to Rural Ireland," *Journal of Rural Studies*, 23, 3 (2007).

这些回流者的身份认同面临一种尴尬局面——换句话说，在巴西，他们被认为是日本人，而在日本，他们又被看成巴西人。① 总之，重返母国，回流者希望能够找到他们曾经熟悉的生活方式，但是，在他们离开故土的这段时间，很多事物已经发生了改变。因此，对于那些想要回国的新移民而言，回国之路并非想象中的那么简单。对于在南非生活多年的中国新移民而言，回到国内他们也遭遇到同样的问题——疏远、失望、不适应。因此，对于那些希望能叶落归根的新移民来说，如何再融入中国社会也是他们将来回国要面对的一个重要问题。一些新移民已明显感受到回国再融入的困难，这使他们在做抉择的时候感到去留两难。

第三节 中国新移民在南非的潜在机会

虽然在南非面临着种种困扰与挑战，但中国新移民毕竟经历了 30 多年的前期经商经验和资金的积累，对南非社会的适应和经济机会的把握能力也在逐步提高。虽然有部分中国新移民抱怨白人社区高档商场难进，黑人员工难管理，但还是有不少人总结出了自己的成功经验。

一 新生代移民适应南非高端商业文化

部分中国新移民商人逐渐适应南非的商业文化。在南非经商 20 多年的唐先生向笔者传授他的经验："一般来说，在黑人社区开店，生意相对较好，租金也便宜，但是治安较差……在白人社区开店其实并不难。首先你卖的东西跟周围店家不能有太大的冲突。跟白人社区店面的房东、办公室谈租店的事，要守时，穿着要整洁，南非白人最注意这些小事，他们认为这是尊重和信任；白人住宅区里的小型商业中心店租并不贵，而且生意比较稳定，基本上没有治安上的顾虑。大型商业中心，中国人在里面开店的很少，而且租金也高。我们有些中国产品，够不上大型商业中心的档次。

---

① T. Tsuda, *Strangers in the Ethnic Homeland*: *Japanese Brazilian Return Migration in Transnational Perspective*, New York: Columbia University Press, 2003.

另外，大型商业中心对商店装修要求非常高，如果店主擅自调整装修，还可能被勒令整改。反正在白人区开店，要严谨、有计划、有品位才可以。"① 唐先生在白人社区经营了多年的零售店后，积累了不少的经济资本，如今他转行开发商业房地产。在他的总结中，笔者发现他对白人的性格非常了解，知道"白人最注意小事"，从细节方面提升自己的形象与竞争力。另外，他也深知南非零售市场的运行规则，白人社区的治安相对较好、收入稳定，黑人社区的治安不好、收入较高，大型商业中心租金高、标准严。因此，他专注在白人社区开设零售店，并获得财富上的成功。

在调查中，笔者还发现一些像唐先生这样经济实力比较强的新移民开始改变经商领域，如曾贤由批发零售行业转为通信产品、葡萄酒跨国生意，将南非的葡萄酒卖到中国；而侨领吴先生则专注在南非开发商业房地产；李会长涉足轻工业制造、矿业、建筑业等领域。

谈及自己的成功经验，李会长认为最重要的是根据当地人的性格特点，摸索出一套科学有效的管理方法。李会长说：

> 南非人整体很不错，尤其是南非的当地黑人，他们遭受了长时间的种族隔离，人却还很淳朴。在这边开厂，最主要的是管理方法的问题，要把分工做好。我们工厂的员工主要是黑人女性。我认为，黑人如果做单一的工作，那她们做得比中国人要好。但你不能今天叫她做鞋带，明天叫她做鞋底，这样她做不来。如果她做鞋带，你就一直让她做鞋带，这样她的产量就比我们中国人还要高。这就是管理方面的诀窍了。
>
> 还有一点就是如果黑人罢工，那也跟我们自身有关系。比如，她们要求加薪，那就要跟她们进行沟通。比如说今年南非的通货膨胀率是7%，那就按照7%给她加薪，将薪水跟通货膨胀率挂钩，这样可以减少员工的负面情绪。我对我的黑人员工说，如果我这个工厂一直办下去，对当地、对她们就业是有帮助的，如果我的工厂关门了，那她们就都要失业了。她们很认同这一点，在过去几年里，她们都很配合，从未罢工。上次国内电视台来南非采访，她们还跟记者说感谢中国人在这里办厂，给她们提供了就业的机会，改善了她们的生活。

---

① 唐先生（经营商业房地产，1992年到南非），2010年12月17日，约翰内斯堡东方商城。

只要抓住当地人的性格特点，在南非雇用本地黑人员工没什么可怕的，归根到底还是管理方式问题。通过比较，我认为黑人比中国人更好管理。以前我们很多管理岗位都是中国人，现在慢慢地把很多岗位交给黑人，他们做得比中国人还好。①

因为了解了当地黑人的性格，知道当地人的工作习惯，李会长摸索出了自己的管理经验，将生意做得风生水起，与当地人的关系也比较融洽。

在批发零售领域，虽然有很多中国新移民抱怨如今的批发零售行业越来越难经营，但李会长仍看好中国人未来在南非的经济发展机会。李会长说："我认为未来 20 年，中国人在南非的生意会做得比现在更好。以福建人为例，现在在南非的乡镇开零售店的绝大部分是福建人，福建人把乡镇的这种终端销售网络都拿下来了，而且黑人本身的消费需求又很大，所以福建人的生意会继续发展。我相信，未来 20 年中国人会更加适应南非，会慢慢进入南非的其他行业，会比现在做得更好。"

李会长的商业转型走在中国新移民前列。"我现在在自由州帮政府建设一些安置房，还在投标政府的一些工程。"李会长逐渐突破传统的服装、商城领域，转向与当地政府合作建设安置房工程。

"现在如果有人要来南非，我建议他们带钱来。如果空手而来，必须在这里有亲戚朋友可以投靠。如果带钱来南非投资，我认为南非还是有很多机会的，这是南非跟其他国家的区别。中国产品现在在南非包括南非周边国家遍地开花，很受欢迎。而且南非已经成为金砖国家，我对南非未来的经济发展还是比较乐观的，除非政局不稳，只要政局稳定，这个国家未来的发展没问题。"②

2010 年之后，有学者在研究西班牙的中国新移民群体时，提出"纵向创新发展"和"横向突破发展"这两种发展模式。前者指的是在同一行业多维度的纵深发展，通过在经营和管理模式上的创新来达到区别于同一行业传统企业的目的；而后者则指的是通过跳出竞争激烈和缺乏进入壁垒的

---

① 李会长（曾任南部非洲福建同乡总会会长，现为南非华人警民合作中心主任，1992 年到南非），2010 年 12 月 23 日，约翰内斯堡西罗町。

② 李会长（曾任南部非洲中华福建同乡总会会长，现为南非华人警民合作中心主任，1992 年到南非），2010 年 12 月 23 日，约翰内斯堡西罗町。

传统市场，在产业维度上进行突破，探索较高壁垒市场寻求差异化从而规避现有以及将来可能存在的竞争风险。① 随着在南非经商经验的积累，南非华商也初步展现了这两种发展模式。2010 年以后，这两种发展模式变得更加深入和广泛，企业的差异化手段和方式也更加多元。中国新移民在南非的产业链逐步完善，突破服装、鞋帽的领域，开始转向开发房地产、公寓、酒店、清关等领域。

二　深入传统行业的纵向创新发展

从整体来看，纵向创新发展普遍存在于南非华商的经济活动之中，因为他们中的大多数尚不具备足够的跨行业发展所需的物质和社会资本，离开传统批发零售行业，无论是对早期中国新移民商人来说，还是对后来者来说，都意味着较大的风险和较多的不确定因素。因此，在商业模式、策略、企业管理上的调整和创新便为其提供了较低风险的差异化措施。通过深度访谈和田野调查，笔者认为可以将 2010 年后南非中国新移民商人所展现的纵向创新发展归为以下几个方面。

（一）经营规模扩大

具体来讲，扩大经营规模指的是通过扩大营业面积来达到增加营业收入目的的一种发展策略。该策略主要表现为两个方式：一是扩大单一店铺的面积。通过购买或租用邻近的商铺来增加同一店铺的面积，在保持有利的区位优势和维持现有管理成本的同时，更大的面积有利于增强商品的多样性和增加容纳客户的数量。这在南非乡镇的华人超市中尤为明显。"现在有不少人在乡镇开超市，他们的超市有点像沃尔玛那样，营业面积在 1 万平方米以上，卖的东西包括服装、食品、小商品等，产品很齐全，很受当地人的欢迎。"② 二是开设分店。2010 年以后南非华商开设分店的主要目的由之前的积极占领市场变成了回避区域竞争和获取战略资源。在经营

① 王子刚：《突破与创新：2008 年经济危机后西班牙华人企业的发展策略》，《华侨华人历史研究》2019 年第 3 期。
② 李会长（曾任南部非洲福建同乡总会会长，现为南非华人警民合作中心主任，1992 年到南非），2010 年 12 月 23 日，约翰内斯堡西罗町。

模式上，服务产品标准化的新移民企业开始出现。分店在地理跨度上的不断扩展，一方面归功于信息科技的发展使远程管理变为可能；另一方面则归功于中国新移民的不断增多使专业管理人员经营取代传统分店依托于血缘亲属网络经营成为可能，如华商进入南非金融借贷领域，有的老板在南非全国各地开了近百家的连锁店。

（二）产品的优化和升级

如果说扩大经营规模是从架构上对现有企业进行发展，那么产品的优化和升级则是南非中国新移民企业内部的发展。2010 年后，面对复杂的经济环境，传统行业的中国新移民企业家开始思考如何在产品上进行调整，从内而外地实现企业差异化。这些调整主要表现在两方面：一是产品多样化。许多中国新移民企业家注意到了市场需求的变化。虽然南非整体市场低迷，需求总量下降，但不少中国新移民企业根据市场变化开发了更加多样化的产品。如近些年假发、化妆品、电子监控设备、办公家具的销售额呈上升趋势。二是产品优化。与迎合新需求的产品多样化不同，进行产品优化的主要目的是通过提高现有产品的质量来进一步巩固和深入现有市场，在维持现有顾客忠诚度的同时吸引潜在的新顾客。如原本面向中国新移民商人的批发商城餐饮店，搭售南非本地饮料，出售的饮料以南非本地品牌为主，吸引商城的外籍工人，其中可乐、薯片等本地产品的销量最好。虽然商城的批发零售产品主要是中国制造的，但商城的餐饮店则主要出售南非本地品牌饮料，以满足非洲零售商贩进货时的餐饮消费需求；另外，商城内不同国家的非洲黑人员工人数众多，他们也是主要消费者。

路先生在中国商城做办公家具批发生意，他说："我们主要做专业办公家具。现在也是试探性地做办公家具，包括桌子、椅子、柜子、沙发、茶几等。以前中国商人来南非比较少做家具这种类型的产品。南非本地厂家有做办公家具的，但产品比较单一，以本地生产为主。我们的产品是国内配套生产发货过来的，是厂家直销。当地人对我们的品牌是一个慢慢接受的过程，刚开始量很小，现在每个月都有固定客户过来。此外，我们也不断增加新商品类型，比如功能沙发，在我们国内很流行。这个产品也有南非本地商家在做，但我们的生产技术比较好。从价格来说，国内进口过来的沙发价格比南非本地产的更高，但质量好，当地消费者还是认可的。

同样的产品，在南非的零售价格比国内高一些，因为清关费、航运费都要算到成本里去。南非本地的产品，如果要达到我们的质量，那价格就很高了。此外，他们的产品类型也比较单一，中国产品种类非常丰富。我们的产品进入南非后，会根据当地消费者的需求做一些改进。比如当地人的体型比较胖，沙发、椅子等产品的设计就要根据他们的身材做一些调整。在颜色方面，当地人也有自己的偏好，我们都要了解。我们的产品是国内大厂生产的，无论是舒适度，还是品质稳定性，都有保障。"① 从路先生的谈话中可以看到，他对南非市场的开拓是一个不断探索、调整、适应的过程。首先，在销售品类方面，作为后来者他选择了早期中国新移民商人较少涉足的办公家具领域。这一产品投入的资金规模比较大，产品生产需要有专业技术，竞争对手比较少。其次，在产品的销售过程中，他选择稳扎稳打的方式，着眼于长远经营，在这一过程中逐渐了解南非消费者的需求与喜好，对产品进行改进，以求更适合南非的消费者，是一种比较"精准"的定位销售方式。最后，他向南非销售的是高质量的产品，而不是通过低价来打开市场，打破了中国新移民商人"以价格战打开市场"的刻板印象。从路先生对公司的经营中，可以看到中国新移民商人的成长与进步。

此外，还有一些原本做服装、毛毯进口贸易的中国商人近些年开始慢慢转型，有的转向在南非本地开工厂，比如毛毯，以前是成品运到南非，现在是半成品进来，到南非再加工一些工序，这样关税会低一些。近些年，随着南非进口产品关税税率的调整，中国新移民商人的经营品类也进行了相应的调整。

关于南非海关管理规章制度的变化，从 2006 年 10 月 1 日起，南非税务总署（SARS）采用了欧洲海关申报形式——统一管理单证。所有进口货物报关时，须向海关提供统一管理单证和其他单据。多数海关可以办理电子通关手续。电子通关数据须符合海关分类要求，并附有打印的文件文本。进口商须对有关通关文件保留至少 5 年。为加快清关速度，海关与港口当局合作，在一些地区对集装箱货物也实施了电子通关。南非现行的海关关税表为 2019 年 4 月 1 日公布的最新版本。

---

① 路先生（从事办公家具批发零售生意，2014 年到南非），2019 年 8 月 1 日，浙江杭州。

表 7 – 2　南非主要进口产品关税税率

商品编码	进口物品	一般进口关税税率
8501	电动汽车	零关税
8401	核反应堆；核反应燃料	零关税
9401	椅子等家具	20%
6201	男装	45%
6106	女装	45%
6402	橡胶或塑料制外底鞋面及其他鞋靴	30%

资料来源：南非税务总署（SARS）2018 年 4 月 6 日发布的数据。

由表 7 – 2 可知，南非在服装类产品，包括男装、女装的进口关税税率为 45%，鞋靴类的进口关税税率为 30%，这么高的关税，导致中国服装的价格优势难以体现。因此，无论是服装鞋帽的批发商，还是零售店，都面临着产品转型的挑战。

"以前福建人在南非乡下开一个服装小店，就可以维持一家人的生计。但现在服装进口关税很高，汇率也不好，签证又很难办理，慢慢地这些在乡下开店的福建人就退出市场，转做其他项目。这些人本来是在批发商城拿货的零售商，他们的服装店不开了，自然也会影响到服装批发商。现在服装进口数量下降比例很大，新移民转向经营其他产品。"①

为了应对市场变化，近些年来，约翰内斯堡的批发商城逐渐走专门品类的路线，即每个商城售卖的主要产品不一样。例如非洲商贸以杂货（小商品、生活用品）为主，生意很好，周六、周日商城基本没有空余停车位；香港城进驻了很多假发商店，服装业下降以后，假发行业又兴起了，家具类也增加不少，还有自行车、太阳能、电池、彩妆等。

总体而言，从中国进口的产品受南非政策影响，关税高的产品贸易额就下降，关税低的产品贸易额就增加。因为中国制造产品门类齐全，所以中国新移民商人在南非总能找到新的商机。

（三）运营方式不断创新

经济形势不好时，部分华商意识到，个体经营的竞争力是有限的，在

---

① 小曾女士（德班电子监控、礼品店老板，2011 年到南非），于约翰内斯堡、福州等地访谈。

传统产业中战略合作成为企业运营发展的新方向。南非华商间的战略合作主要有行业内合作和跨行业合作两种模式。行业内合作的形式主要是由同一产业链上的不同企业形成的利益共同体，通过这种方式可以优化企业成本结构，提高经营效率，增强竞争力。跨行业合作的形式是不同行业的华人企业组成的利益共同体，这种跨行业的集团经营模式通过整合不同领域的资源，不仅可以满足某一客户群体的不同需求，还可以有效缓解经济环境对某单一产业造成的冲击，从而提高企业的竞争力和生存能力。

人力资本。与经济危机发生前相比，南非中国新移民企业的人力资源开始摆脱单一的族裔亲友网络来源，从国内雇用专业技术人员，并重视在南非的中国留学生资源。高素质移民雇员是一种新型的劳动力，这些员工主要被安排在需要较高职业技能和语言能力的岗位上，如网站维护、公众号管理、客户服务等。如飞鸿清关公司是南非中国新移民企业家经营得最好的公司之一，一年清关几千个集装箱柜。飞鸿清关公司每年都从国内高校招聘若干名大学毕业生，充实公司员工队伍。

三　脱离传统的行业横向突破发展

与上述的纵向创新发展不同，在新的经济环境之下，高素质移民和已具有足够社会资源的早期移民将目光瞄准了具有较高进入壁垒的市场。这些市场对企业家的资本有较高的要求，这些资本往往是多样化的，如资金、社会关系、专业技能等。进入这些市场有利于摆脱传统族裔市场内的过度竞争，同时，较高的进入壁垒也保证了这些商业模式较难被模仿，从而将在较长的时间里保持稳定。

2010 年后，许多企业进入了南非华人之前较少或没有尝试的新行业，为族裔经济带来了新元素。如，针对中国新移民群体的族裔服务行业，这些行业的主要客户群体是华人本身。随着中国移民数量的增加，群体内部的消费需求也不断增加，早期针对个体需求的服务行业比较初级，如影楼、影碟出租、中餐馆、美容美发等。随着新移民商人经济实力的增强和对居住安全的需求，近年来涉足房地产行业的华商将投资目光锁定在本族裔群体。

中国商贸城的华人公寓，两室一厅，每套面积 60 平方米，售价 100 多万兰特。华人公寓只提供给在南非经商、务工、求学的华人居住。出入大门需要有钥匙、指纹认证，进入电梯还要另外刷卡，刷卡也只能到达自己居住的楼层，不能到别人的楼层，这是借鉴了高级酒店的管理方式。每套房每个月的租金1万兰特左右。小区还有健身房。保安每个时段4个人，三班倒，每个班工作8小时。这是华人商城区条件最好的公寓，最大的特点是住处跟商铺连在一起，可以获得一定的安全保障。

案例7-2　　面向南非消费者的金融借贷领域生意

我小叔子在南非开了一个店，主要做借贷生意，也就是有点像我们国内的高利贷。南非那边的高利贷和我们国内的高利贷不一样。国内的高利贷带有一些违法性质，但在南非不是这样的，南非的高利贷是和银行挂钩的，是合法的，南非那边的人从出生到18岁，国家有救济金，50岁以上的人每个月都有1000多兰特的社保，我们就是给这些人做高利贷，这些人只要拿着救济金的卡在我们店里借钱，我们就会借钱给他们。而且我们也不需要去找他们要钱，等国家的救济金发到他们的卡上，银行就会直接将这些救济金转到我们的银行卡上。南非那边以前做金融借贷生意的多半是白人和中国人，都属于合法的。

南非当地人就是"月头有，月尾没有"，花钱没有规划，也没什么积蓄。中国人在这边做借贷，专门把钱借给南非人，利息高达30%，很好赚。有的老板开了几十家这种借贷连锁店。[1]

本章分析和探讨了2010年以来南非中国新移民企业的新发展策略和发展形势，不稳定的经济和社会环境为中国新移民商人带来挑战的同时也带来新的发展机遇。中国新移民商人具有较强的应变和发展能力，能够发现新的机会并结合自身优势资源和实际情况对企业进行调整，在经营理念、组织架构、人员雇用方面，中国新移民展现出了与时俱进的特点，他们突破传统族裔经济的发展并在经营模式上创新，最大限度地实现资源的优化配置和利用，不拘一格地将新兴事物融入经营管理之中。从供需整体来看，近10年来，南非社会总需求相对疲软，而中国新移民商人群体内部的

---

[1]　郭女士（从事金融借贷行业，2011年到南非），2019年7月18日，福建省宁德市。

需求更有活力，中国新移民企业的纵向创新发展和横向突破发展出现兼顾南非本地人需求和中国新移民商人内部需求的倾向。商品销售主要以南非本地顾客为对象，而华人批发商城的公寓则面向中国新移民群体内部。这种发展策略成为近些年南非华商发展的一个突出特点。

结合中国商品的销售、中国新移民的销售网络和南非经济发展环境，一些中国新移民商人对中国人未来在南非的发展持乐观的态度。这也是中国新移民在南非耕耘多年的结果，在了解、适应南非当地社会经济环境的基础上，虽然中国新移民面临的挑战很多，但仍有很多潜在的发展机会。

结　语

党的十九大报告提出要"创新对外投资方式，促进国际产能合作，形成面向全球的贸易、投融资、生产、服务网络，加快培育国际经济合作和竞争新优势"[1]，为新时期推动对外投资合作高质量发展作出了全面部署。中国新移民迁移到南非从事跨国商贸活动，是中国与南非国家经济合作框架下的重要组成部分。南非是非洲最有影响力的政治经济大国，本研究结合移民移出地的实地考察与个案深度访谈，探讨过去 30 年中国新移民迁移到南非及在当地的跨文化适应的过程，呈现该群体在南非的经济活动和社交状况，分析他们面临的潜在社会风险，以此来充实、丰富和发展海外中国新移民群体的研究，对中南两国经贸合作及未来发展方向的判断具有重要参考价值。

一　全球化背景下的跨国商贸移民

在经济全球化的背景下，跨国商贸移民的流向是各国社会经济发展的晴雨表。南非的中国新移民群体大约有 30 万人，他们是改革开放以来中国海外移民大军中的一部分。与以往任何一个时期的移民不同，中国新移民在南非的显著特征是流动性，他们在南非销售中国制造的商品，频繁地在两国之间穿梭往来，虽然较长时间居住在南非，但不把南非视为永久居留

---

[1] 习近平：《决胜全面建成小康社会　夺取新时代中国特色社会主义伟大胜利——在中国共产党第十九次全国代表大会上的报告》，人民出版社，2017，第 35 页。

地。可是，具体谈到何时回国定居时，大部分人又表现得犹豫不决。这导致该群体在南非的经济活动和社会交往呈现自身的特点。

第一，在经济全球化的背景下，中国新移民迁移到南非是行动者的理性抉择，南非对他们最根本的吸引力是经商机会大。中国新移民迁移到南非的例子说明，移民不一定都是沿着从低收入国家到高收入国家的方向迁移。南非属于中等发展水平国家，最近20多年中国经济快速发展，而南非经济发展不稳定、汇率多变，南非的收入水平对中国沿海地区的民众来说并无绝对的优势。然而，由于南非蕴藏着巨大的商机，拥有开店"当老板"的机会，这对中国新移民群体来说具有较大的吸引力。因此，笔者认为，南非蕴藏的"发展机会"吸引了中国新移民的到来，这是该群体基于个体发展机遇的理性选择结果。

第二，基于实地调研和分析，笔者认为中国新移民在南非的跨文化适应策略可以概括为"经济嵌入，社交区隔"。由于主要从事批发零售行业，中国新移民在经商过程中与南非当地黑人、白人顾客有一定的接触，但在社交方面则保持距离；南非老侨人数不多，且分布比较广，很多中国新移民移居南非数年没有与南非老侨接触的机会；对于南非其他国家的非法移民，中国新移民在经济活动中大量雇用该群体，最大限度地"利用廉价劳动力"。此外，近年来南非中国新移民数量增长速度很快，难免有些人素质低下，一些中国新移民漠视当地法律，不能约束自身行为，甚至不讲诚信道德，违规偷税，引起了当地民众的反感。总体而言，中国新移民在南非的族群关系还是持一种"经济嵌入，社交区隔"的态度，无论是经济活动方面的接触还是社交方面的保持距离，都是一种基于自身利益的"理性选择"。无论是白人还是黑人，中国新移民均无与其深入交往、融入的意愿，只能说这是一种权宜性的"适应"策略。

1. 经济嵌入

由于工业基础薄弱等，南非大部分日用消费品从国外进口。中国商品由于其低廉的价格而对经济条件一般的南非民众具有极大的吸引力。中国商品价廉物美是中国新移民能够在南非零售、批发等行业快速发展的重要原因。20世纪90年代，在南非市场起家的中国商人启动资金都比较少，多则数万美元，少则几千美元，凭着吃苦耐劳、敢闯敢想的精神在南非开拓事业。较早来到南非的中国新移民在约翰内斯堡及其周边开设店铺，由于商品价格具有极大优势，迅速抢占了当地市场，这吸引了大量后来的中国新移民竞相开设店铺。由于竞争日趋激烈，很多后来的新移民会选择到更为偏远的地区开设店铺，从而使南非日常消费品价格大幅下降，当地民众的购买力得以提升，当地民众的生活品质得以改善。中国新移民群体在南非的发家速度非常快，多数只用十几年便成功创业。这也说明中国商品契合南非市场需求，中国新移民在销售方面积极嵌入当地的社会经济结构。从经营状况来看，经济嵌入的状态总体较好，无论是集中在南非大城市约翰内斯堡、开普敦、德班的批发商城，还是遍布南非 9 个省的乡镇零售店，中国制造的商品全方位地进入南非消费者市场，获得了成功。从经济嵌入的结果来看，过去 30 多年中国新移民在南非的这种经济适应是成功的。

　　然而，南非中低端消费市场目前已经基本饱和。南非的高档进口市场基本上被欧美国家的品牌所占据，特别是在开普敦、约翰内斯堡、德班等大城市里的金融和商业中心，聚集了许多知名连锁超市、高档商品直营店和高级商场等。而中国对南非出口的商品多数是中低档日用品。部分中国外贸企业对南非出口的产品品种少、质量差，售后服务跟不上，有些外贸企业甚至将积压、过时的商品销往南非市场，把南非乃至非洲作为积压伪劣商品的处理场所。另有一些企业供货方式尚欠灵活，产品更新慢，品种少且不符合南非消费者的需求。这些因素导致南非客户对中国企业和产品的信誉产生怀疑，给许多中国产品贴上了"价廉、低档"的标签，导致许多质量好的品牌产品无法打开销售市场，这些因素还导致中国企业、产品和华商在南非市场的整体信誉受损。

　　总体而言，中国新移民在南非的经贸活动呈现"行业集中，资金分散"的特点。大部分中国新移民集中在资本和技术程度低、竞争力弱、经济效益差的零售业及餐饮业。这种层次低、重复度高的经营方式具有较大的局限性，不利于向高质量的资本和技术密集型经济转变，将给中国新移民群体经济带来明显的负面影响。由于南非市场的开放性，进入南非市场的中国产品，既要与其他发展中国家的产品竞争，又要与发达国家的产品竞争；同时还要避免一些对南非投资的认识误区，如"南非黑人穷，购买力有限"、投资企业不必考虑质量和品牌的问题等。对于这些，南非华商和中国企业要转变观念。产品档次可以有高低之分，但是必须保证质量，做到以质取胜，树立中国商品的良好信誉和形象，同时还要从长远考虑，提高中国品牌的知名度。

2. 社交区隔

在南非的中国新移民以批发零售业为主，销售的商品主要来自中国国内，一般只在销售终端和南非当地人接触，生活空间相对孤立和封闭。造成这种孤立与封闭的原因有两方面：一是受语言能力的限制，二是中国新移民的生活习惯和民族性格所造成的文化特性。中国新移民在南非的生活空间具有主动集聚和被动隔离的特征。正如亨廷顿所说，全球化时代的移民倾向于"离土不离根"。不少从事东南亚移民研究的学者也观察到，移民可能在日常生活层面为了适应移居地社会而改变行为方式，但是其文化观念和个人的社会关系网络仍然与祖国有着紧密的联系，他们运用自己的生活策略绕过跨国迁移产生的障碍，具有"情境性的认同"或者"一张脸多个面具"的特点。①

中国新移民在南非的社会适应主要有三种方式。第一，通过中国的亲友网络来解决在南非的居住、生活、工作等方面的问题。第二，通过参加南非华人社团来满足社交与国内社会地位补偿的需求。第三，通过在中国与南非之间往返满足孩子教育的需求。当然，在调查过程中，笔者也发现，由于南非的中国新移民群体多达 30 万人，中国新移民在这个群体中可以满足经济合作、生活互助乃至恋爱、婚姻需求，甚至，他们在南非的主要经商竞争对手也是中国新移民，因为大部分人扎堆在同一行业。因此，中国新移民对学习南非的文化、适应南非的社会所做的努力很少。大部分中国新移民认为南非是经商、生活的好地方，但因为社会治安问题，未来还是要回到中国或者迁移到其他国家，对南非的社会认同感比较低，觉得这是一个"随时可以离开的地方"。即使是那些在南非生活了 20 多年的新移民，仍然规划着未来返回中国或迁移到其他国家。

在研究过程中，笔者发现，中国新移民的家庭通常是夫妻和成年的孩子在南非经营生意，未成年的孩子和老年人留在国内生活。当需要寻求重大医疗、教育等公共服务时，他们就返回中国，因此多数中国新移民在南非基本上生活在自我隔离的状态，大部分只与中国新移民群体交往，极少

---

① 黎熙元：《流动性：香港与内地之间人口跨境流动的社会学意义》，《北方民族大学学报（哲学社会科学版）》2011 年第 1 期。

参与社区活动，对南非的政治漠不关心，对南非人的生活方式和娱乐活动也知之甚少，并未主动学习或适应。

通过调研笔者还了解到，申请加入南非国籍的中国新移民人数不多，申请居留权和工作签证的人较多。即使孩子在南非出生，很多中国新移民父母还是到中国驻南非领事馆登记，为孩子申请中国户籍。在孩子的教育规划方面，居住环境较好、经济水平较高的家庭，会让孩子在幼儿园阶段入读南非私立幼儿园；到了小学阶段，则让孩子返回中国接受教育，学习中文；等孩子读中学、大学时则有可能让孩子来南非进一步深造。

到目前为止，南非的排外并未特别针对华人。虽然有在动乱区的华人商铺遭洗劫的情况，近年来针对中国人的恶性案件也在上升，但这是南非整体治安恶化的一部分。绝大多数华人华商，在南非大部分地区受到当地社区的欢迎。因为他们带来的更多是直接的就业机会和社区生活便利化。南非暴力排外是一个社会经济问题。①

在具体的经济活动中，中国新移民商人一方面为南非民众带来了大量物美价廉的商品，提高了普通民众的购买力；另一方面，一些中国商人低价倾销、破坏当地销售网络的行为和缺乏诚信的现象也出现了，客观上对南非当地的零售业造成了一定冲击，也给南非消费者留下负面印象。

根据非洲民意调查组织（Afro Baraometer）于 2008 年在南非的问卷调查，其中一个调查问题是"依您的意见，中国给您的国家带来多大帮助？"，提供相应的选择有"什么也没做""没多少帮助""有点帮助""有很大帮助"。前两个选项表达对中国的负面印象，后两个选项则表达了对中国的正面印象。结果显示，仅有 43% 的南非受访者表示对中国持正面印象。② 结合本研究的内容分析，笔者认为中国新移民在南非的族群关系中处于一个比较微妙的变动状态，中国新移民应防患于未然，努力融入南非当地社会，与南非各族群加强互动，才能避免产生严重族群冲突的现象。

二 未来发展预测

从宏观层面来看，中国与南非之间的经济合作前景依然比较乐观，尤

---

① 刘钊轶：《南非排外骚乱不是冲着华人》，《环球时报》2019 年 9 月 6 日。
② 沙伯力、严海蓉：《非洲人对于中非关系的认知（上）》，《西亚非洲》2010 年第 8 期。

其是随着中南两国"一带一路"合作的深化，中国新移民群体将继续在南非进行经济贸易活动。南非是中国在非洲的第一大贸易伙伴。据中国海关统计，2018 年中南两国贸易总额达 435.5 亿美元，同比增长 11.1%。其中，中国自南非进口额 273.0 亿美元，同比增长 11.9%；对南非出口额 162.5 亿美元，同比增长 9.8%。中国是南非第一大进口和出口国。中国从南非进口以资源性产品为主，对南非出口以机电设备、纺织品、鞋帽等制成品为主。南非是中国企业在非洲投资的重点国家之一。据中国商务部统计，2018 年当年中国对南非直接投资流量 6.42 亿美元，截至 2018 年末，中国对南非直接投资存量 65.32 亿美元。中国企业主要分布在南非约翰内斯堡地区和各省的工业园中，投资项目涉及纺织服装、家电、机械、食品、建材、矿产开发、金融、贸易、运输、通信、农业、房地产开发等多个领域。主要投资项目有中钢集团铬矿项目、金川集团铂矿项目、河北钢铁集团铜矿项目、第一黄金集团黄金项目、海信集团家电项目、北汽南非汽车工厂项目等。南非对中国投资项目主要涉及矿业、化工、饮料等领域。目前，南非有 26 家公司在中国投资，2003 年 1 月~2019 年 8 月的资本支出为 880 亿兰特（约合 58.9 亿美元），主要企业有南非啤酒公司、MIH 媒体集团等。

中国与南非在跨国贸易中具有互补性。以 2018 年中国与南非之间的进出口产品来看，中国从南非进口的产品主要是矿砂、珠宝、钢铁等原材料，如表 1 所示；中国对南非出口的商品则主要是电机、锅炉、家具、灯具、服装、鞋靴等工业产品，如表 2 所示。

表 1 2018 年中国自南非进口商品结构

单位：亿美元，%

商　品	金　额	占总进口份额
珠宝、贵金属及制品	152.82	55.98
矿砂、矿渣及矿灰	81.75	29.95
钢铁	13.87	5.08
铜及其制品	4.18	1.53
木浆等纤维状纤维素浆	3.31	1.21

注：项目不全，有数据缺失。

资料来源：《对外投资合作国别（地区）指南·南非》，2019，第 37 页。

表 2　2018 年中国对南非出口商品结构

单位：亿美元，%

商　品	金　额	占总出口份额
电机、电气、音像设备及其零附件	30.55	18.80
锅炉、机械器具及其零件	23.27	14.32
家具、寝具、灯具、活动房	8.03	4.94
车辆及其零附件，但铁道车辆除外	7.37	4.54
非针织或非钩编的服装及衣着附件	7.09	4.36

注：项目不全，数据缺失。

资料来源：《对外投资合作国别（地区）指南·南非》，2019，第 37 页。

因此，从宏观国际贸易结构来看，只要中国与南非在贸易方面还存在相互依赖性，中南两国之间的贸易就将持续发展下去。中国、南非双边贸易现状及结构，在产品相似度、贸易结合度和产业内贸易指数等评价指标方面具有很强的互补性。中国、南非两国双边贸易的互补性远大于竞争性，发展双边贸易有利于发挥两国要素禀赋优势，实现互利共赢。未来中南两国仍将深化双边贸易合作、加快境外经贸合作区建设步伐、加大对南非资源投资力度、推进贸易与投资一体化发展等。[①] 这就意味着中南两国之间的跨国商贸移民群体将继续活跃于南非市场中。国家间的友好合作将推动两国贸易的继续发展，中国新移民在未来仍会在南非经营，在经济方面继续融入当地社会，两国将继续在资源方面进行互补，在贸易市场方面进行共享。

从中观层面来看，中国新移民是以经济利益为导向迁移到南非的，只要南非未来仍有商机，对中国新移民群体就依然有吸引力。南非对中国新移民的吸引力主要取决于南非和南部非洲国家的经济发展状况。南非的中国新移民是经济全球化的产物。彭柯（Frank N. Pieke）说：“福建移民到欧洲最重要的动机是尽可能地努力干活挣钱。”[②] 中国新移民到南非的目的也是挣钱。中国新移民在世界各地数量急剧增加，是全球化进程中中国劳

① 田泽、刘彩云、张雨辰：《中国与南非双边贸易的竞争性与互补性研究》，《开发研究》2014 年第 4 期。

② Frank N. Pieke，“Recent Trends in Chinese Migration to Europe：Fujianese Migration in Perspective，”Swizerland：IOM Migration Research Series，2002，Vol. 6，p. 34.

动力不可避免地融入世界劳动力大市场的必然过程。从非洲人口总量和市场容量、经济发展潜力来看，南非和非洲的未来仍然让人看好。中国部分新移民商人在经历了30多年的积累后，已经比较了解、适应南非的市场，不会轻易离开南非。与30多年前相比，中国新移民在南非的产业链逐步完善，突破服装、鞋帽的领域，开始转向房地产、公寓、酒店、清关等领域；更加了解南非本地人的脾性，双方互相调适，雇佣关系比较稳定、持久；参与当地慈善活动，也不再简单分发礼物，而是根据当地民众的特性，雇用南非人当慈善项目的秘书，设计更有针对性的慈善项目。

当然，南非中国新移民群体在未来会出现分化，适应南非市场的商人将继续发展；不适应南非市场者，将逐渐被市场淘汰。随着"一带一路"合作的拓展，未来中国新移民将以更加灵活的方式走向世界，并以自己的策略适应南非文化。从经济层面的角度来看，虽然中国新移民在南非的经济规模、经营方式、产品结构等方面还需要进一步改进，但整体来看，还是较好地适应了南非经济结构的特点，在经济方面顺利融入南非社会。廉价的中国产品使南非中下阶层消费者受益，未来南非消费者仍然需要中国商品。但中国新移民商人必须从产品创新方面努力，抛弃简单的模仿与同质经营模式，进军比较高端的消费市场。

所有移民群体在新的环境中都面临着继续发展的问题，随着发展环境的变化，移民群体自身会面临不适应问题，也将面对各种各样的发展阻力。在未来的发展中，南非华商如能进一步转型，调整经营模式和生活方式以逐步融入南非社会，在未来仍有较多的发展机会。

从微观个体层面来看，未来中国新移民个体的流动性会更强，会频繁往来于中国与南非之间。虽然中国新移民持"过客"心态，在南非缺乏长久居留的规划，并经常考虑要返回中国，或者迁移到其他社会治安更加稳定的国家，但是真正回中国定居的人数并不多，很多人是在中南两国之间频繁流动。

从笔者的实地调研来看，在南非经商多年的中国新移民群体，即使在国外积攒了经济资本，回国的投资渠道仍然有限。而在南非"当老板"之后，中国新移民回国再找工作并不容易，根据访谈分析，从南非返回中国的新移民，目前在国内普遍有收益的投资就是投资买房、买店铺。一些返回国内的南非中国新移民表示回国投资不易，毕竟中国与南非的经商环境、规则不同，他们当初出国难以适应，如今回国同样也有这个问题。尤其是他们离开中国的十几年，中国经济高速发展，他们回国面临"再适应"问题。从国内目前的商业发展环境来看，南非的中国新移民大部分是小商人，经济资本从几十万元到上千万元不等，国内小规模的投资可以参与，如要参与大型的商业项目，则显得有些力不从心。有些因为南非社会治安问题不好而回到国内的人，过了一段时间又重新去南非。因此，虽然很多新移民规划着"迟早要回国"，但事实上要作出回国的决定并不容易。

南非的中国新移民研究是中国新移民跨国化生存的典型个案。在全球化时代，中国新移民跨越国界寻求商机、寻求发展，他们从未停下迁移的脚步。他们的跨国化生存体现了一种生生不息的生命力，也是经济全球化时代背景下的一种生存形态。在未来，中国人的跨国商贸活动仍会持续进行。新移民中或许有人会离开南非返回中国，有人会继续迁移到其他国家，还有人会选择扎根南非。华人逐渐成为南非的少数族群之一是大势所趋。

全球化已经成为当今世界经济、社会与文化发展的一个重要特征，也是一种趋势。全球化使世界各个国家、各个民族在经济、政治、社会与文化方面的联系加强，使全球范围内的交流、互动更加频繁。因此，可以想象，在中南两国经济贸易活动不断增加、人员交流更加密切的情况下，跨国迁移和移民现象也会持续存在，南非中国新移民的数量会随中南两国经济、社会环境的变化而变化，中国新移民的结构成分也会不断变化。

非洲一直是中国外交的重点区域，中非传统友谊深厚，双方都把对方视为自身发展的重要机遇，有强烈的加强合作的意愿。中非友好关系源远流长，在 21 世纪的今天，中国与非洲国家仍然致力于建立友好的新型战略伙伴关系。南非仍被视为中国进入非洲的重要门户。中南两国在经济上的往来日益密切，文化交往也逐渐深入，双方在经济、文化等方面的交流与合作进一步深化。尽管南非体量比较小，不足以单独推动整个非洲大陆的复兴和发展，但是如果中国和南非在现在南南合作的框架下，在共同推动非洲发展这个目标下紧密合作，就可以形成一个来自外部和内部的两大动力、两驾马车。

中南传统友好，两国在国际事务中守望相助，政治互信不断增强，并建立起全面战略伙伴关系。中国推动高质量共建"一带一路"倡议和推动经济结构性改革，为中资企业赴南非投资，实现与南非深度经贸合作，创造了良好的条件和基础。作为"金砖国家"成员，南非的基础设施、产业机构、技术能力、资源禀赋在非洲处于领先地位。基于深厚的民意和产业基础，中南两国经贸关系稳中向好。随着中南两国在经济、文化方面交流的日渐深入，中国新移民在南非的跨文化适应状况和未来的发展走向仍值得学术界进行追踪探讨。

参考文献

（一）中文文献

〔美〕艾尔·巴比:《社会研究方法（第10版）》，邱泽奇译，华夏出版社，2005。

〔美〕孔飞力:《他者中的华人——中国近现代移民史》，李明欢译，江苏人民出版社，2015。

〔美〕米尔顿·M. 戈登:《美国生活中的同化:种族、宗教和族源的角色》，马戎译，译林出版社，2015。

〔美〕塞缪尔·亨廷顿:《文明的冲突与世界秩序的重建》，周琪、刘绯、张立平、王圆译，新华出版社，2002。

〔英〕戴维·赫尔德等:《全球大变革:全球化时代的政治、经济与文化》，杨雪冬等译，社会科学文献出版社，2001。

〔美〕W. I. 托马斯、〔波〕F. 兹纳涅茨基:《身处欧美的波兰农民》，张友云译，译林出版社，2000。

〔美〕林南:《社会资本——关于社会结构与行动的理论》，张磊译，上海人民出版社，2006。

〔美〕朴尹正:《荣誉至上:南非华人身份认同研究》，吕云芳译，广东人民出版社，2014。

〔美〕阎云翔:《礼物的流动:一个中国村庄中的互惠原则与社会网络》，李放春、刘瑜译，上海人民出版社，2017。

〔德〕马克斯·韦伯：《新教伦理与资本主义精神》，马奇炎、陈婧译，北京大学出版社，2012。

Yoon Jung Park：《华人是落地生根的还是跨国主义的？——种族隔离制度废除后南非华裔身份的多重性和易变性》，秦天译，载《世界海外华人研究学会地区性非洲国际会议论文摘译》，香港社会科学出版社有限公司，2008。

阿得兰提·阿得泊鞠：《撒哈拉以南非洲国际移民问题及最新趋势》，黄觉译，《国际社会科学杂志（中文版）》2001 年第 3 期。

艾周昌：《近代华工在南非》，《历史研究》1981 年第 6 期。

艾周昌、舒运国、沐涛、张忠祥：《南非现代化研究》，华东师范大学出版社，2000。

白灵：《从种族隔离夹缝中走过来的南非华人》，《八桂侨史》1994 年第 4 期。

蔡鹏飞：《人力资本与社会资本的增值转换——加拿大华人新移民的社会融入》，《中南民族大学学报（人文社会科学版）》2020 年第 2 期。

潮龙起：《移民史研究中的跨国主义理论》，《史学理论研究》2007 年第 3 期。

陈传仁：《海外华人的力量：移民的历史和现状》，世界知识出版社，2007。

陈凤兰：《南非中国新移民与当地黑人的族群关系研究》，《世界民族》2012 年第 4 期。

陈凤兰：《文化冲突与跨国迁移群体的适应策略——以南非中国新移民群体为例》，《华侨华人历史研究》2011 年第 3 期。

陈凤兰：《移民全球化与通婚地方化——基于对福州侨乡的实地研究》，《华侨华人历史研究》2015 年第 4 期。

陈凤兰：《共同体精神与海外华人社团的整合——以南非华人警民合作中心为例》，《华侨华人历史研究》2018 年第 2 期。

陈国明、于彤：《跨文化适应理论构建》，《学术研究》2010 年第 1 期。

陈海忠：《地域社会的跨国叙事：近代以来广东潮阳陈四合批局与陈氏跨国家族的建构》，《华侨华人历史研究》2016 年第 2 期。

陈翰笙主编，卢文迪、陈泽宪、彭家礼编《华工出国史料 第四辑：关于华工出国的中外综合性著作》，中华书局，1981。

陈建荣：《泰国新移民的群体特征——曼谷地区新移民个案研究》，《东南亚研究》2008 年第 4 期。

陈丽园：《近代海外华人研究的跨国主义取向探索——评徐元音的〈梦金山，梦家乡〉》，《华侨华人历史研究》2003 年第 1 期。

陈日升：《福建亭江的"小美国人"：一个跨国寄养的新移民子女群体》，《华侨华人历史研究》2006 年第 2 期。

陈向明：《旅居者和"外国人"——留美中国学生跨文化人际交往研究》，教育科学出版社，2004。

陈肖英：《南非中国新移民面临的困境及其原因探析》，《华侨华人历史研究》2012 年第 2 期。

陈肖英：《信任与海外华商族群网络研究——来自田野的调查与思考》，《华侨华人历史研究》2017 年第 2 期。

陈肖英：《民族聚集区经济与跨国移民社会适应的差异性——南非的中国新移民研究》，《开放时代》2011 年第 5 期。

陈衍德：《网络·信用及其文化背景》，载庄国土等编《世纪之交的海外华人》，福建人民出版社，1998。

陈泽宪：《十九世纪盛行的契约华工制》，《历史研究》1963 年第 1 期。

代帆：《菲律宾中国新移民研究——马尼拉中国城田野调查》，《太平洋学报》2009 年第 10 期。

代帆：《东南亚的中国新移民及其影响》，《东南亚研究》2011 年第 2 期。

戴一峰：《旅日华商"泰益号"经营网络结构剖析》，《中国社会经济史研究》1997 年第 4 期。

邓江年：《海外华侨华人经济与"一带一路"战略的互动机制》，《华南师范大学学报（社会科学版）》2016 年第 3 期。

狄金华、周敏：《族裔聚居区的经济与社会——对聚居区族裔经济理论的检视与反思》，《社会学研究》2016 年第 4 期。

范可：《"社会创伤"华人认同华人跨国主义》，《读书》2005 年第 1 期。

费孝通：《乡土中国》，三联书店，1985。

付亮：《今日南非华人社会》，《八桂侨刊》2009 年第 1 期。

傅义强：《欧洲的中国大陆新移民研究述评》，《八桂侨刊》2006 年第 1 期。

甘振军：《浅论当代非洲华商的现状、特点和机遇》，《八桂侨刊》2019 年第 2 期。

高伟浓：《华人新移民在澳大利亚、新西兰的生存适应分析》，《华侨华人历史研究》2003 年第 2 期。

葛公尚：《非洲华人研究的若干问题》，《世界民族》1999 年第 1 期。

郭玉聪：《福建省国际移民的移民网络探析——兼评移民网络理论》，《厦门大学学报（哲学社会科学版）》2009 年第 6 期。

郭玉聪：《经济全球化浪潮下的中国新移民》，《当代亚太》2004 年第 9 期。

何敏波：《非洲中国新移民浅析》，《八桂侨刊》2009 年第 3 期。

华金·阿朗戈：《移民研究的评析》，《国际社会科学杂志（中文版）》2001 年第 3 期。

黄润龙：《我国海外华人的分布及发展》，《人口学刊》1997 年第 1 期。

黄润龙：《中国的非法移民问题》，《人口与经济》2001 年第 1 期。

纪东东：《共生与发展——关于华商网络与中国"走出去"战略的探讨》，《世界民族》2006 年第 4 期。

乐黛云、〔法〕李比雄主编《跨文化对话》（第 23 辑），江苏出版社，2008。

黎熙元：《流动性：香港与内地之间人口跨境流动的社会学意义》，《北方民族大学学报（哲学社会科学版）》2011 年第 1 期。

黎相宜、周敏：《跨国空间下消费的社会价值兑现——基于美国福州移民两栖消费的个案研究》，《社会学研究》2014 年第 2 期。

黎相宜、周敏：《跨国实践中的社会地位补偿——华南侨乡两个移民群体文化馈赠的比较研究》，《社会学研究》2012 年第 3 期。

黎相宜：《跨国集体维权与"回飞镖"效应——基于美国福州移民的个案研究》，《中山大学学报（社会科学版）》2015 年第 4 期。

李安山：《二战后非洲华人社会生活的嬗变》，《西亚非洲》2017 年第 5 期。

李安山：《非洲华侨华人史》，中国华侨出版社，2000。

李安山：《非洲华人社团的传承与演变（1950—2016）》，《世界民族》2017 年第 5 期。

李安山：《国际政治话语中的中国移民：以非洲为例》，《西亚非洲》2016 年第 1 期。

李安山：《论南非早期华人与印度移民之异同》，《华侨华人历史研究》2006 年第 3 期。

李安山：《浅析战后非洲华侨华人文化生活的演变》，《八桂侨刊》2017 年第 3 期。

李安山：《试析二战以后非洲华人宗教意识的变迁与融合》，《华侨华人历史研究》2017 年第 3 期。

李安山：《试析非洲华人报刊的历史演变与社会功能》，《华侨华人历史研究》2001 年第 3 期。

李安山：《丝绸之路与华侨华人：以非洲为例》，《中央社会主义学院学报》2019 年第 4 期。

李安山：《中国国际移民的安全保护：责任的提升与外延》，《公安学研究》2018 年第 5 期。

李安山：《中国新移民再议：以非洲为例》，《亚非研究》2018 年第 1 期。

李海蓉：《新西兰中国大陆新移民初探》，《华侨华人历史研究》2011 年第 1 期。

李明欢：《"侨乡社会资本"解读：以当代福建跨境移民潮为例》，《华侨华人历史研究》2005 年第 2 期。

李明欢：《"相对失落"与"连锁效应"：关于当代温州地区出国移民潮的分析与思考》，《社会学研究》1999 年第 5 期。

李明欢：《20 世纪西方国际移民理论》，《厦门大学学报（哲学社会科学版）》2000 年第 4 期。

李明欢：《21 世纪初欧洲华人社团发展新趋势》，《华侨华人历史研究》2015 年第 4 期。

李明欢：《当代海外华人社团研究》，厦门大学出版社，1995。

李明欢：《当代西方国际移民理论再探讨》，《厦门大学学报（哲学社会科学版）》2010 年第 2 期。

李明欢：《东欧社会转型与东欧新华商群体的形成》，《世界民族》2003 年第 2 期。

李明欢：《法国的中国新移民人口构成分析——以传统、制度与市场为视角》，《厦门大学学报（哲学社会科学版）》2008 年第 3 期。

李明欢：《国际移民政策研究》，厦门大学出版社，2011。

李明欢：《海外华人移民的现代篇》，《读书》2009 年第 8 期。

李明欢：《欧盟国家国际移民政策与中国新移民》，《厦门大学学报（哲学社会科学版）》2001 年第 4 期。

李明欢：《罗马尼亚中国新移民研究：新华商与新市场》，《华侨华人历史研究》2013 年第 4 期。

李鹏涛：《中非关系的发展与非洲中国新移民》，《华侨华人历史研究》2010 年第 4 期。

李其荣：《经济全球化与国际人口迁移》，《民族研究》2003 年第 6 期。

李其荣：《华人新移民与后工业美国社会——兼论"模范少数族裔理论"》，《世界民族》2001 年第 3 期。

李仁方、陈文君：《智利华商生存与发展境况》，《拉丁美洲研究》2015 年第 6 期。

陈达：《南洋华侨与闽粤社会》，商务印书馆，2011。

李泽莹：《澳大利亚中国新移民的社会融合问题研究》，《八桂侨刊》2019 年第 3 期。

里瓦·卡斯托里亚诺：《移居、跨国社群和公民身份》，刘北成译，《国际社会科学杂志（中文版）》2001 年第 3 期。

梁益坚、刘国强：《褪色的彩虹：南非排外行为解析》，《西亚非洲》2019 年第 5 期。

梁玉成：《在广州的非洲裔移民行为的因果机制——累积因果视野下的移民行为研究》，《社会学研究》2013 年第 1 期。

廖小健：《利用海外华商网络 拓展海外经贸市场》，《国际经贸探索》2000 年第 5 期。

廖小健：《种族隔离与南非华侨华人》，《八桂侨史》1993 年第 4 期。

廖小健：《利用海外华商网络 拓展海外经贸市场》，《国际经贸探索》2000 年第 5 期。

林李月、朱宇、王心宇：《跨国迁移对农村留守妇女婚姻家庭生活的影响——基于福建省明溪县 H 村的个案研究》，《华侨华人历史研究》2016 年第 3 期。

林胜、梁在、朱宇：《非洲中国新移民跨国经营及其形成机制——以阿尔及利亚的福清移民为个案》，《世界民族》2017 年第 4 期。

林勇：《中华传统文化与海外华商精神》，《八桂侨史》1997 年第 2 期。

刘程：《西方移民融合理论的发展轨迹与新动态》，《河海大学学报（哲学社会科学版）》2015 年第 2 期。

刘宏：《战后新加坡华人社会的嬗变：本土情怀·区域网络·全球视野》，厦门大学出版社，2003。

刘云刚、谭宇文、周雯婷：《广州日本移民的生活活动与生活空间》，《地理学报》2010 年第 10 期。

龙登高：《海外华商经营模式的社会学剖析》，《社会学研究》1998 年第 2 期。

龙登高：《海外华商非透明化经营分析》，《华侨华人历史研究》1997 年第 4 期。

陆益龙：《嵌入性适应模式——韩国华侨文化与生活方式的变迁》，中国社会科学出版社，2006。

罗俊翀、周聿峨：《南非华文传媒现状及其对华人社会的影响》，《西亚非洲》2008 年第 2 期。

马慧丽：《评析南非〈移民法〉》，《法制与社会》2007 年第 12 期。

马戎：《民族社会学——社会学的族群关系研究》，北京大学出版社，2004。

马戎：《西方民族社会学的理论与方法》，天津人民出版社，1997。

马戎：《族群关系变迁影响因素的分析》，《西北民族研究》2003 年第 4 期。

毛华配、徐华炳：《影响海外华商投资风险认知的因素分析——以温州籍华商样本为例》，《华侨华人历史研究》2013 年第 2 期。

毛竹青：《加强领事护侨工作的若干思考》，《华侨大学学报（哲学社会科学版）》2011 年第 3 期。

梅显仁：《华人移居非洲溯源》，《八桂侨史》1998 年第 2 期。

莫光木：《海外华商安全形势及保护机制探析——基于智利华商的研究》，《暨南学报（哲学社会科学版）》2017 年第 12 期。

艾周昌、郑家馨主编《非洲通史（近代卷）》，华东师范大学出版社，1995。

牛冬：《"过客社团"：广州非洲人的社会组织》，《社会学研究》2015 年第 2 期。

彭家礼：《清末英国为南非金矿招募华工始末》，《历史研究》1983 年第 3 期。

彭家礼：《十九世纪开发西方殖民地的华工》，《世界历史》1980 年第 1 期。

潘兴明、李忠：《南非——在黑白文化的撞击中》，四川人民出版社，2000。

钱皓：《美国西裔移民研究——古巴、墨西哥移民历程及双重认同》，中国社会科学出版社，2002。

丘立本：《从世界看华人：华人研究新探》，（香港）南岛出版社，2000。

渠敬东：《迈向社会全体的个案研究》，《社会》2019 年第 1 期。

任娜、刘宏：《本土化与跨国性——新加坡华人新移民企业家的双重嵌入》，《世界民族》2016 年第 2 期。

桑艳东：《契约华工在南非（1904—1910）——兼论南非华、印侨工之比较》，《华侨华人历史研究》2001 年第 1 期。

沙伯力、严海蓉：《非洲人对于中非关系的认知（上）》，《西亚非洲》2010 年第 4 期。

沈晓雷：《南非"抗疫"与后疫情时代的中南合作》，《当代世界》2020 年第 10 期。

沈燕清：《福建新移民在美国——20 世纪 90 年代以来福州地区非法移民个案研究》，《世界民族》2004 年第 1 期。

沈燕清：《新加坡中国大陆新移民现状浅析》，《世界民族》2007 年第 4 期。

施雪琴：《改革开放以来福清侨乡新移民——兼谈非法移民问题》，《华侨华人历史研究》2000 年第 4 期。

宋全成：《欧洲的中国新移民：规模及特征的社会学分析》，《山东大学学报（哲学社会科学版）》2011 年第 2 期。

佟新：《全球化下的国际人口迁移》，《中国人口科学》2000 年第 5 期。

佟新：《人口社会学》，北京大学出版社，2010。

万晓宏：《机遇与挑战并存——世纪之交的南非华人》，《南洋问题研究》2007 年第 2 期。

万晓宏：《南非华人现状分析》，《八桂侨刊》2007 年第 1 期。

王苍柏：《也谈华人》，《读书》2004 年第 10 期。

王春光：《巴黎的温州人：一个移民群体的跨社会建构行动》，江西人民出版社，2000。

王春光：《华侨华人社团的"拟村落化"现象——荷兰华侨华人社团案例调查和研究》，《华侨华人历史研究》2010 年第 3 期。

王春光：《移民的行动抉择与网络依赖——对温州侨乡现象的社会学透视》，《华侨华人历史研究》2002 年第 3 期。

王春光、Jean Philippe Beja：《温州人在巴黎：一种独特的社会融入模式》，《中国社会科学》1999 年第 6 期。

魏苇：《南非大量吸引白人移民》，《世界知识》1990 年第 5 期。

温宪：《闯荡南非》，当代世界出版社，2002。

文峰、赵健：《欧洲华商与中欧经济关系发展：角色、挑战与应对》，《亚太经济》2018 年第 4 期。

文峰：《欧洲排外主义回潮对华侨华人的影响及其应对与反思》，《世界民族》2019 年第 3 期。

吴潮、周望森：《浙江籍海外新移民研究初论》，《华侨华人历史研究》2001 年第 3 期。

吴前进：《跨国主义：全球化时代移民问题研究的新视野》，《国际观察》2004 年第 3 期。

吴前进：《1990 年以来中国–新加坡民间关系的发展——以中国新移民与当地华人社会的互动为例》，《社会科学》2006 年第 10 期。

吴泽霖总纂《人类学词典》，上海辞书出版社，1991。

夏吉生：《南非种族关系探析》，华东师范大学出版社，1996。

夏吉生：《南非临时宪法的特点和作用及新宪法的制定》，《西亚非洲》1996 年第 5 期。

项飙：《跨国华人》，《读书》2004 年第 5 期。

项飙：《传统与新社会空间的形成——一个中国流动人口聚居区的历史》，《战略与管理》1996 年第 6 期。

肖珺、李加莉：《跨文化适应研究的解读、进展与趋势——访文化适应理论奠基人约翰·贝瑞教授》，《国外社会科学》2015 年第 3 期。

徐薇、姚橄榄：《南非华人的历史、现状与文化适应》，《广西民族大学学报（哲学社会科学版）》2018 年第 3 期。

徐艺圃：《清末英属南非招工案初探》，《文献》1984 年第 22 期。

许永璋：《近现代时期南非的华工和华侨》，《山西大学学报》1982 年第 3 期。

闫海燕：《中国"新一轮移民潮"的原因及对策探究》，《社科纵横》2011 年第 2 期。

颜廷、张秋生：《澳大利亚华人新移民回流：历史、现状与趋势》，《华侨华人历史研究》2015 年第 4 期。

杨立华：《南非政治经济的发展》，中国社会科学出版社，1994。

杨立华：《中国与南非：战略伙伴关系的发展》，《国际政治研究》2006 年第 4 期。

杨立华：《中国与南非建交的战略选择（上）》，《西亚非洲》2007 年第 9 期。

杨立华：《中国与南非建交的战略选择（下）》，《西亚非洲》2007 年第 10 期。

杨少波：《"理性经济人"的非理性行为》，《当代经济》2011 年第 11 期。

杨雪冬：《风险社会理论述评》，《国家行政学院学报》2005 年第 1 期。

杨之枒：《褪色的彩虹：南非何以排外猖獗》，《世界知识》2015 年第 10 期。

叶文振：《福建沿海非法移民潮的原因分析》，《华侨华人历史研究》1995 年第 1 期。

于涛:《华商淘金莫斯科:一个迁移群体的跨国生存行动》,社会科学文献出版社,2016。

原晶晶:《当代非洲华商的发展战略探析》,《东北师大学报(哲学社会科学版)》2011年第2期。

曾强:《耳闻目睹新南非》,《西亚非洲》2002年第2期。

曾强:《南非将与中国建交的原因初析》,《西亚非洲》1997年第3期。

曾少聪:《全球化与中国海外移民》,《民族研究》2003年第1期。

曾少聪:《美国华人新移民与华人社会》,《世界民族》2005年第6期。

张劲梅、张庆林:《多维文化适应模型与国外族群研究》,《广西民族研究》2008年第4期。

张秋生、张荣苏:《当代澳大利亚华人新移民基本社会特征分析》,《历史教学问题》2011年第5期。

张荣苏、张秋生:《改革开放以来中国学界海外华商研究述评》,《华侨华人历史研究》2018年第4期。

张文新:《近十年来美国人口迁移研究》,《人口研究》2002年第4期。

张象主编《彩虹之邦新南非》,当代世界出版社,1998。

张秀明:《国际移民体系中的中国大陆新移民——也谈新移民问题》,《华侨华人历史研究》2001年第1期。

张一力、张敏:《海外移民创业如何持续——来自意大利温州移民的案例研究》,《社会学研究》2015年第4期。

张跃东:《中国与南非经贸关系中存在的问题及前景展望》,《辽宁行政学院学报》2001年第3期。

张芝联:《1904-1910年南非英属德兰斯瓦尔招用华工事件的真相》,《北京大学学报(人文科学)》1956年第3期。

赵红英:《近一二十年来中国大陆新移民若干问题思考》,《华侨华人历史研究》2000年第4期。

赵红英、宁一:《五缘性华侨华人社团研究》,同济大学出版社,2013。

郑家馨:《17世纪至20世纪中叶中国与南非的关系》,《西亚非洲》1995年第5期。

郑家馨：《南非史》，北京大学出版社，2010。

郑振满：《国际化与地方化：近代闽南侨乡的社会文化变迁》，《近代史研究》2010 年第 2 期。

钟涨宝、杜云素：《移民研究述评》，《世界民族》2009 年第 1 期。

周大鸣：《论族群与族群关系》，《广西民族学院学报（哲学社会科学版）》2001 年第 2 期。

周大鸣：《移民文化——一个假设？》，《江苏社会科学》2005 年第 5 期。

周海金：《非洲华侨华人生存状况及其与当地族群关系》，《东南亚研究》2014 年第 1 期。

周敏、黎相宜：《国际移民研究的理论回顾及未来展望》，《东南亚研究》2012 年第 6 期。

周敏、刘宏：《海外华人跨国主义实践的模式及其差异——基于美国与新加坡的比较分析》，《华侨华人历史研究》2013 年第 1 期。

周南京：《南非华侨华人教育概述》，《八桂侨史》2001 年第 1 期。

周阳、李志刚：《区隔中融入：广州"中非伴侣"的社会文化适应》，《中央民族大学学报（哲学社会科学版）》2016 年第 1 期。

朱慧玲：《非洲侨情及其特点》，《八桂侨刊》2002 年第 1 期。

朱美荣：《福建省新移民问题剖析及相关政策初探》，《人口研究》2001 年第 5 期。

朱其良：《国际移民对世界政治经济的影响》，《广西社会科学》2002 年第 5 期。

庄国土：《21 世纪前期海外华商经济实力评估》，《南洋问题研究》2020 年第 3 期。

庄国土：《从跳船者到东百老汇大街的"主人"——近 20 年来福州人移民美国研究》，《华侨华人历史研究》2003 年第 3 期。

庄国土：《对近 20 年来华人国际移民活动的几点思考》，《华侨华人历史研究》1997 年第 2 期。

庄国土：《华侨华人与中国的关系》，广东高等教育出版社，2001。

庄国土、张晶盈：《中国新移民的类型和分布》，《社会科学》2012 年第 12 期。

庄国土：《近 30 年来的中国海外移民：以福州移民为例》，《世界民族》2006 年第 3 期。

庄国土：《论早期海外华商经贸网络的形成——海外华商网络系列研究之一》，《厦门大学学报（哲学社会科学版）》1999 年第 3 期。

宗力：《多元文化社会的民族关系与新种族主义：中国大陆移民在加拿大面临的社会障碍》，《西安交通大学学报（社会科学版）》2010 年第 6 期。

（二）学位论文

陈沙：《中国与南非贸易现状、影响因素及对策分析》，硕士学位论文，天津商业大学，2020。

尹元：《中国对南非直接投资风险的识别、计量及管理》，硕士学位论文，首都经济贸易大学，2019。

Xolani Preference Ntombela：《中国与南非的高等教育合作》，硕士学位论文，厦门大学，2019。

张梦婷：《我国对南非投资的环保法律风险及其应对》，硕士学位论文，湘潭大学，2019。

袁文亿：《中国－南非关系的媒介镜像：自我认知与他者认知》，硕士学位论文，外交学院，2019。

陈虹娇：《南非中文专业大学生汉语学习动机与文化认同研究——以南非罗德斯大学孔子学院为例》，硕士学位论文，暨南大学，2018。

陈佳忻：《非洲媒体 2017 年涉华报道框架研究——以肯尼亚〈民族日报〉、尼日利亚〈先锋报〉、南非〈邮政卫报〉为例》，硕士学位论文，中央民族大学，2018。

张凤：《南非警察汉语教材编写设计与实践应用》，硕士学位论文，暨南大学，2017。

杨颖南：《中国企业在南部非洲投资的劳动法律风险防范——以南非、赞比亚、津巴布韦的劳工标准为视角》，硕士学位论文，北京外国语大学，2017。

吴奕：《新南非排外事件研究》，硕士学位论文，苏州科技大学，2017。

谭志林：《南非华人社会地位变迁——以南非华人协会胜诉 BEE 为

例》，硕士学位论文，暨南大学，2015。

彭雨：《非洲投资环境评价研究——以南非与安哥拉为例》，硕士学位论文，暨南大学，2015。

衣秀秀：《中国对南非直接投资与贸易的关系研究》，硕士学位论文，东北财经大学，2015。

张华云：《中国与南非经贸关系研究》，硕士学位论文，吉林大学，2014。

熊超：《中国与南非双边贸易商品结构优化研究》，硕士学位论文，山西财经大学，2014。

王越：《中国与南非双边贸易研究》，硕士学位论文，河北大学，2014。

李瀛：《中国与南非双边贸易竞争性与互补性分析》，硕士学位论文，东北财经大学，2013。

马剑锋：《中国与南非双边货物贸易特点及发展前景分析》，硕士学位论文，东北财经大学，2013。

陈慧青：《中国与南非货物贸易互补性研究》，硕士学位论文，中南大学，2013。

刘莎：《中国－南非建立 FTA 的经济效应研究》，硕士学位论文，中国海洋大学，2013。

珠思文：《南非与东北亚贸易合作的现状、问题及前景分析》，硕士学位论文，东北大学，2013。

卜一村：《社会网络分析视角下的南非华人家庭移民网络》，硕士学位论文，暨南大学，2015。

赵红：《晚清南非契约华工研究》，硕士学位论文，山东大学，2014。

陈凤兰：《南非中国新移民研究》，博士学位论文，厦门大学，2013。

李清全：《国际关系变动中的南非华侨华人：一种历史的分析》，硕士学位论文，暨南大学，2008。

付亮：《南非的中国新移民：以福清新移民为例》，硕士学位论文，厦门大学，2009。

（三）英文文献

Aihwa Ong and Donald M. Nonini, *Ungrounded Empires: The Cultural Politics of Modern Chinese Transnationalism*, New York: Routledge, 1997.

Alfred Sauvy, *General Theory of Population*, New York: Basic Books, Inc., 1966.

Ana Deumert and Nkululeko Mabandla, "Every Day a New Shop Pops Up – South Africa's 'New' Chinese Diaspora and the Multilingual Transformation of Rural Towns," *English Today*, Volume 29, Issue 1, (March 2013).

C. Ni Laoire, "The 'Green Grass of Home'? Return Migration to Rural Ireland," *Journal of Rural Studies*, 23, 3 (2007).

Darryl Accone, "Chinese Communities in South Africa," *The China Monitor* (August 2007).

Douglas S. Massey et al., *Worlds in Motion*, Oxford: Clarendon Press, 1998.

D. D. Heckathorn, "Overview: The Paradoxical Relationship between Sociology and Rational Choice", *American Sociologist* (Summer 1997).

D. Friedman, M. Hechter, "The Contribution of Rational Choice Theory to Macro Sociological Research", *Sociological Theory*, 6, 2 (Autumn 1988).

Edwin Lin, "Big Fish in a Small Pond: Chinese Migrant Shopkeepers in South Africa," *International Migration Review*, IMR Volume 48, Number 1 (Spring 2014).

E. R. Moses, G. E. Simpon, and J. M. Yinger, "Racial and Cultural Minorities: An Analysis of Prejudice and Discrimination," *Journal of Negro History*, 38, 3 (1953).

Frank N. Pieke, *Transnational Chinese: Fujianese Migrants in Eruope*, Stanford University Press, 2004.

Frank N. Pieke, "Recent Trends in Chinese Migration to Europe: Fujianese Migration in Perspective," Swizerland: IOM Migration Research Series, Vol. 6, 2002.

Fredrik Barth, *Ethnic Groups and Boundaries: The Social Organization of Culture Difference*, Boston, MA: Little Brown, 1969.

G. Ritzer, *Sociological Theory*, New York: McGraw – Hill Companies, 1996.

H. A. Simon, "A Behavioral Model of Rational Choice," *The Quarterly Journal of Economics*, Volume 69, Issue 1, 1955.

H. James, *The End of Globalization: Lessons from the Great Depression*, Harvard University Press, 2001.

J. M. Yinger, "Intersecting Strands in the Theorisation of Race and Ethnic Relations", in John Rex and David Mason (eds.), *Therories of Race and Ethic Relations*, New York: Cambridge University Press, 1986.

J. Small, "The Dynamics of Return Migration," *The Caribbean Journal of Social Work*, Vol. 4, 2005.

J. S. Coleman, *Foundations of Social Theory*, Cambridge, MA: Belknap Press of Harvard University Press, 1990.

K. Scott, "Bounded Rationality and Social Norms: Concluding Comment," *Journal of Institutional and Theoretical Economics*, 150 (1994).

Linda Human, *The Chinese People of South Africa*, Pretoria: Unisa Press, 1984.

Lodene Willemse, "The Role of Economic Factors and Guanxi Networks in the Success of Chinese Shops in Johannesburg," *South Africa*, *Urban Forum* 25 (2014).

L. Ripley Smith, "Intercultural Network Theory: A Cross – paradigmatic Approach to Acculturation," *International Journal of Intercultural Relations*, 23, 4 (1999).

Madeline Yuan – yin Hsu, *Dreaming of Gold*, *Dreaming of Home*: *Transnationalism and Migration between the United States and South China*, 1882 – 1943, Stanford: Stanford University Press, 2000.

Melanie Yap and Dianne Leong Man, *Colour*, *Confusion and Concession*: *The History of the Chinese in South Africa*, Hong Kong University Press, 1996.

Michael Piore, *Internal Labor Markets and Manpower Analysis*, Lexington, MA: D. C. Heath, 1971.

M. Hechter, S. Kanazawa, "Sociological Rational Choice Theory," *Annual Review of Sociology*, 23, 1 (1997).

N. Sussan, "Testing the Cultural Identity Model of the Cultural Transition Cycle: Sojoumer's Return Home," *International Journal of Intercultural Relations*, 26, 4 (2002).

Nina Glick Schiller, Linda Basch, Cristina Szanton Blanc, "From Immigrant to Transmigrant: Theorizing Transnational Migration," *Anthropological*

Quarterly, 68, 1 (1995).

Philip Harrison, Khangelani Moyo, Yan Yang, "Strategy and Tactics: Chinese Immigrants and Diasporic Spaces in Johannesburg, South Africa," *Journal of Southern African Studies*, Volume 38, Number 4, December 2012.

P. G. Campbell, *Chinese Coolie Emigration to Countries within the British Empire*, London: P. S. King & Son, 1923.

Stephan Thernstrom et al. (eds.), *Harvard Encyclopedia of American Ethnic Groups*, Cambridge, MA: The Belknap Press of Harvard University Press, 1980.

Thomas Faist, *The Volume and Dynamics of International Migration and Transnational Social Spaces*, Oxford: Oxford University Press, 2000.

Tu T. Huynh, Yoon Jung Park, Anna Ying Chen, "Faces of China: New Chinese Migrants in South Africa, 1980s to Present," *African and Asian Studies*, 9 (2010).

T. Bailey, R. Waldinger, "Primary, Secondary, and Enclave Labor Markets: A Training System Approach," *American Sociological Review*, 56, 4 (1991).

T. Tsuda, *Strangers in the Ethnic Homeland: Japanese Brazilian Returns Migration in Transnational Perspective*, New York: Columbia University Press, 2003.

Yen Ching – Hwang, *Coolies and Mandarins: China's Protection of Overseas Chinese during the Late Ch'ing Period (1851 – 1911)*, Kent Ridge: Singapore University Press, 1985.

Yoon Jung Park, *A Matter of Honour: Being Chinese in South Africa*, Jacana Media (Pty) Ltd., 2008.

Yoon Jung Park, "Chinese Migration in Africa," *Saiia Occasional Paper* Number 24, January 2009.

Yoon Jung Park, "The Chinese Diaspora in Africa: An Introduction," *The China Monitor* (July 2010).

Zai Liang and Bo Zhou, "The Rise of Market – Based Job Search Institutions and Job Niches for Low – Skilled Chinese Immigrants," *The Russell Sage Foundation Journal of the Social Sciences*, 2018.

附录　部分访谈资料

（一）2014年8月16日福建省福清市江镇访谈

访谈对象：

严先生，江镇人，经营商店，代理销售机票。

小林，公务员，从2006年起在江镇工作。

严太太，与严凯一起做生意。

老严，江镇人，在南非做生意5年，因老婆生孩子（第二胎）回国，在南非约翰内斯堡附近小镇经商。

林书记，江镇高村支部书记。

1. 严先生：南非最大的问题是治安问题。我们江镇去南非的人非常多。

我们福清人到南非的机票一般是从香港中转，再飞到约堡①，如果要去开普敦就从约堡再转飞过去。新加坡有直飞开普敦的航班，但我们一般不推荐客人这样走，因为新加坡航班比较贵。现在从香港到约堡往返机票9000多元吧，现在是旅游旺季，所以比较贵。淡季的时候往返只要6000多元就可以了，每年10月开始算是淡季吧，现在是暑期旺季。南非世界杯期间机票更贵，而且不好买。新加坡飞开普敦，单程要五六千元。

南非现在其实很难合法过去，中国人办签证很麻烦，需要过境签证。现在有江镇人开始从新加坡那条航线去南非了，因为约堡要办过境签证。

---

① 在口语中，约翰内斯堡简称"约堡"。

福清的 SS、HL、YX 等乡镇都有人去南非，但总数不会太多，主要还是江镇人去得比较多。山镇很多人去俄罗斯。南非的福建同乡会会长是江镇人，阿根廷的福建同乡会会长好像也是江镇人。江镇人去南非是最多的，也最厉害。

现在去非洲其他国家从南非走的不多，从肯尼亚走的比较多，因为南非过境签很麻烦。一般来说，江镇人去南非合法签证的很少，一般是从莱索托等周边国家过去。

现在江镇人去阿根廷、南非都不好签证，阿根廷基本对江镇人停签。

我们这边最早去南非的是在 2002 年前后，我姐夫就是在那个时候去南非的。现在他还在那边，我家很多亲戚都在那边。他们生意都做得不错。近些年生意不好做，南非那边的治安不好。

约堡治安最不好，是全世界的犯罪天堂，开普敦相对会好一点。

你如果去南非那边做访谈，一般人不愿意接受你的采访。特别是你要采访那些有些钱的人，他们一般不愿意接受，怕露财。当然，那边很多事情也都是华人自己搞自己的。

去南非，包括机票，花两万五六千元就可以了（含签证）。去美国至少要 50 万元。江镇人对去美国、日本、英国不感兴趣。现在去日本赚不到钱了，前几年还有人去英国，但英国现在也抓得很紧了。

现在江镇人主要是往第三世界走，往发展中国家、落后国家去。这样的国家发展机会多。我们这里的大学生毕业后都去南非。家乡这里没什么好发展的，就过去了。

我们这边比较搞笑的是，相亲都是靠"视频"相亲的，看好了就直接过去了。女孩子一般 20 岁左右就结婚了，"嫁鸡随鸡"，一般都跟着丈夫去国外做生意了。看满意就过去了。当然，前提是家人介绍的，对方的底细还是有了解过的。"家庭看家庭，小孩子看小孩子的。"

没结婚的女孩子出国工作的不多，除非是父母在外面做生意，跟着父母在外面。

一般人都拿得到非洲国家的居留证。我那些亲戚都有居留证啊，包括在南非的都有居留证。

南非那边是犯罪天堂，当然，抢劫很多，人身伤害还是比较少的，除非你反抗，不反抗的话，一般是"谋财不害命"。

华人在南非到晚上都是几重门关起来，大家都不敢出去。

江镇人去那边也是没办法的，虽然说风险很大，但应该说风险跟收益是成正比的。

我以前也有出国啊，去过苏丹。苏丹那个国家有内乱。我去了8个月后回来。

我的机票店，一个月可以卖几十张到非洲的机票，多的时候一个月可以卖一两百张。

机票市场我们江镇很成熟。有时候你到北京去买，想买到非洲小国的机票，他们不一定有。但我们知道，你路线该怎么走，哪种票最便宜。除了江镇，福清其他地方，还有周边的平潭、莆田、长乐，都有顾客打电话过来问我怎么去非洲。我们这边市场成熟，很多人来这里买。基本上每条去非洲的线路我都知道。现在比较多的是去喀麦隆的票。总体来说，我们这里的票按照人流量来说，南非、阿根廷、俄罗斯是最多的。

2. 小林：江镇这个地方的人以前都是去日本，现在都是去南非。以前去日本是去打工，现在去南非是经商。

江镇人早婚，一般十七八岁就结婚了，然后出国去。

江镇半岛地处福清市区和莆田市之间，离这两个市中心比较远，所以这个地方物价很高。在镇中心，好的店面一个月租金都要200元1平方米，非常贵。这里物价高主要也是因为侨汇多了，出国的人多了，大家赚了钱自然就回来花了。如果从消费能力来说，江镇的消费能力还是很强的。

你别看江镇人的房子都盖得很大、很漂亮，有的人是真有钱，但有的人其实是借钱来盖房子的。他们盖房子一方面是为了名声，另一方面也是为了融资。因为这里的人都是做生意的，所以资本很重要啊。如果你有座房子，别人会觉得你有赚到钱，也就比较愿意借钱给你，至少房子可以做担保呀，所以大家都拼命盖大房子。盖个房子也许花100万元，但你可以分别找不同的人借钱，跟人家说我有房子可以抵押呀，房子值100万元。借钱的人看到你的房子，心想至少你的房子跑不掉呀，也比较放心借。有的人盖房子借了几十万元，然后房子盖好以后可以再借个两三百万元。这不像找银行借钱，要拿产权证抵押，熟人哪里知道你也向其他人借钱了呀？同样一幢房子抵押，可以借个两三倍的钱。

3. 严太太：我们这里很多大学毕业生去南非。我一个侄儿，2005年从武汉的大学毕业，在百事可乐公司工作了一年多，没赚到什么钱，受不了，也跑去南非发展了。在国内企业工作的收入实在太低了。

以前出去的很多是没有读书的人，现在很多高学历人才也出去了。

去南非回来的人不是很多，但也有人没赚到钱。我堂姐一家四口去南非两年就回来了。他们在那边两年，说是不亏不赚，等于说在南非浪费了两年时间。

我另外一个堂姐，去南非几年，连回家的钱都没有了。一般中国人去南非，都是找自己人买店面，卖主都会说"我这个店生意很好"什么的，因为是熟人，刚去的人也会相信。结果把店买下来以后才发现那个地点不好，或者生意不好做呀什么的。唉，到了国外，也都是中国人骗中国人，具体说，是自己人骗自己人（亲戚骗亲戚）。我堂姐好不容易回来过年一趟，还得我伯父拿几千元给她。生意没成功，还背了一身债。所以，去南非，钱也不好赚，不见得每个人都能赚到钱回来。

4. 老严：我是 2005 年去南非，今年是第一次回来。过几天准备再回去。我老婆跟我一起过去的。我在南非开电器店、服装店，店在约堡附近。约堡市中心治安比较乱一些。中国商城有保安，约堡有香港城、印度城等，那里面会雇用一些保安。但我们开店是在乡下，在约堡更里面的地方，没有请保安。我的店有请几个当地人，因为当地人对中国人不是很信任，所以我也请了几个当地人，他们帮忙收钱。我的店的顾客主要是黑人，因为白人一般都很有钱，而我们中国商品一般是比较低档的，白人不喜欢。

南非贫富差距很大，有钱的人很有钱，没钱的真的很穷。南非那边矿产很多，还有很多农场主也很富裕。那边地很多，人很少。我雇用的黑人有南非人，也有其他国家的人。他们（黑人员工）还好吧。他们工资 1000 兰特左右。黑人其实头脑比较简单，比较好相处，没有像中国人那样的花花肠子，他们的生活也过得很简单。头脑简单，生活简单。华人在那边做生意都有请黑人，黑人比较便宜，中国人比较贵。请个中国人看店一个月要四五千兰特。

江镇人在南非主要是开店，很少人在那边打工。江镇人不仅在约堡，整个南非都有江镇人，反正有黑人的地方基本有中国人。中国人就是跟黑人做生意的。白人本来就不多，卖给他们的东西比较少，有些服装店可能

会面向他们。中国人刚开始一般是做服装生意，但现在慢慢地做什么的都
有了。台湾同胞在南非发展的时间比较久，有些人在做房地产。

江镇人去南非有十几年了吧，可能是从 1998 年、1999 年那个时候开
始去的。大家都是跟着自己人过去的。

我现在在那边很习惯了。我的小孩 5 岁，待在国内。我不会带小孩过
去，那边那么乱。我当时是跟我姐夫过去的，刚去的时候在他们店里帮忙
了四五个月，后来就自己找店面了。

那边跟黑人都是讲英语的，南非过去是英国的殖民地，所以那边的人
都讲英语。他们的口音跟正宗的英国发音有点差别，有几个发音不太一
样，但交流基本没问题。我在出国前不会英语，是去南非才学的，待得时
间长了，天天都在交流，你不会也得会啊。

平时跟江镇人来往还比较多，因为周末休息没什么事情干。我在南非
没有买房子，租了一幢别墅住，一年租金 2 万多（兰特）。有的老乡没有
租房子，就直接住在店里面。南非的生活成本比较高，那里的物价跟我们
国内相比，可能要高一倍吧。

国外的钱肯定比国内好赚。南非那边的人头脑比较简单，所以钱比较
好赚。

南非的政府比较腐败。黑人头脑很简单。

我们拿货是去商城、批发城拿货，我是专门做零售的。批发城的货，
如果是电器，很多是广东、浙江生产的。在南非那边卖的东西都是比较便
宜的。

黑人有钱就花，比如说拿了工资吧，月头大手大脚花，等月中的时
候，算一算留点钱撑到月底，然后都花光了。黑人没地方借钱，大家都不
敢借钱给他们，因为借了就没了，他们都不还。他们都是有钱就花。

南非很多地方我也有去玩过，比如说开普敦、德班，都有去。

南非如果治安不乱的话，其实比我们中国还文明。比如说，他们等公
交车都是排队的，做什么事情都排队，黑人也一样。比如说开车，他们就
不会乱拐弯，没有闯红灯的现象。

南非很多人没工作了会游行示威，他们那个地方有游行的权利。南非
的人连海关的工作人员都罢工，说工资太低了什么的，这样会导致我们中
国的货进不去。反正那边的人就是会罢工。

南非的江镇人特别多。江镇人一般是家族式经营，都是家人带出去的。

现在也有很多中国年轻人在那边念书，很多上海人、北京人在那边念书。

黑人喜欢抢劫中国人有几个原因：一是华人有钱，二是华人怕死。有钱的人当然怕死了。像那些黑人，他们没有钱，而且又不怕死，黑人平均寿命才四五十岁，他们得艾滋病的很多，因为他们生活方式比较随便，所以传染很快。他们即使碰到持枪抢劫，也不怕死。中国人就不一样了，很怕死，碰到抢劫的就说你爱拿什么就拿什么。很多华人在南非被抢劫过，包括我都被抢劫了两三次。有的人在店里被抢，有的人在路上被抢，有的人在家里被抢。

我们也有枪，但很少拿出来，我们没有持枪证。持枪证也是要考的。

我有一次被抢是在白天的时候，刚刚开店不久。那里有个作息习惯，早上 8 点半开门，下午 5 点就关门。我那次也是早上 8 点半开门，开门不久就有两个黑人进来说要买 DVD，我拿出来给他们试用一下，他们就说要钱。

还有一次是在我姐那里，那天是星期天，我带了 6 个人过去，我姐那边 5 个人，一共是 11 个人。那时候是晚上 8 点，没有开店，我们一把门打开，就有人拿着枪顶着我的脑袋了。那次被抢了几千（兰特）现金。一般黑人抢劫都是要钱的，当然，也有拿货的。拿货的都是白天的时候来抢劫，一般是在星期天，有的（华人）也会开店，黑人就过来抢。

我们那次是 11 个人被 5 个人抢，他们每个人手上都有枪。

被抢的时候一定要镇定，反正不反抗就行，破财消灾嘛。黑人一般不开枪，但是如果没抢到东西，恼羞成怒了，也会开枪。

有个华人被抢劫的时候，他以为人都走了，手里拿了一把气枪去店门口看看情况。结果后面还有个殿后的人没走，一看到店老板拿枪了，他就一枪先干过去了。在南非，如果有人进去抢劫，店主开枪杀人，也不用负什么责任。但前提是你的枪是有合法手续的。当然，有些中国人的枪没有合法手续，他们就跟警察说那是黑人的枪。他们也不知道是谁的枪。

在南非确实不容易，黑人不怕警察，不怕报警。他们抢劫时连脸都不蒙一下，南非政府处理不了。

有的中国人有请保安，有的没请。其实正常情况下没有那么乱。每个人一年才被抢一两次，这不算多。请保安不划算。再说有的保安也不可靠。

中国城那里有请保安，他们请的保安比较可靠，但我们私人去请的那就不一定了。搞不好被保安抢劫了都不一定，所以请保安也不一定安全，很多人不请保安。

南非的车很便宜。奔驰九成新也就 10 万多兰特。很多华人是开奔驰的，特别是做生意的。开奔驰不是为了高调，而是万一碰到抢劫了，别的车跑不快。我开的也是奔驰。很多抢劫的人开奔驰，奔驰对奔驰，就不一定追得上。很多华人买宝马 X5，那个车跑得很快，很结实，而且不怕撞。这样的车二手的也就十来万兰特，全新的要四五十万兰特吧。南非当地的制造业不发达，他们不生产汽车，也不保护（关税），所以那边都是进口车。

南非的华人除了福建人（主要是福清人），还有很多上海人、浙江人，东北人也有，但不多。主要还是福清人多。

南非最大的问题是治安问题，警察有时候也会敲诈。在开车出去的时候碰到警察就会被敲诈，因为很多中国人没有驾照，这样警察就会找他们要钱。碰到好的警察，他们就要个二三十兰特，坏的警察，要两三百兰特的也有。当然，也有好的警察。有一次我开车被警察碰到了，当时我车上有 6 万兰特，南非有规定你带的现金不能超过 1 万兰特。我当时是要去订货。

华人喜欢现金交易是因为银行更乱。你去银行存钱，黑人守在门口，岂不是死定了？所以银行更不安全。如果要寄钱回国内，倒是可以去银行那边。存钱还相对安全一点，谁知道你存多少钱？有多少钱？但取钱就不一样了，很危险。

香港城去年（2013 年）国际刑警（飞虎队）派了很多人过去，专门去那边打击抢劫的。只要有人无故靠近商城，他们就开枪，不管是谁。那一段时间香港城比较安全。现在就停了两三辆国际刑警的车在香港城附近。

我曾经亲眼看见在高速路上两辆小货车围堵一辆银行运钞车，把运钞车堵死了，然后一辆小车从后面过来，上面的人都拿着冲锋枪（AK47），抢完钱后扔一个炸弹走人。后面跟着很多车，大家都不敢动。

　　这种事情见多了也就习惯了，现在都不会害怕了。我在去南非之前就知道这种情况了。那边的生活过得也简单，就上班下班，很简单。正常情况下也没那么多抢劫。如果碰到抢劫了，就给他东西。一般不反抗就没什么事。

　　开普敦是旅游区，那边的治安比较好，一般不会有抢劫的，有的人在那边开店，晚上都没约堡那么早关门。

　　南非的生活很简单，没有夜生活。晚上五点半下班以后，连买东西都没地方买，除了酒吧和赌场，其他店都关门了，酒吧里面都是黑人。我们在那边天天都在看 DVD，聊天，喝酒。所以说生活很简单。回国后反倒不习惯。

　　我当时是经过莫桑比克去南非的，当时花了 2 万多元过去。现在去南非，可能更便宜。这种方式算偷渡。

　　如果现在去阿根廷、俄罗斯会更贵，去阿根廷要花十几万元，去俄罗斯可能便宜一些吧。

　　在南非，如果碰到小偷，他们什么人都会偷。如果是抢劫的，一般是事先计划好的，他们会先花十几天时间来盯，看看有没有钱，观察一下作息规律，都是有目的的。不然他们哪里能抢到钱啊？

　　约堡是空城，晚上都没人。大家都住在乡下。南非人每周都开 party，喝酒玩乐。

　　我跟白人接触很少。黑人比较少抢劫白人，白人比较凶悍，而且他们大多数有枪。而华人很多人没有持枪证。

　　白人做农场、矿产的比较多。

　　非洲人办事效率很低，因为他们生活很悠闲，无忧无虑的，每个人都不赶。黑人看病不用钱，上学不用钱，他们只有吃饭要钱。

　　南非高速公路都不收费，除非跨省，会收 5 兰特。

　　江镇有七八万人在南非。我们那边有同乡会。

　　福建同乡会总部在约堡，会长是宏路人。在南非，如果有中国领导人过去，我们要去参加欢迎仪式是很容易的。

　　我外甥女、侄女都在南非。外甥女是结婚后过去的。

　　在南非赚钱比较快一点。在南非，开个小店一年能赚个十几万元吧。

如果开超市，赚的钱就更多了。

在南非，开店很容易，只要你能找到店面就可以开店了。在南非，注册一家公司是很容易的。至于交税，你可以不交税的。请个会计师过来做账就可以了，叫他做成"亏损"就可以了。会计师，白人、黑人、中国人都有，我们一般请的是中国人。因为中国人比较好交流，黑人头脑比较简单，你叫他怎么做账他不一定会听你的，但中国人就不一样了，比较灵活。反正跟会计师说"没钱赚，就是没钱赚"。如果他非要说你有盈利，你就说是有盈利啊，但那是我个人的工资啊，比如说我每个月自己的工资2000或3000兰特，这总不能叫我再交税吧？税务局一般不会查的，查也没办法呀。

一般带十几万兰特去南非就可以开店了。

福建三明也有人在南非，他们主要是打工；福清人一般是开店当老板。

我外甥在莫桑比克做批发生意，还有很多福清人在坦桑尼亚、尼日利亚、马达加斯加等地。从治安的角度来说，南非是最乱的，约堡是"罪恶之城"嘛。福清人遍布南非各地，在其他非洲国家的也很多。

江镇人出国的一直都很多，以前主要是去英国、日本。现在到非洲、阿根廷越来越多了。长乐人也有在南非办砖厂的，砖是用来盖房子的，也很赚钱。

我们家族的人基本在南非。回国当然有盖房子了。我们江镇人就是这样子，都要回来盖房子的，家里都是老人小孩。

福清人一般是夫妻档。去南非，夫妻一起过去比较好。以前那样（夫妻两地分居）很苦啊。

在南非，生活过得比较简单，不需要赶时间，在那边每天做事情都是慢慢来。即使碰到有人问路，他们都会停下来告诉你，如果还不认路他们甚至会画地图给你。在福清这边如果要问路就没那么轻松了，大家好像都很赶。或者直接回答说"不知道！"南非人比较热情，生活水平比这里高。

5. 林书记：我们村人口有2800人左右吧，可能有六七百人在南非。我们村1992年前后就有人去南非了，应该算是江镇这一带比较早的了。

我也有去外面务工的经历，去澳门打工了七年回来，1997年回来的。

我们村最早怎么去南非的我不知道，反正有一家三兄弟一起去南非的。刚开始几年是做劳务的。以前去南非要花一两万元吧，现在应该是两万多元。我们这里的人都是亲戚带出去的，在南非主要开服装店，还有很多人开酒吧。那边是很乱，但比较有钱赚啊。在南非，店搞得好一点一年赚几十万元。现在去南非开店也要有几十万元的本钱吧，做得好基本一年可以回本。我弟弟以前也在南非，他去那边五六年了。我弟弟是跟他岳父出去的。其实我们全村每家都有人在南非，大家出去都有认识的亲戚。我弟弟这么多年只回来一次。

我们村里除了去南非的，还有去匈牙利的，一般都是在做生意。我们村的人很少去打工的。不过去这些国家的人不多，也就十几个吧，还有几十个在英国。现在去英国要花几十万元，有几十万元还不如拿去南非开个店。去南非赚的钱不会比英国少，特别是现在英镑贬值，就更不值钱了，去英国赚得不多当然都不去了。还有几十个人在阿根廷，在阿根廷开店的成本比较高，当然，那边的治安也比南非好一些。

我们村有个人在南非开酒吧，碰到被抢劫的时候他拿棍子反抗，结果被杀了，对方拿的是枪呀。其实他当时店里只有三四千兰特现金，一般只要把钱给他们（抢劫的人）就没事了。不能反抗。

凶杀案对这里的影响？如果害怕了，大家就会回家了。回家以后没事干，没地方赚钱了，就会再想着出去。我们这边的人都是这样的。回来钱不好赚呀。反正陆陆续续都有人出去，一直也有人回来。

我们这里考大学的人不多，这几年考大学的人只有几个。这里读书氛围不浓厚，大家都想着出去赚钱。这里的孩子，不念书就直接出去了，有的连初中都没毕业。一般孩子20岁左右就结婚出去了。

村里现在主要是老人、小孩。现在村干部很难培养，我以前在澳门打工，也是镇长叫我回来的，村里没人呀。我们村主要是靠养殖承包，承包滩涂，一般也是由本地人承包的。

我们村的人在南非主要是开超市。在南非做生意的人一年赚一两百万元也没什么稀奇。

在我们村，要借钱做生意相对容易一些。只要你平时信誉好一些，借钱不难，一般是"一分二"利息。做生意总是需要些资金的，大家一般都会帮忙。

小孩一般初中毕业就开始想办法出国了。有这个环境嘛，出国是自然而然的事情，他们在国内能干什么？

我们这边结婚，一般人家聘金是十几万元，有钱人家多拿，没钱的人少一些，一般是 15 万元左右。嫁女儿的，给女儿的嫁妆一般比男方拿的聘金还要多。我们这边嫁女儿都是亏本的。

我们现在常住人口有 1000 多人，小学生有三四百人。

这边超生很多，根本管不了，比如说他们在南非生孩子抱回来，我们有什么办法？怎么罚款？所以现在都管不了。大人都在外面，小孩在家里，小孩要来上户口也只能让他们上了，能怎么办？一般家庭都有两个以上小孩。特别是在南非做生意的，风险那么大，不多生小孩怎么行？

一般在南非做生意的人，都把未成年的小孩放在国内养，等长大了再出去帮忙。很少有人把小孩带到国外去。

去南非办签证，一般 2 万多元就够了。

春节会有很多人从南非回来，平时比较少，如果要找的话也能找到几个吧。平时回来的人有的是带钱回来，有的是家里有事情回来，有的是回来玩几天。主要还是春节回来的人会比较多。

（二）2014 年 8 月 25 日福建省福清市山镇访谈

访谈对象：

林副镇长，2006 年开始在山镇工作，其姐夫在南非拥有一家加油站，是南非某联谊会副会长。

张书记，山镇 TB 村支部书记，全村 1300 多人口，有 200 多人在南非。

小张，1985 年生，2009 年前往南非，与哥哥一起在南非经营 3 家超市。

1. 林副镇长：山镇的人以前主要是去日本、英国打工，现在出国的人比较少了，现在出国也不好赚呀，跟以前不一样。

现在出去靠打工要赚钱就没那么容易了，比如去日本打工，一年赚十几万元，扣除掉各种费用就没剩多少钱回来了。如果只是赚十来万元，在国内随便做点事情，也能赚这么多。所以现在山镇很少有人再出国去打工了。以前是头脑比较灵活的人出国，现在是能不出去就不出去，国内也有很多赚钱机会。

福清人的地域观念就是有钱了就要盖房子，所以房子都很大很漂亮。其次是娶媳妇。反正钱都花在这两件事上面了。

福清的有钱人，很早就结婚，如果没有读大学，一般20岁就结婚了。大家现在也都是讲门当户对，有钱人找有钱人，十几岁就很多人在问亲了。像我一个侄儿，家里人在广西做高速公路工程，身家丰厚，19岁就结婚了。

我姐夫在南非经营一个加油站，他现在还是福建同乡会副会长呢。在南非赚了钱以后，大家都想着回国来做点投资。福清人在外面都是这个观念，特别是在南非，赚钱很辛苦又不安全，所以赚钱以后都想着回国做点实业。

在南非做个加油站起码要投资几十万、上百万元，很多福清人在南非做加油站生意，包括江镇人也是这样。

现在国内大学毕业生就业不好，很多人毕业了就等于失业，还不如早点出来做事情。很多福清人就是这样，早早就出来跟家人学做生意。

有的孩子在家里很调皮，爸爸妈妈管、爷爷奶奶宠的，都不愿意认真做事情，但一到国外就不一样了，都很拼。

2. 张书记：我们村很小，就1000多人口，有200多人在南非。都是整个家庭、整个家族在南非的。最早的是1992年前后去南非的。刚开始去的人真的很苦。你这次来得不巧，十几天前村里有个人回来，他算是去南非的"老革命"了。春节回来的人比较多，春节在圣诞节后面，是南非生意淡季。

去南非的人开始都是开店做小生意，现在时间长了就开始转行了，转加油站什么的。

小张是1985年出生的，现在在南非已经有3家超市了，算是做得很不错的。

现在很多年轻人"视频相亲"，那也是没办法的，在南非做生意都要自己管理，回来一趟也不容易，只好用这种办法了。反正很多也是大人帮忙看好的，小孩看了觉得还不错就可以了。

我们福清很多年轻人，在家里的时候不一定多上进，但出国后就不一样了，出国以后就很有拼搏精神。小张就是这样子的，一个孩子出去闯荡，现在也做得很不错。

很多孩子没出国的时候觉得自己在国内没事情做，懒懒散散到处玩，出国后就像变了个人。环境可以改变一个人。

我们村在海外的人口，如果从民国时期算起，比我们现在全村的人口还多。他们大多在日本、马来西亚。我们村老龄化很严重，老年人口比例很大，有百分之十几。

在国内开个店买辆车多难！现在小张才多大，去南非才多长时间，就有几辆车、几家店了，多厉害啊！

福清人就是喜欢盖房子，大家喜欢攀比，你盖了个五层的，我就要盖个六层的比你高，后来就盖八层、九层楼。从房子来看，福清这边的房子算是非常好了，估计在全国都排得上号，最可惜的就是没规划好。还有，这些房子白天看很好看，晚上看就不好看了，只有一楼、二楼有灯光，大部分是黑漆漆的。

我们村这两年盖了很多房子，我都数不清有多少了。宅基地早就不批了，但又没什么具体文件，怎么去阻止人家盖房子？

3. 小张：我是 2009 年 10 月去南非的。刚去的时候在我表哥店里帮忙，学习语言、做生意，我表哥在南非自由州省做水果批发，离约堡大概 300 公里。后来我去东开普敦自立门户了（离开普敦几百公里），开几家超市，主要卖一些中国杂货。去的时候带了三十几万元的启动资金，现在跟我哥有 3 家超市。

我现在还谈不上成功，只能说刚起步不久。我去南非 5 年了，但学这个学那个（语言、经商等）花了不少时间。

刚去南非的人大部分是做服装店，做服装店的人可能有 80% 以上。我刚开始是给别人打工。我属于后起的，别人在南非都是买店面什么的。

我还没结婚，江镇人比较早结婚。现在很多人"视频相亲"，回来一次不容易啊。要回来当然很容易，买张机票就可以了。可是南非那边的移民局查得很严，经常要找人麻烦，所以大家也不轻易回来。

我刚开始也不是直接去南非的，是通过其他国家转过去的。福清人直接签到南非的很少。现在我已经有工作签证了，出入比较方便。

我有两次亲眼见到抢劫，但自己还没遇到过，算是比较幸运的了。

我哥以前在日本，现在也去南非了，跟我一起开超市。他以前是通过留学方式去日本，后来觉得南非机会比较多，就和我一起做生意了。

我3家店里一共请了10个黑人员工，主要是女工，因为是超市嘛，女工比较会整理货物。黑人员工工资最高的是周薪450兰特。黑人员工不好管理，稍有不满意，他们就会跑到工会那边去告状。劳工部在南非权力很大。我们是外国人，他们多多少少会歧视我们，哪怕我们是对的，我们也要花点钱赔给这些工人。请个福清老乡帮忙看店，每个月要四五千兰特。

南非本地人要是有份正规的工作，收入也非常高，每个月也能有一两万兰特。南非人念大学可以直接向银行贷款。

一般黑人的受教育程度大概相当于我们初中毕业吧。我们雇用的人一般也不需要受教育程度多高的，因为工作很简单，也就是补货、打扫卫生这样的工作，没有什么复杂的事情要他们做。

南非的贫民窟很多，像我雇用的那些人，他们也是住在贫民窟里面。

我的顾客群体主要是白人和有色人，也就是我们常说的混血儿。我的店是在中产阶级社区，治安相对比较好；租的房子是独立的别墅。我爸妈经常打电话问我在那边吃得好不好，我就跟他们说："我的冰箱里每天都有鱼虾、鲍鱼，你们有吗？"南非海鲜很便宜。鲍鱼都很大个，不是我们这里的那种小鲍鱼。

南非的环境保护得非常好，到那边你会很吃惊的。我一个朋友在瑞士，他发了一些照片给我，风景跟南非差不多。我们中国比较喜欢报道南非的治安问题，对他们的自然环境关注得太少了。其实我住的那个地方治安比福清好多了。南非比较乱的也就几个地方。

我没有买枪，有枪更危险。反正如果碰到抢劫，把东西给他们就是了。说实话，有枪他们（南非人）可以杀人，但是我们不敢。

我在南非有四辆车，两辆是"巴基"（音译），一辆是面包车，还有一辆是宝马，不过宝马出车祸已经报废了。南非的车很便宜，我的宝马当时才花6万兰特买的。全新的奥迪Q7也就是七八十万兰特，比我们中国便宜多了。南非人每家每户都有很多车。前段时间还有个华侨买了辆兰博基尼，大概花了200万兰特吧，这个价格跟我们国内比还是便宜了很多。

我平时都自己进货，要去几百公里之外。在南非做生意，肯定要自己去进货。

南非那边赌博很厉害，赌场在南非是合法的，我们中国人在赌场里面算是很重要的一个客户群体，在里面玩的输赢是一个晚上一两百万兰特。

赌场里面消费可以积分，这些积分可以用来住宿、吃饭、消费等，很多中国人很喜欢这个。

我的娱乐生活主要是钓鱼、烧烤，去酒吧里面喝酒。我的朋友中有一些本地人，比较少黑人。跟黑人谈不上朋友，跟黑人交往不能投入感情，黑人很无情的，说翻脸就翻脸，说不定什么时候就"捅你一刀"，出卖你。黑人在我看来惰性已经深入骨子里了，已经没救了。不然那么富裕的地方，他们怎么会那么穷？

两年前津巴布韦要求把白人赶出去，农场由黑人来经营，结果津巴布韦很快就出现了通货膨胀，那些农场都荒废了。因为黑人不会管理，也不会做事情。

黑人的想法很奇怪，明明有买一包烟的钱，他们偏偏喜欢一根一根买，结果是要花两倍的钱才能买一包烟。我们中国人就不可能干这种事。

从生活的角度来说，我还是很喜欢南非，气候很好，生活了几年，也很习惯。既然投资在南非了，什么时候会收手也不好说，跟着形势走吧。要加入南非的国籍跟其他国家比不算难。这次回去南非后我打算先申请永久居住权，以后再申请那边的国籍。我打算办投资移民，在南非有30万美元就可以办投资移民了。

在中国我经常泡网吧，到南非5年，也就陆陆续续泡过几次网。在南非上网，如果没有买流量，1MB就要2兰特，很贵。但是南非的网络很好，我用起来觉得比我们中国好。南非在四五年前就用3G网络了。

在南非人眼里，中国是很落后的。经常有南非人问我，是不是因为中国太落后了才跑去南非的。这跟媒体报道也有关系。中国人赚了钱都拿回来国内花，南非那边判断一个人是否有钱是看他的消费能力，我们中国人在南非消费能力不算强。南非人没有储蓄概念，他们有了钱就花。钱放在银行里没有利息，还要交管理费。存钱要交0.4%~1%的手续费。

我们中国人现在也开始到银行存钱了，因为那边的银行也开始推出一些免手续费的账户。如果是大笔的钱，很多人还是会拿去存的。也可以向银行申请白金卡之类的，这样就可以节省一些手续费。

以前华人喜欢携带现金是因为南非的银行账户管理非常严格，我们中国人很多刚过去的时候没有合法身份，不能去银行申请账户。有人拿了难民身份，也不能开账户。如果是小额存款的话，要交一些手续费。而且我们中国人赚钱比较辛苦，很多人不舍得交那些钱。现在比以前好很多了，很多中国人可以申请工作签证，这样就可以开账户了。

现在寄钱回来也有很多人从银行转，以前很多人从地下钱庄走。地下钱庄比较快，当天存钱当天就能到，比银行快多了。地下钱庄要求额度比较大，一般50万兰特以下的生意他们是不做的。

我们自己不会做账，我们一般请白人会计师来做。白人比中国人好一点，自觉一些，但也会偷税漏税。我们中国人一般是包给别人，比如说我一年给你多少钱，然后你包我没事。比如说一年给你5000兰特，那如果税务局来查的话你就要包我没事。这种做法是我们中国会计师行通常的做法。白人会计师行一般是我们告诉他们我要做多少钱的税，然后他会提醒我们说你这样做税务部门会怀疑，因为不太合理。

我们中国人在外面不露富，有钱就寄回来，哪怕是几天，也宁可寄回来再寄过去。在南非，如果你账户上的钱很多，他们（政府部门）就会来查你，看你有没有偷税漏税。

南非人比较憨直，头脑比较不会转弯。比如说他们去加油站加油，我们（中国人）怎么跟他算他都不会怀疑。比如给他加11兰特油，收他20兰特，他也不会发现，他根本就不会去看加了多少钱。

外国人根本不知道中国人到底是怎么想怎么赚钱的。南非那边小费很厉害，比如说加油站工人一个月工资3000兰特左右，但是加上小费一个月收入可以过万。南非人给小费，出手还是很阔绰的。

中国人比较相信自己人，不太相信外人。

印度人在南非很厉害，他们不像中国人赚了钱就往家里寄，他们是几代人都在那里投资，不断地把规模做大，所以很多印度人财力很雄厚。印度人是走长期路线，眼光比较长远，而且他们有英语语言优势。我们中国人很多是走短期路线，想赚一把就回来。印度人在南非比我们中国人厉害多了，他们要申请当地的ID也比我们中国人容易。

台湾地区也有很多人在南非办厂。

我卖的东西主要是从中国的批发商那边拿货。到中国城、香港城等地拿货。香港城的老板其实也是福清人，他现在生意已经做到刚果去了。刚果刚结束战乱，他就到那边去投资了一个炼钢厂。

江镇有很多人在南非。只要一个地方能赚钱，很多人就会跟着出去，如果赚不了钱，大家自然就不去了。

我们村像我这样的年轻人都在外面，我这次回来，根本找不到人玩。

我爸 20 世纪 80 年代时尝试出国，但是没成功，当时他想去日本。

现在出国都是找人代办，去南非也一样。我也是找人代办的，去南非很快。去南非（中介）赚的也很多，签证要 1000 多元，机票六七千元，而我们要花 3 万多元过去，这中间的钱都是中介赚走了。

从非洲其他国家进入南非，有的是旅游过境，有的是爬山过去，我当时用的是别人的身份证。黑人看我们的面孔，觉得我们长得都一样，就像我们看黑人一样。我当时是很大方地过去的，中介当时有交代，不要太紧张。有的人用的是假签证。

福清人要去非洲，快的话一个星期就可以走了。如果到正规的大使馆，还要面试、提供各种收入证明什么的，很麻烦，找中介就很快了，几天就可以了。

南非的钻石价格差比较大，好的品质跟我们这边差价可能会差一半，差的品质就差不多价格。钻石带太多也不行，会查的。

福清人在国外很热情，如果你到了国外，告诉大家你的身份，大家会很乐意接受你的访谈。甚至如果有时候你需要他们安排一下住宿什么的，这都没问题。福清人很热情好客的。

如果是白人、黑人学者去做访谈，比如说找你吧，你会接受访谈吗？应该也会，但肯定不会说那么多。我可能会说一点吧，我会说南非治安问题，其次就是歧视问题。我们在那边很受歧视，经常受到不公平的待遇。比如说我们去外面消费，他们对我们的服务跟对白人的态度就是不一样的。黑人好像有种叛逆心理，他们觉得中国人看不起他们，他们也反过来看不起中国人。他们被压迫几百年了，现在感觉就好像是老大，他们动不动就喜欢说"这是我们南非，不是中国！"还有警察也相对比较维护当地人利益。如果中国人跟黑人有矛盾，吃亏的肯定是中国人，黑人不管怎么着肯定不会吃亏。还有就是他们那里如果有什么事情就要上法庭，我们中国人会觉得很麻烦，经常会想花点钱解决问题。我们没那个时间和精力。一个是时间问题，另一个就是语言问题，我们会吃亏的。南非那边做事情效率非常低，我们做生意的人耗不起。

以前的人是赚了钱就拿回来盖房子，我不想这样，我还是希望能把事业再做大一点。什么时候结婚无所谓啦，这个不急。反倒是盖房子，我有点为难。盖矮的吧，比如说两三层楼又没有什么意义，楼层太低了风都被挡着，盖高了又没那么多人住，很浪费。福清人其实不会享受，房子都是外面豪华装修给别人看，里面都是很简单的，水泥粉刷一下而已，做做形象工程。

（三）2011 年 1 月 17 日陈秘书长访谈

访谈对象：

陈秘书长：南部非洲中华福建同乡总会（以下简称"福建会"）、南非华人警民合作中心（以下简称"警民中心"）秘书长。

陈秘书长：福建会的会员数很难统计，其实每个分会都有数据，我们总会的数据主要是理事会的名单。总会有 2800 多人，包括理事和会员。我们约堡地区有 600 多个人，这个有编册。其他周边地区的没有编册。一般在周边我们会设一下副会长，然后分会有一两百人。有的地区的人不愿意加入分会，他们直接加入总会，这也是可以的，我们下去就直接设个副会长或者副理事长。

我们总部加上分会加起来，具体数据会变化，因为总有人加入或退出，据统计我们有 13000 多人吧。夸纳省①、西北省人比较多，单单夸纳省就有 1300 多人。他们发了信息过来，但是我还没去更新。上次招了两个工作人员，英文还可以，但中文不过关，跟国内发函还不行。我们上次第七届也就是 2009 年 9 月底的时候有估算过，当时新的理事会、成员名单出来，就是 13871 人。这个数据我们当时公开发布的。

我当时推算一下，福建人在南非的，加入我们福建会的大概占 20% 的比例。因为新侨流动性比较强，所以变动比较大。但是每一届理事以上干部的名单还是比较准确的。分会有独立的财务、决策权，他们的会长是总会的副会长；分会的副会长是总会的理事。所以福建会的这种架构也算是一种开创性，跟其他省的同乡会不一样。我们以前叫"南非福建同乡总会"，2006 年 7 月我们变更为"南部非洲中华福建同乡总会"。我们的设想跟操作出入很大，原先我们是想在纳米比亚、博茨瓦纳、莱索托、津巴布

---

① "夸纳省"是夸祖鲁－纳塔尔省的简称。

韦、毛里求斯等国设立分会。

福建会也想培养一些人，不仅需要有文化能力，也需要有协调能力，如会员之间、副会长之间出现矛盾，秘书长就必须有这个能力去驾驭、处理。在国外这种会的性质是民间的，说难听点的，谁也不买谁的账。

其他同乡会，做得就没福建会这么好了，有的只有几个人，成立的时候拍一下照片，使领馆有活动去参加一下，就没了。使领馆应该规范一下社团。使领馆有几个职责，其中之一就是要带领社团为侨民服务。要提倡侨民提升自身的素质和修养，督促或者引导侨领去奉献、讲爱心，为乡亲、侨胞去做些事情。这些事情使领馆是完全可以做得到的。我也跟使领馆提过意见，虽然我也是警民中心秘书长，办公室那里有专人上班。下面有什么伤亡我也经常下去看，我们很多侨民在国内无法生存下去了，才背着一身债来到国外。希望能到国外来创造财富。有的人在（南非）乡下开店真的是无依无靠，语言沟通有障碍；其次就是资金不充足，有的甚至这里欠那里借，尤其是我们福建人，本来就是吃苦耐劳的。有的开店花了几十万、百来万，钱都是向亲戚朋友借来的，他们来南非，想的都是赚钱、还钱。南非这里规定商店里不能住人，但是没办法呀，租房子很贵呀，他们很不容易。但是国内有一些人渣，那些不务正业的人来这里敲诈勒索，看他们无依无靠的，今天敲诈三万明天勒索五万的。这些人从来没有廉耻之心，专门敲诈中国人。我认为我们警民中心、社团可以大有作为，我们不能只喊口号"和谐侨社、团结侨社"。

在南非华人社团注册的有 50 多个，真正运转的才 20 多个。这里没有淘汰机制，一些社团就搞个成立大会、就职典礼，然后宣布成立。有的人比较会弄就弄得场面漂亮点，不会弄的甚至连就职典礼都没有。所以我觉得南非侨界，靠一两个、两三个社团去做是做不起来的，而且如果使领馆不配合也是不可能的。

大概 70% 的社团侨领有加入警民中心。警民中心是为所有南非旅侨做实事，经费就必须靠这些侨领支持。可是有个别侨领不愿交钱，甚至不愿意加入。

警民中心入会每年交 12000 兰特，副主任每年 36000 兰特，每个月要交 3000 兰特。2004～2006 年，那是治安最不好的时候，华人每年被枪杀事件都在两位数以上。所以那时候李会长、姒会长等人就讨论成立这个警民中心，为华侨跟南非当地政府搭起一座桥梁，同时也为侨民服务。比如说车祸、枪杀、抢劫等，使领馆都应该出面协调。如果是属于内部事务，我们出面可以协调；如果是触犯到刑法，那就由警民中心出面。这个工作已经做了六七年了，但现在遇到一些问题没法突破。比如说有一些华人到南非来这里敲诈勒索，这些事情不仅没有办法得到遏制，反而恶化了。

有时候我一天会接到一二十个电话，要我们处理各种纠纷。比如说刚才接到那个电话后，我就要把双方叫到这边来，讲明利害关系，调解纠纷。把可能发生的恶性案件尽量把它压下去。因为我身兼多职，这种事情找福建会也行，找警民中心也行，都一样。这里涉及的主要是福清人，福清人的事情，有时候通过个人的影响来解决。我自己也是福清人。大家都是自己人，不要搞得关系那么僵化。像这个事件，只是吵吵架而已，还没有发展成刑事案件，那我们就要及时处理，不要让它发展成恶性案件。有的人会花钱雇凶，比如烧店，或者其他人身伤害。

如果警民中心功能做好了，每个社团都做好了，能给侨民带来一点安全感，也可以震慑犯罪分子。

福建会会长换人后，还能不能保持福建会的活力、影响力就很难说了。现在李会长有个人魅力，也很懂得做人，而且带头捐钱，做什么活动都可以起带头作用。比如说给灾区捐款，他说出 5 万元，大家就跟着上来了。所以做会长，首先要有一定的经济能力；其次也得有一定的驾驭能力，不能任人唯亲。虽然会长是核心，但也要懂得用人。把民心凝聚起来了，事情才好做。所以要有魄力、凝聚力，也要会用人。

我记得有个老板说，会长谁都会做。其实这句话不对。做个老板，关键是要会用人。每个成功的人都必须有个优秀的团队和好的管理机制，才能做大做强。

新的会长上来后，如果他魄力不够，运作能力不强，那下面做事情的人就很累了。福建会的运作方式跟其他社团不一样，其他社团规模很小，都是会长自己出钱；我们福建会每个人出多少钱，都是明文规定的。其他社团没办法建立这样的机制。所以一个会做得好不好，你就看它的财务状况是否健康。如果一个社团没有健康的财务，它就不是健康运作的社团。我们福建会每年印挂历、死伤补助、中秋春节活动等，开销在 100 万兰特以上，这就要靠大家的贡献了。而且我们福建会的活动都是固定的并且进入章程的。

现在我的两个店面都是我老婆在打理，我老婆很辛苦。福建会人多事也多，多得处理不过来。

我告诫乡亲，一定要跟当地黑人友好相处，一定要纳税，一定要遵纪守法。有的乡亲来到南非，连普通话都不会讲，素质也不是很高。我曾经提出建议，中国人要出国一定做些培训，要让出国的人知道他们该注意些什么事情。

警民中心每年都有各种案件的统计，其数据不完整，但范围是覆盖全侨界的。

跟南非当地人通婚的，主要是上海人和广东人，其他地方的人很少。因为感情结合在一起的，比较少。大多数是为了签证而"假结婚"。有的人在国内离过婚，如有的女性，在国内离婚了，来到南非想要发展事业，就想找当地人依靠。但这是错误的观念，这里的白人都很自私，婚后还实行财产独立。我上次认识一个人，跟当地白人结婚后生了一个女儿，她一个月只能拿3000兰特，她丈夫的其他事情都不让她过问。还有个女孩子，在南非这里读书，英文还不错，跟当地一个白人结婚，结果孩子生下来两个月后那个白人就跟她离婚了。很惨。

中国年轻人来这里跟当地人结婚的很少。一般是三十几岁的女人在国内离婚了，在南非这里找个50多岁的人结婚了。我们这里跨国婚姻还是很少，因为当地白人太不可靠了。不管是经济还是其他方面。我们福建人很现实，结婚不就是想找个依靠吗？跟当地人结婚，连钱都拿不到，婚姻能扛5年、10年的都很少。中国人跟韩国人、日本人结婚的概率还比较高，虽然也有离婚的，但概率不高。南非这里是西方人的生活方式和价值观，跟我们亚洲人差太多了。包括穿衣、吃饭、旅游、价值观，都很难融合到一起。而且讲难听点，白人很自私，唯我独尊，很有优越感，瞧不起其他肤色的人种。

我们中国人难以融入南非。即使我们想融入，也得看主流社会是否愿意接纳。如当地白人，也认为中国人来这里一段时间就会走了。在南非也出现过小范围的排华事件，有打砸过华人的店面。这也反映了我们华人跟当地民众的相处出现了一些问题。

老侨跟新侨的互动有局限性。老侨每年也有举办活动，但他们邀请的主要是一些新侨侨领。南非老侨来这里有的超过 100 年了，有的连普通话都不会讲，他们就讲广东话、英语。他们跟广东新侨有联系，超过一半的广东新侨跟老侨有亲戚关系。像顺德、江门，有很多老侨在南非。他们有的都来三四代了，有的是在新中国成立前来的，有的甚至是清末的时候过来的。在离这里 30 公里处，老侨买了一片地，有一两百亩，作为墓地，他们去世后就埋葬在那里。他们已经融入当地社会了，一般也跟当地白人做生意，比如说瑞兴行，瑞兴行的历史都超过 60 年了，这个超市做得很大。他们与当地白人社区没有什么隔阂。

（四）2015 年 3 月 18 日，访谈庄先生

访谈对象：

庄先生，曾任南部非洲中华福建同乡总会副会长，时任南非华侨华人工商联合总会会长、南非华人警民合作中心常务副主任。

庄先生（以下简称"庄"）：福建会的规模还是很大的，毕竟我们福建人多，但影响力逐年下降了。这是个庞大的会，没有一定的能力是做不好的。

陈凤兰（以下简称"陈"）：您当时为什么不愿意接手这个会长？

庄：因为关系太复杂了，讲心里话，真的太复杂了。

陈：您的那个南非华侨华人工商联合总会（以下简称"工商会"）的人际关系简单吗？

庄：工商会每一个会员招进来是我自己亲自审核的。人际关系比较单纯。南非现在最大的问题是治安问题，对于治安问题我们有警民中心。

陈：现在警民中心在南非的影响力更大？福建会反而弱化了？

庄：对，对。现在基本什么问题都是找警民中心，侨民有问题找同乡会也基本上解决不了什么问题，没有南非警方资源，什么都没用。同乡会只有联谊的作用。所以现在侨民一旦发生什么事情，都是先打警民中心的电话。其他地方的电话可以不存在手机里，但警民中心的电话必须要存。

陈：警民中心现在的专职人员有几个？警民中心对侨民最大的影响是什么？

庄：有四个专职人员。现在最大的影响应该是治安、人身安全方面。我们都做了很大的努力了。不久前 16 日那天，也是我们福清的一个人，被

当地人绑架了，家里人很及时地报案了。当时一被绑架，绑匪立即打电话向家里人要钱。家人跟我们警民中心联系得非常及时。我们通过南非的大使馆，因为中国公安部有警官驻扎在那边，配合我们警民中心工作，我们马上跟他们取得联系。通过南非警察部到那个省里，当天下午就抓了三个绑匪，把人解救出来了，这是一个非常成功的案例。

陈：所以现在警民中心相当于中国人在南非如果遇到问题、需要求助的首选机构？

庄：不仅仅是治安，包括纠纷，都会求助。我们现在每一年的求助电话都有三五百件了。

陈：不单单是同乡会，其他组织都弱化了，对吗？

庄：所有华人社团会长都是我们警民中心的副主任。

陈：那李会长是？

庄：他是荣誉主任，警民中心是他一手创办起来的。

陈：现在警民中心是南非所有华人社团影响力最大的？

庄：现在南非所有华人社团的会长都是警民中心的副主任，如果发生什么问题找你们会长，再通过会长传上来，倒不如直接上报，我们警民中心的电话号码是向全南非公布的，在报纸上长期公布。所以倒不如直接和我们联系，更及时，转来转去更麻烦。

陈：警民中心的经费来源呢？

庄：现在最头痛的就是经费问题。经费主要来自我们的会员制，刚才说到所有华人社团的会长都是警民中心的副主任，要交一定的会费，我们一年大概能收上来 70 万兰特。

陈：那政府机构也是有支持的？

庄：对，政府机构也是有支持的，这个方面我们还是有缺口，每年缺口三十来万（兰特）。现在制约警民中心发展的最大问题就是经费问题。

陈：经费主要花费在哪些地方？

庄：我们有四个工作人员，四个人的工资一年要几十万兰特，我们还要租办公室、场地。我们跟南非警方合作，搞一些活动，现在南非警方在我们警民中心旁边搞一个活动室，工资他们出，其他费用我们出。我们工作人员出勤去现场，费用都是我们警民中心在支付。

陈：这些主任、副主任交钱及时吗？有没有制约的机制？

庄：没有制约机制。

陈：那就是说你想交就交，不想交就不交？

庄：那也不行，不交的话，我们会把那个名单上交给大使馆，毕竟警民中心不是一个商会，这是一个组织。他不交的话，我们会用各种方式去跟他联系，叫他们把这个费用交上来。

陈：这样子有用吗？

庄：当然有用，除了极少数的人，基本上会交。

陈：那普通的会员需要交吗？

庄：普通的会员也要交，但资金还是太缺了。每一年这个庞大机构的运作费用都不少。

陈：那总的来说，警民中心对侨民的影响还是很大，还是很有实质作用的，可能比同乡会的影响更大？

庄：同乡会就是一个同乡联谊会，很多事情它帮不上忙，比如说案件在它手上它做不了。一旦侨民发生了案件，它根本就做不了。我们警民中心已经形成了一整套的机制，比如说一旦发生什么事情，联系一些部门，该怎么做，或是打一些证明，我们有一整套的机制。

陈：警民中心在南非是首创吗？

庄：在全世界都是首创，阿根廷在学，但是做不了，现在全世界只有南非有。警民中心不单单有（与南非警方合作）的功能，还要起到协调侨界的作用。

陈：这个机制我们要好好探讨。

庄：要让所有社团来支持警民中心，让警民中心来统领这些社团，这是非常难的。这需要使领馆和强势部门来整合，我们个人做不了。我们当时也是使领馆牵头，强制那些社团加入。

陈：它是哪一年成立的？

庄：2004 年 1 月成立。2003 年下半年开始筹办。

庄：前面讲的要让社团会长去支持警民中心的工作，让他们 5000 兰特到我们这里做副主任，一年要交 5000 兰特。我们当时定的副主任最低要交 5000 兰特，高的不限，我们会把多交的当作自愿捐赠，但这个意义在于你交了钱，就证明你支持我们的工作，这一点很关键。

陈：目前有没有一些社团的人表示不参加？

庄：所有社团会长都在警民中心，总的来说还是整合起来了。警民中心现在已经得到大使馆的充分认可，你不加入进来也不行了，已经成立的社团不加入进来，这是不可能的。这个一定要通过政府方面来整合，这不能靠个人。毕竟个人力量还是非常小的。

庄：我到南非最重要的事是要做生意，走入侨界也是偶然。我当时主要精力是做生意，为侨民做一点事情就可以了，不想占据大部分的时间和精力。我不想做，但李会长做了很多思想工作。

庄：我答应李会长别的社团我可以不做，但警民中心我一定会做下去，因为警民中心确确实实对侨民太重要了，对我自己来说也很重要。因为治安问题对每个人都很重要，每个人都要面临这个很严峻的问题，所以警民中心我一定会全力以赴把它做好。我对这个确确实实是有感情的。

陈：你现在是常务副主任吗？

庄：是常务副主任，日常工作基本上是我管理，这方面我真的投入了很多精力。

陈：从个人方面来说，您为侨界做了这么多事情，个人经济实力也很强大，那您个人认为有没有什么回报？包括情感，或是其他的，你个人觉得有什么收获？

庄：当然有付出就有回报，我自己获得很多荣誉，包括省里的，福州市的。我去北京参加"两会"，也有这方面的原因。警民中心也是我个人需要的，并不单单是为了侨民。我自己本身也面临治安问题，也需要这个平台。我把警民中心做好，不仅对自己有益，对别人也有益。

陈：您跟当地的超市合作，合同问题怎么处理呢？

庄：我们有专门的律师，不需要我去做。国外的律师都是很正式的，比如说你要签什么东西，国外的律师行都会帮你做好。

陈：那您的律师是中国人吗？

庄：是外国人。

陈：那您怎样跟律师沟通？

庄：简单对话基本没有问题，一是国外的律师比较专业，二是他会以一个公正的态度去做，因为国外的律师是靠名气吃饭。

陈：您个人认为南非的法律是非常完善的？

庄：非常完善。

陈：您的律师是黑人，还是白人？

庄：是白人。毕竟黑人发展才短短几年，白人有几十年的律师经验，我们华人也有律师在那边，但华人律师也够专业。再好的律师在那边也要关系，这个背景资源非常关键。刚刚到律师行，很多事情办不了，法律再健全，有一定的范围。华人律师可能给你取个最小的，但白人律师可能给你最大的。

陈：您的财务是不是也是找当地人？

庄：财务我是找中国人，报税我合法合理去做就行，华人可能更灵活。但所有合同都由白人去做。

陈：除了生意上的往来，私下有没跟当地人来往？

庄：有啊。

陈：比如说跟邻居，社区居民会熟吗？

庄：我们警民中心经常跟当地社区开会，因为我们要了解每个月当地社区的犯罪动向，哪个点比较突出，都是我们必须了解的。

陈：您私底下有跟当地人来往？那有没有深入他们举行 party 也会去参加的程度？

庄：偶尔参加，但不是很多，大型的活动会去，因为我们活动太多了，比如一些国家级层面的活动我们会参加，私人的很少，邻里间也很少，我们偶尔礼节性地去。比如说邻居开 party，礼节性地过去坐一会儿，很快我们就走了，不像我们在华人社区会坐很长时间。本身我们在外面应酬也很多。

陈：按照南非的工作效率，在南非开工厂能挣钱吗？

庄：如果请很多中国人去做主管，还可以，建设速度很快。

陈：你从个人生意角度看，现在做生意会更难吗？

庄：从生意角度看，现在当然更难做，国际经济环境不好。

陈：最近一两年去南非的年轻人，生意好不好做？

庄：不好做，我们中国人做生意有个不好的地方，就是喜欢扎堆，形成一种恶性竞争，不像其他国家的人过去，你干这一行，他干另外一行，人家是遍地开花。我们是一个人开连锁店，所有人都开连锁店，一个人做酒吧，所有人都做酒吧，很简单很单调。所以发展空间都不大。

陈：所以现在年轻人出去，压力都很大？

庄：压力都很大。现在出去压力很大。

陈：你当时去南非的启动资金大概有多少？

庄：我当时没什么钱，总共就带了1万多美元，当时兑换兰特才换了五六万。

陈：现在年轻人过去，启动资金大概要多少？

庄：现在不行，要一两百万兰特，才能稍微做好一些事情，带着几十万兰特过去，做事都很难。

陈：现在发展空间确实比较小？

庄：我当时过去，运气很好。我总共就带了1万多美元，找店就找了几个月，当时找店不好找，后来勉勉强强盘下一家店，那个地方好几个人叫我不要接手，但我当时确实有点急了。

陈：所以您很能理解现在侨民过去真的非常不容易。

庄：确实很急啊！没有收入，天天看着钱缩水。我原来开店的那个小镇，已经有两个中国人开这个店亏本跑掉，因为没生意关掉了。可是又找不到别的店。我心里想先稳定下来，先挣到生活费。心先定下来，我再慢慢想办法。我总共5万多兰特，租店交了押金，去了1万多，装修简简单单，一下又去了1万多，剩下差不多3万兰特。总共差不多进了5万兰特的货，一车都拉不满。5万兰特的货拿回来，就开业了。可能命运对我还是比较眷顾的，我记得非常清楚，星期四、星期五、星期六三天，我就卖了两万多货，销了快一半。利润很高，经常是50%的利润。三天就卖了将近一半，我就赶紧进货。从那天开始，我的生意一直非常好。后来我要去约堡做批发生意，还有点舍不得卖，别人出再高价格我都不卖。后来转让给我堂哥，毕竟这是我发家的起点，非常有感情。

陈：您在镇上经营了几年？

庄：我去约堡是2006年，2004年开始做批发，在那边已经做了7年了。

陈：那边小镇治安怎么样？

庄：现在治安一年不如一年了，以前还可以。

陈：当时在小镇上听到这些不好的案件，你会不会怕？

庄：会怕，但也没办法。

陈：南非华侨做生意还真的是火中取栗，因为我们做访谈做多了，大家的故事听多了，真的觉得太不容易了。

庄：跟其他国家不同，在南非赚钱，虽然生活都过得很舒服，但安全方面真的是一个非常大的隐患。从 2010 年开始，我就陆陆续续往其他国家跑，想找一个安定的国家移民过去算了。我跑了不少的国家，但安定的国家做生意的环境不行，从市场、购买力，到消费能力都不行，后来我又回到南非去了。

陈：尝试去寻找新的市场？

庄：像澳大利亚、新西兰真的很好，我去了很多国家，当时就是抱着移民的态度去的。我最喜欢的国家还是新西兰，但是它做生意的环境不行，我去市场上观察了一些，比如去一家超市，它的营业时间段我就受不了，营业的时间太长了，早上 9 点多 10 点开门，要营业到晚上 10 点、十一二点，这个时间段我就不行。一旦开下去，你就什么事情都做不了。我们也去批发市场逛，也有中国人在那边做批发市场，基本上是老板在搬货，因为这些发达国家的人工成本太贵了，生意又做得很小，新西兰才 400 多万人口，澳大利亚也不行，人口也不多。

陈：东欧国家你考察过吗？

庄：没有，我看过东欧国家的发货量。其实生意做得大的，只有去新兴国家。

陈：福清人出国去什么地方都有，当时是什么原因促使您去南非？

庄：最早我想去的是澳大利亚，因为我姐当时在澳大利亚，她叫我赶紧过去。当时办签证非常难，尤其是我们福建人，送了两次材料去北京签证，都被拒签了。

陈：您当时是想要劳务输出吗？

庄：没有，就是旅游签证出去。

陈：当时长乐那边去美国的非常多。

庄：当时跑了三四年跑不下来，听几个朋友讲非洲的市场倒是还可以，我们村里也有人过去，当时能赚 20 万元左右，我在国内工资才 400 多元，400 跟 20 万比是什么概念？所以我赶紧去签证，当时南非的签证不像现在这么难签。我起先不是去南非，是先去博茨瓦纳待了几十天，但博茨瓦纳市场也太小了，后来再转去南非。

陈：你去之前知道南非治安不好吗？

庄：那个时候治安还可以。

陈：家人知道你要去非洲，支持吗？

庄：支持的，我们福清人到处跑。做大老板都是在新兴国家，一些华人去欧洲国家，也看不起我们去非洲国家的。之前开两会的时候，有人知道我是从南非来的，问我一年的营业额多少，我跟他们说了一下，所有人都吓一跳。另外一个从非洲过去的就说，你们这些傻瓜，在欧洲赚一点点钱，我们做一年的贸易额，你们要做一辈子。

陈：南非的治安问题并不是只针对华人？

庄：如果针对华人还好解决，通过外交渠道各方面相对比较好走一点，但现实是整个国家治安都很糟糕。

陈：我去调研，他们都说，南非如果不是治安问题，那就是天堂了，气候和生活环境都很好。

（五）2019 年 7 月 18 日，访谈郭女士

问：请您介绍一下您和家人在南非主要经营什么生意？

答：我老公在南非开小超市，我下个月就要回南非了。我小叔子在南非主要做借贷生意，有点像我们国内的"高利贷"。南非那边的高利贷和我们国内的高利贷不一样。国内的高利贷带有一些违法性质的，但在南非不是这样的，南非的高利贷是和银行挂钩的，是合法的，南非那边的人从出生到 18 岁，国家有救济金，年纪大的，如 50 岁以上每个月都有 1000 多兰特的社保，我们就是给这些人做高利贷。这些人只要拿着救济金的卡在我们店里借钱，我们就会把钱给他们。而且我们也不需要去找他们要钱，等国家的救济金发到他们的卡上，银行就会直接将这些救济金转到我们的银行卡上。南非那边放高利贷多半是白人和中国人，都属于合法的。

问：南非高利贷利率是有多少？

答：大约 100 兰特一个月 25 兰特利息，算很高了。他们的 1 兰特换成我们的人民币是 0.52 元，正常走银行是 0.52 元。我刚到南非的时候，一兰特可以换 1.25 元，那时候很值钱，现在汇率不行了。

问：南非不是很乱吗？

答：是很乱的，那边的游行也是合法的。

问：您是在哪个城市？

答：我之前是在开普敦，那边暴乱的时候，黑人喜欢扔石头、烧轮胎、泼汽油，严重的话会破坏公路，破坏公共设施。这跟他们上一届的总统有关系，总统贪污腐败，然后南非枪支泛滥。为了自保，我们在那边每周都去靶场练枪，我们都有配枪，有持枪许可证。

问：南非每年都会有不少中国新移民的伤亡事件？

答：像我老公他们村庄，一年都要死好几个。今年又死了好几个，都是同村的。都是入室抢劫致死的，江镇新闻会有很多报道。

问：您认为警民中心对你们有没有什么帮助？

答：当然有帮助了。警民中心在南非那边还是很好的，如果有华人报案的话，它直接联系大使馆，通过大使馆联系当地的警方出警，所以是很有用的。

问：您这次去的话是去哪个省？

答：我这次会去 PE，就是伊丽莎白港，我在一个小镇上工作，我小叔子在那个小镇待了十几年了，治安很好，那边没有暴乱，居民主要是南非当地人。南非当地人很好、很文明。

问：您会带小孩儿一起过去吗？

答：我的小孩是在南非那边出生的，我没给他申请南非国籍，我还是报中国国籍。因为小孩子要在国内接受教育，开普敦是有移民学校的，但是那个中文学校只有周末才去，我儿子之前是在那边上幼儿园，类似于托儿所一样。

问：你们的店铺在镇上吗？警民中心离你的镇子远不远？

答：是的，我们是在镇上开店的，警民中心离我们镇子很远，至少几百公里的距离。我们离伊丽莎白港还有 200 多公里，开车 2 个多小时，我儿子现在不去南非了，现在申请南非签证很麻烦，所以就不去了。如果当时申请的是南非的护照，用南非 ID 的话，就属于南非国籍了，如果拿了南非国籍护照回国就要 3 个月签证一次，类似于探亲的样子。

问：你们打算以后一直在南非生活，还是只是在南非工作，以后回国？

答：只是在南非赚钱，不会在那边长久定居，那边太乱了。

答：中国人在南非通常是不会申请南非国籍的，还是会选择中国国籍，像我姑丈，他们在南非生活很久了，20 多年了，他们申请了南非国籍，回国的时候很不方便。回国后，每 3 个月要去领事馆签证一次，很麻烦，最多待 3 个月。我姑姑在南非生活了 20 多年，已经习惯了，现在叫他们回来他们也不会习惯的。我姑姑是 1998 年去的南非。

问：1998 年就去南非的人，现在在那边应该是属于富豪吧？

答：中国人在南非会赌博，那边赌场很多，我姑姑、叔叔每年都会给赌场贡献好多钱，因为我们中国人在那边没有什么娱乐活动，也不会出去玩，有名的景点可能会去一下。一般都不会出去玩，周末没地方去，只有去赌场，赌场的治安会比较好一些。中国新移民给南非赌场"贡献"了很多钱。

问：您是什么时候去的南非？

答：我是 2011 年去的南非，中间回国好几年。后来又出去几年，加起来总共在南非待了 5 年多吧。

问：您在那边的投资回报怎样？

答：我刚开始在南非没有赚到钱，因为我的那家店遇到暴乱。南非那边的居住区分白人区、有色人区、黑人区。黑人区的房子都是平房，都是木板房、铁皮房。有色人区的房子是砖盖的，有小花园，类似于小别墅一样的。白人区的住宅是比较好的，他们的算是高档的别墅，有游泳池、花园等设施，条件比较好。我以前的店开在黑人区和有色人区的交叉地带，路的两侧，一侧为黑人区，一侧为有色人区，我们的店开在路边。那时候黑人没有学校，学校差，有色人的学校比较好，黑人觉得不公平，他们抗议，要求政府给他们盖学校，政府当然不能一下子就都满足，然后黑人就以此为理由暴乱了。黑人好吃懒做。今天没钱就努力干活，只要政府发了钱了，就不来上班了。那次暴乱参与者有一两千人，我的店就在那次暴乱中被搬光了，只剩下四面墙，就连墙上的开关都被撬走了，什么东西都不剩，那次损失了 60 多万兰特。

问：那个损失是您自己承担的还是保险公司承担的？

答：是我自己承担的。因为这个属于政治暴乱，保险公司不承担政治动乱，只能自己承担。如果是遇到意外灾害的话，保险公司会承担的。所以说刚去南非的那几年没有赚到钱。后来我又在开普敦市中心开了一家店，大一点儿的店，可是遇到小偷，我就怕了。开普敦市中心的商场跟我们这边的商场是一样的，建得比较高，上面是用铁皮盖住的，等工人来修，工人有块板没有盖上去，当天晚上就进贼了。

问：您在南非不害怕吗？怎么还不回国工作呢？

答：害怕是害怕，但是回国的话不好赚钱，南非还是很容易赚钱的，黑人在白人农场那里上班，他们不会理财。他们一个月出来一趟，今天有多少钱，出来一趟就要把钱全部花光才回去，我小叔子的店每个月1日这一天的营业额就有30多万兰特，店里7个人收银都来不及的。仅每个月1日那天就可以赚20几万兰特的利润，所以说南非那边赚钱很容易。而且中国国内消费很高，随便一下都是要花钱的。南非华人越来越少了，福清人现在大部分转到安哥拉那边去了。福清人想多赚点儿钱，店铺晚上开得很晚，所以才会有那么多的事。

问：中国人在那边为什么会那么容易被抢劫呢？

答：刚说的炫富是一个。中国人遇到抢劫一般不反抗，会把所携带的东西都给黑人，就是这样给黑人惯起来的毛病。还有一个就是中国人不和银行打交道，钱不会存到银行里，就在家里乱藏，被黑人知道了，就会抢。钱存到银行里会有1%的手续费，取出来也要有1%的手续费，所以中国人不愿意和银行打交道，喜欢把钱放在家里的，不走银行这个中间环节。低调的人不会有事，高调的人都会出事。有些中国人晚上喜欢去夜总会，中国人晚上只要从里面出来，那肯定会被黑人盯上，他们黑人就是在夜总会外面等，出来一个跟一个。在南非只要低调就不会有事，晚上不出去乱跑就没事。我在那边就属于"坐牢"，晚上会把房子里三层外三层地锁住，一般是不会有事的。周末我会去中国商贸城采购一些东西。

南非的贼一般是从屋顶下来的。在那边我们住的主要是平房，有的屋顶是铁皮盖，他们上楼把螺丝拧掉就可以下来了。

图书在版编目（CIP）数据

中国新移民在南非的跨文化适应／陈凤兰著．--北
京：社会科学文献出版社，2022.2
ISBN 978 - 7 - 5201 - 9694 - 9

Ⅰ.①中⋯　Ⅱ.①陈⋯　Ⅲ.①华人 - 移民 - 研究 - 南
非　Ⅳ.①D747.038

中国版本图书馆 CIP 数据核字（2022）第 015516 号

中国新移民在南非的跨文化适应

著　　者／陈凤兰

出 版 人／王利民
责任编辑／黄金平
责任印制／王京美

出　　版／社会科学文献出版社·政法传媒分社（010）59367156
　　　　　地址：北京市北三环中路甲 29 号院华龙大厦　邮编：100029
　　　　　网址：www.ssap.com.cn
发　　行／社会科学文献出版社（010）59367028
印　　装／三河市龙林印务有限公司

规　　格／开　本：787mm × 1092mm　1/16
　　　　　印　张：19.75　字　数：314 千字
版　　次／2022 年 2 月第 1 版　2022 年 2 月第 1 次印刷
书　　号／ISBN 978 - 7 - 5201 - 9694 - 9
定　　价／118.00 元

读者服务电话：4008918866